ONE MISSION

HOW LEADERS BUILD A TEAM OF TEAMS

使 命

打造复杂环境下的适应性组织

[美] 克里斯·富塞尔（Chris Fussell）著
[美] C.W.古德伊尔（C. W. Goodyear）

陈幸子 译

图书在版编目（CIP）数据

使命：打造复杂环境下的适应性组织/（美）克里斯·富塞尔，（美）C.W. 古德伊尔著；陈幸子译. -- 北京：中信出版社，2023.8
书名原文：One Mission: How Leaders Build a Team of Teams
ISBN 978-7-5217-3940-4

Ⅰ. ①使… Ⅱ. ①克… ②C… ③陈… Ⅲ. ①组织管理 – 研究 Ⅳ. ① C936

中国国家版本馆 CIP 数据核字（2023）第 108559 号

One mission: how leaders build a team of teams
Copyright © 2017 by Chris Fussell
All rights reserved including the right of reproduction in whole or in part in any form. This edition published by arrangement with Portfolio, an imprint of Penguin Publishing Group, a division of Penguin Random House LLC. Simplified Chinese translation copyright © 2023 by CITIC Press Corporation
ALL RIGHTS RESERVED
本书仅限中国大陆地区发行销售

使命——打造复杂环境下的适应性组织
著者：　[美] 克里斯·富塞尔　[美] C.W. 古德伊尔
译者：　陈幸子
出版发行：中信出版集团股份有限公司
（北京市朝阳区东三环北路 27 号嘉铭中心　邮编　100020）
承印者：　北京诚信伟业印刷有限公司

开本：880mm×1230mm 1/32　印张：11.75　字数：258 千字
版次：2023 年 8 月第 1 版　印次：2023 年 8 月第 1 次印刷
京权图字：01-2019-4095　书号：ISBN 978-7-5217-3940-4
定价：69.00 元

版权所有·侵权必究
如有印刷、装订问题，本公司负责调换。
服务热线：400-600-8099
投稿邮箱：author@citicpub.com

献给每天打拼在各行各业各战线上、
用行动定义着未来领导方式的人。

目录

III　推荐序
001　前言

009　第 1 章
　　　同一个使命

031　第 2 章
　　　混合模式

059　第 3 章
　　　协调叙事

097　　**第 4 章**

　　　　互联

161　　**第 5 章**

　　　　运行节奏

207　　**第 6 章**

　　　　决策空间

253　　**第 7 章**

　　　　联络人

301　　**第 8 章**

　　　　结论

321　　附录　办公室主任
335　　致谢
337　　参考文献

推荐序

我们两个第一次见面是在一个动荡的时期。2004年，起初我们以为可以在伊拉克和阿富汗迅速获胜，尽管不情愿，却已经意识到，我们面临的斗争与以往的经历截然不同，它将是漫长而残酷的。

我们俩在很多方面都迥然相异。我是一名50岁的军人，奉命指挥一支反恐精英特遣部队。那是我初次担此重任，后来我在这个岗位上待了将近5年。克里斯·富塞尔是特遣部队中的一名海豹突击队队员，比我年轻20岁。当时，我们只在他位于阿富汗和巴基斯坦边界的小队哨位上相处了一个小时。我们初次会面的时间虽然短暂，但他给我留下了善于反思的深刻印象。

不到一年之后，我们在伊拉克再次相见。富塞尔已经升职，在我们特遣部队位于伊拉克的三个区域总部之一担任作战官员。他负责重新配置资源、协调军事行动和分享情报。担任这样一个管理角色，他自然且必然会受到当时当地各种紧急事务的制约。

富塞尔在面临战斗时的表现无疑是十分突出的,但让我感触最深的还是他对处理具体事务的宏观方式展现出的非凡的好奇心。

富塞尔不断发问,这说明他对特遣部队在战略层面上进行的计划和尝试特别感兴趣。例如:他想知道我们如何执行他以及他的同级军官已习惯采用的分散决策;对于小队级别的资源分配决策,我们如何了解而不干涉;我认为我们部队和外部合作伙伴之间在信息共享中出现的最大分歧是什么。他提的问题很有水平,考虑到他每天在精心组织战斗、完成艰巨任务的情况下,还能挤出时间和精力提出这些问题,这本身就已经非比寻常了。

因此,富塞尔顺理成章地成了我任期最后一年的副手。如果他真想知道特遣部队幕后的战略部署,那么他和我一起在伊拉克工作的这一年对他来说将是一个很好的学习机会。他当时的主要职责是管理特遣部队高级领导班子的后勤工作,确保我们按照组织在世界各地需要处理事项的缓急程度合理安排时间。除此之外,我从一开始就建议他好好利用这个机会,主动学习组织的实际运作。

他也的确是这么做的。这一年,富塞尔全力以赴,并且兴味盎然地关注着组织的流程和结构的细微之处。后来,他去攻读研究生的时候,心中仍然想着这件事,他的硕士论文写的就是关于特遣部队是如何组织全球情报融合中心的工作,以确定并采取团队的最佳实践的。

所以,战后随着时间的推移,我和富塞尔出于共同的兴趣,一直保持着固定的联系。让我们两个着迷的是,我们在战场上曾经面对一个让人困惑的、复杂的新现象。如今我们虽已退役,却几乎在生活的每个方面都能看到这种现象。

2010年秋天，在我们第一次见面之后已经过去了6年，我和富塞尔坐在我家餐桌旁，谈到了特种作战部队的组织工作在"9·11"事件后有了重大的飞跃。

他说："如果不写一本书把这件事说清楚，那么真实的历史就会被湮没。"富塞尔要说清楚的"这件事"指的是我们特遣部队是如何应对发生在伊拉克的叛乱的。叛乱者是一群掌握技术且具有高度自主性的、构建了相互关联网络的个人行动者。这个组织不像我们对叛乱者的传统理解，而是更类似于暴徒或暴力团伙，其成员受极端主义意识形态驱动，尽可能组织不受约束的暴力行动。他们的行动迅速、高效，我们为了对抗他们，只得从一个精心构建、集中管理的专门机构转变成一个形式分散但又紧密相连的组织。各团队分布各处，它们行动起来具备网络组织的流动性，同时又保留了官僚机构的专一性和稳定性。

当进行那场谈话的时候，我刚开始写回忆录，之后一直写了两年。当时，我一边手上写着一个故事，一边心里想着另一个故事，一个我最想讲的故事。2013年春天，我们完成了富塞尔最先提出的写作项目：《赋能——打造应对不确定性的敏捷团队》。该书于2015年春季发行，写的是当初我们在我家平淡无奇的餐桌旁想到并在之后数年间对其进行深入思考和广泛研究的那个问题。

通过《赋能》一书，我们意图展现在现代竞争领域中环境发生的变化，对于这一点，各种不同类型机构的领导者都深有共鸣。"你描述的就是我们组织里出现的问题"，我们不断收到这样的反馈,这强化了我们的结论:特遣部队遇到的挑战并不是战场上所独有的,而是反映了我们这个时代的共同特点。

我们从小到大浸淫其中的等级制组织模式和领导规范,其当初制定时的环境与我们现在面临的环境大不相同。组织机构必须适应如今信息时代的现实,否则将面临生存风险。我们提出"小团队构成的大团队"的方法,强调的是共享意识和授权执行,这是一种重要的结构方式,也反映了这种普遍的威胁。

虽然在伊拉克战争时期我们并没有使用这个名称,但我们亲眼看到组织机构这种由许多小团队组成大团队的运作模式在战场和商场上都行得通。这种模式建立在组织内部真正战略协调的基础上,它要求进行缜密、广泛和透明的沟通,并将决策权下放到组织的边缘。通过这种方法,传统的组织机构可以一边以网络的速度迅速前进,一边保持其作为官僚机构原有的长处。

但是《赋能》一书的写作并没有解决一个有可能更加重要的后续问题:究竟如何才能建立一个有适应能力的组织机构?

当我们意识到十分有必要写一本书专门阐述实现我们所说的这种转型的具体做法和行为时,我马上想到,完成这个任务的最佳人选就是富塞尔。

富塞尔比我认识的其他任何人都更关注我们的组织转型问题。当然,其他军官可能担任过更高级别的领导者,参加过更加激烈的战斗,或者见识过战争中富塞尔无缘了解的部分,但是我在特种作战部队服役多年,还从来没有见过其他军官有谁对于在整个组织层面实际发生的事情能比富塞尔更加求知若渴,像他那样尽可能从组织的各层面、各方面进行了解。

同样重要的是，富塞尔还会给出意见，告诉我们这种小团队构成的大团队模式若是真正发展，需要领导者怎样去做。在特遣部队，我们不仅需要开创一系列新的做法，而且还要通过推广新的文化规范和行为来利用这一模式。

在特遣部队的高级领导层中，很明显，在战斗初期，组织的各个部分既不能又不愿联合起来彼此合作。我们不得不重新规划，不仅开发了各部分联合的能力，也使其拥有了开创一个异常强大的族群新文化的意愿。这两个方面缺一不可。

在我看来，这本书回答了全世界目前正在疲于应付的最困难的问题之一：大型组织的领导和管理模式应该如何发展？与富塞尔共同执笔的C.W.古德伊尔是耶鲁大学一位才华横溢的年轻研究生，他们二人绘制出一个混合型结构的蓝图，这种混合型结构也就是我们最终在特遣部队内创建的那种管理模式，它是通过严格的试验和对错误进行的分析而不是学术预想得出的。

我相信，凡是希望在今天这个日益复杂的世界上立足的组织机构，都需要（像我们当年在战场上一样）既保持等级制度的力量和稳定性，又能拥有网络的速度和分散化，以及同时采用保持正常运作的一些必要的做法。

如果你是一名领导者，希望建立自己的团队，那么富塞尔和古德伊尔会为你提供一幅蓝图。

斯坦利·麦克里斯特尔将军，2017年3月

前言

2014年，我应邀与我的前任指挥官斯坦利·麦克里斯特尔合作，成为《赋能》一书的共同作者。我们写书的目的是就20世纪的军事模式为什么根本不符合信息化战场的现实这个问题提出我们的看法。现在的新型冲突速度快、联系广，这迫使我们特种作战部队内部分支机构的高级领导者做出选择：是带领我们进行文化变革，还是保持现状但有可能输掉与"基地"组织之间的战斗。他们选择了前者。

《赋能》一书探索了一个简单的问题，也是实现文化变革这个挑战的核心问题：大型组织如何才能像小团队一样行动迅速又敏捷？

本着这种精神，我们在写作时提出了反应性小团队动态分析，这在特种作战部队以及任何其他高效能团队中都会被重点强调。我们解释了一个小团队的快速适应能力受到四个关键性驱动因素的联合影响。

第一，团队成员相互信任。第二，团队成员拥有一个共同的目标——具有共享意识形态或决心——并因此团结在一起。第三，鉴于小团队的规模小，相互关联性较强，在团队内部可以形成共享意识：所有成员对彼此的问题有着共同的理解，共享关键信息，彼此协调，共同向着他们的下一个目标前进。你在自己参与的小团队中很可能已经有过这样的经验了，但大规模地重新创造这种状态并将其变为常态是一个更大的挑战。

具备了这三个初步因素，第四个也是最后一个因素才有可能存在，那就是授权执行。在当今这样变化多端的环境下，组织机构的最终目标是能够将决策权下放到最接近实际问题的动作执行者：对特种作战部队来说，授权执行是其能够迅速行动以应对外部环境的变化甚至料敌先机的关键。授权执行为小队采取自主行动创造了空间，再加上共享意识的影响，因此这是一种高度负责任（并因此降低了风险）的自主权。

许多行业的高层领导者都成了我们这本书的读者。这本书被列入海军陆战队司令官的书单，它也是沃尔玛CEO（首席执行官）董明伦2016年列出的"必读书目"之一，书中的观点在世界上经验最丰富、最资深的一些领导者那里引起了共鸣。

然而，在读了《赋能》一书之后，读者向我们提出了一系列具有共性的问题：我同意你们的说法，但我具体该如何实现这种模式呢？或者当我尝试组建团队时，最重要的步骤是什么？甚至数千人各抒己见，怎样才能不陷入彻底混乱呢？

直到今天，我也会经常听到有人提出疑问，他们尊重我们部队在战争中付出的努力，但是对从现代战场上得出的经验真正适用于其他领域抱有怀疑的态度：你们部队的成就令人赞叹，但这里的情况有所不同。在军事单位，你下命令就行，下属必须遵守。民事单位里可不是这样的。

这句话要是让任何当过兵的人听见了，他们会笑出声来的。

我在军中服役超过 15 年，下达过也接受过"命令"，但没有一次像你们看了战争电影之后想象的那样，一个上级军官用刺耳的话下达一项命令就能让所有的下级俯首帖耳地遵命执行。那种方法在传统的军队中行不通，在特种作战部队中就更不可能了，因为这里每个人都是百里挑一、能力出众、经验丰富的人物，他们不会老老实实地听凭一个缺乏实际经验的上级军官指手画脚地下命令。

无论情况如何，领导者不能简单粗暴地命令别人该做什么，还指望人家全心全意地遵命执行。相反，领导者的任务应该是引导团队，影响团队的决策，并像护栏一样给团队适当但不过度的限制。但是，要建造这样的护栏，不能缺少一个关键性因素——一种在必要时能保持稳定性，同时也允许我们这个信息时代要求的分散式决策的组织模式。

当然，我收到的许多问题可以概括成一句话：企业领导者要想建立自己的"小团队构成的大团队"，必须采取哪些实际的具体步骤？《赋能》一书提出并论证了我们的观点，指出现代组织机构需要达成怎样的最终状态才能成功，但并未说明如何具体实现这一目标。在本书中我们提供的就是这些，也就是为领导者提供创建"小团队构成的大团队"的必要步骤。

在这种管理模式形成初期，我有幸接触到部队的内在运作，有了几年的经验积累和多方观察。作为队伍中的一名基层作战指挥官,我在这个位置上切身感受到了这些做法对组织的影响。作为执行层面的领导者,我负责协助实施这些变革。但最有趣的是,作为麦克里斯特尔最后一年指挥我们特遣部队时的副手,我得以近距离地从战略角度了解到这些做法是如何运作的。①

我在特遣部队的这个职位上待了一年,观察着整个队伍的运作模式,终于对我们的改革有了全面的了解。退役之后,我从现场领导海豹突击队执行任务转而从事现在的工作,协调来自不同执行层面的员工,最终促进高层领导者与遍布全球的数千家企业之间的互动。如今,我对于特遣部队当时是如何运作的、后来又发生了哪些变化以及怎样做才是"正确"的,都有了更加全面的看法。

如果你感兴趣的是关于反恐怖袭击或追踪伊拉克"基地"组织的特工小组活动的第一手叙述,那么小组其他成员的著作对我们战斗实况的描写是我无法企及的。他们的故事十分宝贵,让我们这一代人对近期的冲突有了一定的了解。对在日益复杂的世界中正在进行的关于国家角色的讨论来说,他们的声音越来越重要。而本书讨论的是组织机构的变革,目的是实际指导其他人复制这种变革。

这本书将会传授经验教训,为读者提供建立自己的"小团队构成的大团队"的实际指导,带领读者一步步从传统的部门间缺

---

① 私营企业越来越需要这种部门领导类型的角色。对于有兴趣进一步了解组织机构中这一职位微妙之处的读者,书中附录详细介绍了该职位效率最高的服务流程。

乏互通的孤岛式管理，转变为一种被我们称为混合型的组织模式。

在第1章和第2章中，我们将探讨"同一个使命"这个关键概念，这是"小团队构成的大团队"组织模式的核心。我们还将探讨传统官僚模式的来历，然后说明为什么这种模式与今天的环境不符，而这是一个许多人都已经接受的事实。

第3章是本书的核心内容，介绍了用来帮助组织机构在其内部团队之间形成网络并实现混合模式的具体操作。

第4—7章以实践为重点，每一章都着力探讨某一个具体的步骤或理念，同时也伴有一个成功实施该项目的民间机构的案例研究。

这些案例研究采取统一的模式，给出机构的背景（"设置"）、该机构正在努力解决的问题（"问题"）、执行的解决方案（"解决方案"），以及最终得到的结果（"结果"）。

本书的第一个核心章节第3章将详细说明什么是协调叙事，确定一种统一、得力的叙事，使组织机构进入"同一个使命"的状态，并阐明如何利用这种方式得到组织内有影响力的成员的认可，否则他们可能就会按照本部门原来的常规做法执行。我们还将说明社会传染在这种叙事的传播中所发挥的作用、企业内部网络影响因子的重要性，以及在组织中改变行为和态度时采用集中办公这种方法的局限性。

在有关互联的第4章中，我们会对实际的社交网络构成进行探讨。第3章的协调叙事提供了一个共同的基础，在此基础上，各团队得以在其常规的权限范围之外形成彼此互联的网络。第4章探讨了该状况下各团队脱离上级监管进行互联的手段。

在特遣部队中，我们团队之间的互联是由现场和虚拟论坛实现的，另外还有在线聊天室、内部网络入口和信息数据库作为补充。然而，在我们的论坛中，特遣部队的协调叙事是由高层领导者根据当时的具体情况定期调整的，分散在各地的各个团队则通过一个平台交流信息、了解彼此的需要。这样做的结果是形成了一种共享意识。

第4章讨论的是如何为合理应用这些技术奠定基础，包括如何选择和使用"管理员"，如何在论坛中实现分享，如何确保组织内所有成员都能使用这些辅助技术，以及管理所有这些技术的负责人应当如何调整自己的做法，鼓励团队间适当地组建网络。

这就自然而然地引出了一个问题：一个组织机构必须每隔多长时间对自己的战略进行一次重新调整。因此，在第5章中，我们将讨论实际运行的小团队构成的大团队模式所需要的运行节奏。在共享意识与授权执行的窗口之间建立一种有节奏的平衡，这对于混合领导模式的成功至关重要，同样重要的是知道什么时候需要对这种平衡进行调整。

在此，我们将探讨领导者应如何克制使用互联技术来更好地控制团队运作的强烈冲动，一个良好的运行节奏可以用什么方式确保组织中的垂直沟通更有效，以及它如何缩短团队在其环境中识别（"X_1"）和利用（"X_2"）新发展的时间。

然后，在第6章，我们将研究在团队中创建决策空间的问题，探讨组织机构怎样才能扩大并控制团队网络在授权执行期间所拥有的决策权。虽然我们希望在复杂的环境中，混合模式中存在的网络能摆脱官僚主义的监管去解决问题，但它何时需要向其主管部门汇报的问题肯定会有微妙之处。

在第7章，我们将考虑如何将混合模式扩展到单一企业之外，专门讨论在不同的官僚管理系统和职能部门之间建立和配置联络网的问题。负责这些工作的各种专业人士在授权执行期间作为横向协作的"联络人"——帮助协调联合行动，促进信息共享，通常也会拉近不同部门人员之间的关系。我们将讨论挑选并使用这些人的细微差别，看看他们的角色在特遣部队中怎样随着时间的推移从一个象征性的位置转变为具有真正实际功能的角色。

最后，我们在第8章结论部分将展示同时采取所有的关键做法会是什么样子，该模式中的每个部分如何与其他部分同心协力地将各团队团结起来共同完成同一个使命。

请记住，我们详述的每一个做法本身都不足以推动真正和持久的文化转变。例如，采用协调叙事的团队如果放弃建立并使用内部网络（如虚拟论坛）的做法，就永远无法充分发挥其系统协作的全部潜力。而如果所有这些做法都能一起实现，它们就能环环相扣形成反馈回路，管理的协调性将进一步深化，小团队构成的大团队模式的共生运作也将得到加强。

虽然这些做法是以线性方式逐一向大家呈现的，但这并不是说每个想要采取这种管理模式的组织机构都应该严格按照这个实施顺序。它们的使用顺序是相对的，不一定与本书的写作顺序一致。

根据我在民间组织研究和重建这一模式的经验，有些企业由于其现有结构或环境的细微差别，可能会觉得首先采用某些做法更容易一些。在这个方面，我的建议是考虑像特遣部队领导层一样，采用你认为自己组织机构中最需要的做法就行了，然后一边前进一边调整。

我是在宽泛地讲我在部队中的经历，在写作中避免提及具体的人物、时间和地点。书中提到的一切都基于我服役期间发生的许多真实事件，但我对具体细节故意进行了模糊处理。

尽管如此，你还是能看出我们当时努力解决的真正问题是什么。我们看到有许多组织机构也面临着同一个问题：一个强大、稳定、完善的全球性企业如何才能统一完成同一个使命？

资源配置、宗派观念，再加上错综复杂、变化多端的外部环境，这一切都不利于建立这种统一管理的模式。我们早先在战场上的对话围绕着一个令人十分不解的问题，那就是我们在小团队层面上的能力如此卓绝，而整个组织无法同样敏捷地行动。最终我们的高级指挥官采用了具有包容性和透明度的小团队构成的大团队模式，他们开始不断提醒我们，如果我们不为了同一个使命协调合作，那么我们精英团队的个人能力即使再强也无法完成任务。我们都很了不起，却仍然会打败仗。

我们的长官并没有命令我们，而是邀请我们参与了这次文化和行动的探索。这个邀请虽然简单，但要求不低。我们将在自己这一代的战斗中改变自己，打破宗派壁垒，为了同一个使命协调一致，并最终取得胜利。

下面你将看到的就是我们的故事。祝你好运。

第 1 章
同一个使命

我在伊拉克这么多年,早就知道在这辽阔的沙漠中,夜晚会出奇地美丽静谧。

我坐在一个空荡荡的机场边上,单膝着地,斜举着枪,准备行动。透过石灰绿的夜视镜,我凝视着黑暗的天空。那是 2008 年的春天,能在瞬息万变、嘈杂扰人的战争中得到片刻喘息,这种乐趣十分难得。我深深地吸了一口气,享受这暂时的安宁。

我的上司,美国陆军上将斯坦利·麦克里斯特尔,跪在我身边的泥土上和我们一起等待着。近 5 年来,他指挥着一支特种作战的特遣部队,致力于消灭伊拉克国内的极端组织。

在这个凉爽的夜晚,我作为麦克里斯特尔副手东奔西走的这一年最后的两个星期开始了。这个职位一般不怎么起眼,但对我来说，这一年的经历使我得以对特遣部队的运作情况有了全面的了解，同时这也是我军事生涯中最宝贵的经历。

几年前，我的军衔还没开始一步步提升，当时作为一名参与作战指挥的排长，我已经开始眼看着麦克里斯特尔把我们的部队从一个孤立的联盟转变成一个由许多小团队组成的团结一心的大团队。如今，我已经在指挥官内部的圈子里待了一年，有机会全面观察这个焕然一新的部队，并有幸在大规模实施这些措施、帮助部队蜕变的过程中出了一份力。

那天晚上，我和麦克里斯特尔与一支步兵小队一起徒步巡逻，我们走出他们指挥部的农舍驻地，来到附近一个前几年被极端组织搞得元气大伤的村庄。现在，我们正在等待黎明前乘飞机回到特遣部队总部所在地巴拉德——一座位于巴格达北部的小镇。作为麦克里斯特尔的助手，在进行这样的徒步远行时做好后勤工作是我的责任。今晚我们决定搭乘一架小型的"小鸟"直升机，这条件对一位四星上将来说是比较艰苦的。

一架"小鸟"直升机就像地平线上一滴黑亮的露珠。它的内部空间十分狭窄，只能容纳两名飞行员，乘客座椅形似公园长凳，装在机舱外侧。直升机一旦起飞，乘客就只能双腿悬空，这样的航行太让人紧张了，即使是最有胆量的特工也会本能地握紧扶手。设计这种直升机是为了让它在攻击时更加敏捷，而不是作为舒适的交通工具，也不是让大人物乘坐用的。

当我们等直升机的时候，夜晚依然寂静。然后，到了约定的时间，我们准时听到空中传来两架"小鸟"直升机的螺旋桨旋转着发出的宛若发怒的高分贝声音。两架直升机轻轻地着陆，首尾相接，旋转着的螺旋桨切断了我透过夜视镜看到的绿色光晕。我和麦克里斯特尔将军分别跑到第一架直升机的左右两侧，弯腰低头，避开头顶上嗡嗡作响的螺旋桨片，在各自的座椅上坐好。

我坐在直升机的舱外，转头看向座舱。在我面前不足半米的地方，副驾驶飞行员将手臂伸出舱外，与地面平行，攥着拳头，拇指朝向天空。他正在等我抓住他的拇指。这是个信号，说明他的两名乘客一切正常，现在准备出发。我看着副驾驶员的手臂，他是那样坚定，他的迷彩服的衣袖在螺旋桨搅起的风中拍打着。

发生任何情况，无论是敌人的战斗机来了，还是有子弹击中了"小鸟"直升机球状的挡风玻璃，飞行员都不会收回他的拳头，也不会驾驶着直升机起飞——他绝不会动摇，直到从乘客那里接收到预期信号。我的生命交在他的手中，反过来他也同样信任我。

我坐好之后，俯身向前，抓住副驾驶员伸出的拳头，用力握了一下。两人之间这个看上去很小的动作暗含着更深一层的意思——我已经准备好了。麦克里斯特尔在直升机的另外一侧也和我一样做了同样的动作。但是他这样做的意义更大一点儿，即一位四星上将握住一名职级比他低了许多的年轻飞行员的手，但这两个人在战场上握在一起的手所表达的彼此信任之情打破了传统的等级观念。

我们的飞行员反应迅速。直升机很快起飞，开始向巴拉德返航，紧随其后的是第二架"小鸟"直升机。气流在护目镜下抽打着我的脸，我的两条腿也被伊拉克夜空中的风吹得动弹不得。

这样的微小瞬间就是士兵有时会怀念战争岁月的原因。就像当时的压力使飞行员和我之间形成一种相互依赖的关系一样，我们的领导层在我们的全球性组织中也找到了一种让成员像这样肝胆相照的方法。让我怀念的不只是这样短暂的紧张时刻，回到家里，我也会怀念部队里那种亲密的战友关系。

我们每个人在内心深处都希望成为比自身更强大的某个组织的一部分，这应该是一个有目标、可信赖的组织。对组织成员来说，特遣部队完全就是这样的。我们有一个共同的使命，而这种组织文化的转变提高了组织的整体效率——这是有目共睹的。在战争初期，我们的行动小队执行突袭类直接行动任务的频率大约为每月10次。但到2006年，在人员和资金增长极少的情况下，这一数据已达到每月300次。

飞行员握紧拳头等待我的信号，这本是特遣部队改革前就有的一个标准操作程序，但在2003年，我们的组织作为一个整体，成员彼此之间并不拥有这个手势所代表的信任与团结。

在与"小鸟"直升机会合那晚的5年之前，也就是2003年3月20日那天，靠近伊拉克边境的联合作战中心黑着灯，里面挤满了人。我听到无线电呼叫的回声，由于静电干扰，传出的声音有些模糊，但大家还是听得很清楚："开枪了。"

这间屋里的所有人都知道，随着我们的部队进入萨达姆·侯赛因控制下的伊拉克西部安巴省，这一枪打响的可能就是一场新的战争中的第一次战斗。

然而，或许你现在已经知道了，那一夜无线电呼叫中提到的敌人并不是未来几年给进入伊拉克的联军带来最大麻烦的那些人。虽然打击萨达姆的部队绝对是一个不小的挑战，但在伊拉克实现和平最大的长期障碍是在复兴党政权崩溃后，在这个长期管理不善的国家有组织地不断涌现的逊尼派和什叶派的各种武装。他们的网络不固定、不透明，他们利用现代技术的能力在当时看来也很先进，这使他们成为特别危险又复杂的敌人。

在这些组织形成的神秘网络中，最重要的是伊拉克"基地"组织，它是国际"基地"组织恐怖集团的区域性分支机构。在联军进入伊拉克之前，这个人称"统一圣战"的组织最初由一名很有感召力的年轻约旦人领导。伊拉克"基地"组织的野蛮行径使伊拉克的宗派暴力冲突急剧增加，在2007—2008年达到顶峰。令人遗憾的是，在联军进入伊拉克之后，情况变得更加复杂，这导致这个组织在伊拉克的影响力呈指数级上升。

我自1997年大学毕业参军之后，直到2012年，一直是美国海军海豹突击队的军官。在联军进入伊拉克一年后，我加入了特遣部队，我们的任务是摧毁"基地"组织在伊拉克、阿富汗和世界其他地区不断扩张的网络。从历史上看，我们的主要工作是在这些让人头痛的网络中部署特工小组，针对其头目及权势人物采取反恐行动。

然而，有时候就跟逊尼派和什叶派之间的分歧导致伊拉克的内乱一样，特遣部队中不同的行动小队也很自然地坚守着各自不同的部队规范。每个派系都有各自深刻铭记的历史，成员中都出现过传奇英雄，留下了神话般的传说，也都有各自小心守护的传统和仪式。这些部队里的年轻成员听从亲密导师的建议，受到导师的影响，把这些传统和习惯看作自己职业生涯中行事的指路明灯。

我们甚至有象征着荣誉的吉祥物和图腾，作为对小型组织的成员忠于自己部队的奖励分发给他们。在我华盛顿总部办公室的墙上就挂着一个纪念品，我妻子看见它就有些害怕，那是一把4英尺①长的战斧（放在其他纪念品中间），是我在海豹突击队的一个次级单位就职时得到的，那个单位就是我说的这种组织。与一些白领专业人士在不同的交易中得到的珍贵装饰品类似，在某个军事团体中的经历也经常会给你留下一些实物奖赏，提醒你与队友之间的凝聚力。

就像可汗帐下的蒙古人、布迪卡女王麾下的爱西尼人以及沙卡王领导的祖鲁人一样，我们的游骑兵部队、中央情报局分析师团队、国务院联络人以及海豹突击队都是十分鲜明的例子，它们的成员有强烈的自豪感，只信任自己人，而且团体内部自有一套十分成熟的行为规范。但在情况复杂的战场上，这些战术差异很快就会导致更大、更危险的战略分歧。

如今，"回声室"这个词在使用时常与政治、社交媒体或两者同时联系在一起，特别是在2016年美国总统大选之后。2016年11月25日，《连线》杂志上刊登的一篇文章准确地总结了在这些方面回声室效应有多么严重。文章中指出，今天许多美国人"似乎陷入了一个由脸书、推特和谷歌的个性化算法所造成的过滤泡中。回声室显然是有问题的。当人们的信息基础狭窄，彼此之间几乎没有共同之处时，社会话语就会受到影响"。最近，关于"假新闻"的讨论似乎也证实，在可见的未来，这种趋势将继续以不同的形式存在。

---

① 1英尺≈0.304 8米。——编者注

但在特遣部队，我们的行动小队彼此隔绝，这无意中导致了战略回声室的形成，我们的"过滤泡"得到了团队重要成员的积极维护，组织的官僚机构则态度消极，默认其存在。

因此，不足为奇的是，我们彼此孤立的各个小队很快就成了在组织的复杂问题上只存在一种观点的地方，关系亲密的同事之间则会对整体战略进行讨论。然后，在这些地方形成独立的战略回声室，这进一步限制了小队与特遣部队中其他小队之间的关系。

在这些地方，你常会听到一个普遍的说法，那就是其他人说得都不对，只有我们对这场战争中的对与错理解得最到位。如果每个人都能听我们的，跟我们想的一样，那么这场战争就能打得顺利。战略回声室与政治回声室一样，里面的人将预先过滤的观点相互碰撞与放大，强化和夸大关于组织战略与文化应如何发展的不同意见，使行动小队之间彼此远离。

这些分歧导致我们特遣部队内部形成多重叙事：每个部门都有自己独特的故事在本单位广为流传，听众自己也免不了在其中扮演一个角色。从陆军野战排到中央情报局的人际情报分析员，再到美国国家安全局的情报合作伙伴，与特遣部队相关的每个内部单位和合作单位都有各自不同的历史和文化意识。每个单位的叙事都由此而来，它反过来又增加了成员的团体认同感，这导致组织管理系统的不同部门中产生了回声室效应。

"9·11"事件之后的最初几年，我总结了自己所在部门的叙事——这个故事激励着我，也激励着许多与我共事的海豹突击队队员，影响着我与外单位的互动，并界定了我的文化观。该叙事的内容如下：我是我们这个精英部门的一分子，我们每个人都是最棒的，什么事都能做到最好。我们每个人每天都需要在这个部门中赢得自己的位置。每个人都需要超出队友的预期，希望队友也能为我们做到这一点。

这种强有力的、单位内部的精神潜移默化地烙在了我们心中，而且这烙印还被不断加强，甚至连我们单位的实际"领土"也会让我们充分意识到自己部门的独立性。我加入的第一支海豹突击队位于弗吉尼亚州的小溪基地，基地正门上方的门框上刻着一行文字，每天向那些从正门进出的人提出一个问题：今天你赢得自己的"三叉戟"了吗？

"三叉戟"是一枚镀金的特种作战徽章，佩戴在每一名海豹突击队队员的胸前。这枚徽章有着悠久而令人自豪的历史，只有经过近两年的训练且训练分数达到 80 分以上的士兵才能获得。"三叉戟"是被赢得的，而不是被授予的。我们每个人都被不断提醒要配得上这枚意义重大的徽章，没有一个人敢躺在自己以前的荣誉上睡大觉，或者不像其他那些同样佩戴着"三叉戟"徽章的伙伴一样全力以赴。这种图腾的作用是让我们知道并强化我们这个独立团体的叙事，我们被期望能与之密切合作的其他人也是这样。

但我的这个叙事其实有些狭隘，尽管我在职业生涯早期并没有意识到这一点。我和其他像我这样的人一样，都生活在追求"一流"的标准中，我们从来没有与为我们提供情报、使我们的任务得以完成的其他特种作战部队或其他团队进行实质性的合作。我的叙事只关注内部，既短视，又自私；虽然确实有激励作用，但不利于建立协作团队，也没有考虑到甚至没有承认我们组织中的其他重要团体。同样，他们的叙事里也没给我和我的队友留出位置。

然而，虽然特遣部队内部有这么多不同的叙事，但部队还能够正常运作，各个团队通过有限的官僚组织渠道彼此联系、合作共事。

我们历来都是这样工作的。在20世纪，世界虽然复杂，但还不像如今这样多元，我们部队这么多不同的叙事也还能正常运作。

但后来，外部环境变化得更快、更复杂，这些变化中出现了一个真正铁板一块的一方。我方组织内部的单位有各自的叙事，伊拉克"基地"组织的情况却正好相反。它只有一个叙事，这使其四处分散、毫不专业、资源贫乏的网络协调一致，比我们的任何一个叙事都好太多了。对此的最佳总结可能就是艾曼·扎瓦希里的话。他原来是埃及的一名医生，后来变成恐怖分子，当时他被视为以奥萨马·本·拉登为首的"基地"国际联盟组织的二把手。2011年本·拉登死后，长期担任战略领导者角色的扎瓦希里开始接手"基地"组织的执行指挥工作。

伊拉克战争初期，扎瓦希里保证会做到包容、权力下放，他的话经网络节目播放，展现出一种强大的组织并置状态。与之相比，我们的团队就显得既个人化又目光短浅了。这是他们的叙事：

在伊拉克奋战的斗士们，我们向他们致意，向他们敬礼，支持他们，祈求真主保佑他们奋勇对敌。我们告诉他们，真主与你们同在，全国人民都是你们的后盾。相信真主，依靠真主。打击并消灭美国人……让他们葬身伊拉克。

伊拉克"基地"组织的成员虽然四散各地，但同时遵循着一个共同的具有包容性的叙事，并具有一种善于沟通的战略眼光。他们组织的运行结构设计得极为流畅、自由，以确保其领导层的叙事始终渗透于他们遍布各地的成员之间，使普通成员能够迅速行动，发挥个人能动性，彼此合作，并协调个体的行动，从而不受逐级审批形式的束缚。

我作为一名海豹突击队的年轻军官，那种以本单位为中心的叙事与"基地"组织的战略领导层所宣扬的叙事形成鲜明对照，因此毫不意外，联军占领伊拉克的前几年完全徒劳无功。当时，我们的特遣部队还是个官僚机构，尽管我们已经尽最大努力去消除伊拉克"基地"组织及类似组织网络上的重要节点（名义上也获得了成功），但伊拉克国内的暴力水平不断达到新的高度。2004年1月初，武装分子针对伊拉克政府每周发动大约200次袭击。到2007年6月中旬，这一数字增长了8倍，每周袭击超过1 700次。这个国家很大一部分地区都实行种族清洗，到处都是刑讯室，在酷暑天气中没有电力供应，而且多年来缺乏基础服务。

空气中弥漫着似乎是混合着死亡、高温和腐烂的恶臭。这里是人间地狱。

简单地说，理论上特遣部队的能力比伊拉克"基地"组织强得多，但二者在文化上的差异更加悬殊。伊拉克"基地"组织的成员虽然各方面都不如特遣部队的成员，但他们都团结在一个统一的叙事之中。我们有长处、有才能、有能力，他们则团结一致。我们的许多叙事都以本单位为中心，将彼此和外人全都排除在外，而他们只有一个叙事，他们欢迎任何认同他们目标的人加入并一起努力获胜。我们是一个严格有序的机器，整体就等于部分之和，他们却是一个有机运动的整体。我们在伊拉克遇到的情况说明了这两种系统是如何对应的。

但特遣部队及时从他们那里学到了教训。我有幸亲眼见证，我们的领导层建立了后来被称为"小团队构成的大团队"的组织模式，让各单位及其领导者不仅前所未有地能够接触彼此的情报人员和高级决策者，而且被鼓励在组织等级结构之外形成彼此交织的人际关系。这大大提升了我们组织各部门的效率，并最终降低了"基地"组织对武装行动的影响力。

虽然导致这一转变的是一整套创新的组织实践（在本书中每一项都有详细描述），但有一个步骤是为其他各项奠定基础的关键，那就是我们的高级领导层尝试引入并不断加强一个高于我们每个组成单位各自叙事的协调叙事。

他们将这种协调叙事融入我们的语言，让它在我们的回声室中流动，迫使我们每个人都做出选择。我们要么坚持自己目光短浅的文化，冒着输掉这场战争的风险，要么开始彼此交流合作，努力成为眼前正在缔造的小团队构成的大团队的一分子。

让我们面临这个选择的就是构成组织的新协调叙事，它始于以下这个简单的等式，由我们的高级领导层反复通过各种各样的媒介呈现给我们所有的人。

可信度＝已证明的能力＋诚信＋关系

从表面上看，这是一个简单的等式，而不是更深层次的定性叙事。但实际上，这成了我们每天都会进行的一场谈话的背景。我们将在后面的章节中谈到，成千上万的人每 24 小时都要接入一个包容性论坛并重新同步，但在这里交流的核心内容并不是事务信息，而是来自上述原则的知会互动。在每天的训练中都会进行这样的谈话，结合具体情况，讨论什么起作用、什么不起作用。

我们对结果进行讨论不仅是出于对军事行动的考虑，也要说明某一特定行动如何增强或损害了整个组织内部的关系或深化了主要利益相关者的相互信任。领导层向我们提出一些很难回答的问题，不是为了显示他们的权力，而是因为这样能让我们真实地展现出自己究竟知道什么、不知道什么。各团队无人吹嘘自己的成功，而是欣然吐露自己的教训，以便整个团队的能力以一个团队所遇到的挑战为基础而得到提升。如果把这个等式挂在墙上以供参考，那就毫无意义了。但是，以此作为背景，指导我们如何合理地分配力量以及在不同部门间进行沟通，它就成了比我当时所理解的更加有力的工具。

领导层知道，可信度是我们的团队和更高一级的组织长期以来一直在与我们共事的人身上——我们团队的其他领导者以及我们组织的外部利益相关者——寻找的东西。毕竟，可信度将使我们能够更加迅速地行动，并得到更多自主权，这是大家都渴望已久的。

但是实现这些的障碍是什么呢？

现在我们将可信度拆分为3个组成元素：已证明的能力、诚信和关系。能力和诚信不是限制元素——我们各小队虽然彼此联系不紧密，但每个人都经过了千挑万选，道德品行也都十分优秀。我们真正缺少的是可以向其他部门证明这些品质的关系，我们需要这些关系来赢得决策者和各部门的信任。

同一个单位的成员之间已经建立了这样的关系，但这远远不够，关系还需要延伸至其他团队和重要的合作机构中去。因此，我们许多人被鼓励加强联系，向组织中其他相关部门的人展示自己，并将这些联系转化为每个团队有形的行动效益。

在某种程度上，这种方法与人类与生俱来的社会性有关。2014年，以色列历史学家尤瓦尔·赫拉利将人类这一物种的成功归因于被他称为"智人认知能力革命"的、一种可能是"知识突变树"理论产物的早期智人DNA（脱氧核糖核酸）的异变，它使我们的祖先"以前所未有的方式进行思考，并使用一种全新的语言进行交流"。

按照赫拉利的说法，我们的祖先用他们无与伦比的智慧创造的不只是有形的工具，还是文化和身份的社会联系，后者最终为他们的长期兴盛带来了巨大的好处。从本质上讲，他们创造了让许多小部落得以相互联系的故事。与周围的对手相比，我们的祖先虽然动作更慢、身体更弱，却通过建立秩序并严格执行而在短时间内兴旺起来。他们有了比原来的部落更大的发展。

在特遣部队，我们最终的力量也来自同一个根深蒂固的生物学驱动力。我们不像以前那样收到的仅仅是一个行动的最终状态或指令式的策略，相反，上级让我们充分看清需要我们去创造的一种新的、具有包容性的行为方式，他们认为这是确保我们达成目标的关键。

经过麦克里斯特尔和高级领导层历时几年的集中研究，这种新的叙事造就了训练有素、业务超群的集体，打破了曾经阻碍我们彼此沟通、协作和信任的官僚组织壁垒。这种新建立的联系性使直接军事行动的效率得以提高，地面行动小队的移动和适应速度均高于他们在战场上所面对的群龙无首的武装行动小队。

但是，行动速度和效率在量化测度上的提高只是我们的一个改革成果。我们的改革还有另一个成果就是文化的改变，尽管当时我们并没有直接提出这一点。面对战争的压力和看似不可战胜的挑战，我们从一系列能力高强却各自为政的小队，转变成一支为了同一个目的团结协作、专心执行任务的团队。我们原先只是一个整体能力等于各部分能力总和的联盟，如今却变成了一个在彼此信任的基础上建立的有凝聚力的整体。最重要的是，我们每个人看问题的出发点都超越了原来本单位小团队的角度，具有了更高的目标感和使命感。

各团队在这个新模式下取得了丰硕成果，直到2011年12月联军撤出伊拉克。后来，随着特遣部队及其他施加压力的各方从伊拉克撤离，伊拉克"基地"组织的成员又转移到另外一个更加臭名昭著、由叙事驱动的网络化组织——"伊拉克和黎凡特伊斯兰国"。但这又是另外一个篇章了，在我们共同书写的当前这个新世界的漫长故事里，他们的日子已经所剩无几了。

不断变化的图景

驻伊拉克的特遣部队遇到的各种问题远远超出了军事冲突的范围,同样的问题也让各行各业的领导者深感困惑并面临挑战。

21世纪竞争的现实是不可避免的,因为外部世界发生了翻天覆地的变化,变得比以往任何时候都更单调、更快、相互联系更多。结果就是,一些曾经运作良好的组织发现自己就像特遣部队在2003年那样,虽然拥有所需要的一切人才和资源,但无法摆脱困境,无法对变化多端的环境做出迅速反应。

许多思想家都承认我们的世界发生了翻天覆地的变化,并据此提出了一些名词。

操盘手出身的作家纳西姆·塔勒布创造了"黑天鹅"一词来形容难以预测、影响重大并带来非线性(极端不成比例的)后果的事件。他定义了这种事件的"三重条件":"稀有性、极端影响性和追溯(非预期)可预测性。"这个概念十分流行,许多人在其基础上稍加改动,提出可以预见的"灰天鹅"。

1962年,美国物理学家和科学史家托马斯·库恩在其著作《科学革命的结构》一书中对"范式(paradigm)"一词进行了细致入微的诠释。库恩认为它应该具备两个基本特征。一项新的科学成就如果成为范式,必须"前所未有地吸引一批坚定的追随者,使他们不再进行各种形式的科学活动竞争……而且具备充分的开放性,能为一批重新组合的科学工作者留下一大堆有待解决的问题"。库恩的著作使"范式转移"这个词得以兴起。想到这一点,你可能就会意识到他这本书的重要性。

但这个理论在一段时间后也可能会变得多余——实际的情况是，现在一个人的行动或话语很容易就可以给其他人造成以前根本不可能发生的连锁反应。例如：在突尼斯的小镇，一名普通的水果小贩自焚事件有可能会引发一系列的区域性民间动乱；而在地球上某个地方，某一个人的负面经验也可能直接对有关责任公司的股价造成下行压力。

显然，我们所有人都面临的这个问题有一部分原因要归结于信息流的速度和规模。我们处于信息时代，这对我们位于伊拉克和阿富汗的战场来说无疑是一个严酷的启示。几百年来，即使是最有组织的军队（比如罗马的军团或拿破仑全民征兵的军队），其命令的传递速度最快也只能是步行或骑马的传令兵所能达到的速度。即使思想家（比如《经济学人》杂志的熊彼特专栏作者）极为犹豫，不知是否应当同意关于环境近年来已给组织机构带来巨大挑战的说法，也已经勉强愿意承认"这种说法有些道理"。也就是说，我们可以明显看出信息流速度的变化如何改变了组织机构的运作方式。

基辛格咨询公司执行董事乔舒亚·库珀·雷默在他2009年的著作《不可思议的年代》一书中巧妙地总结了这种变化的速度。

150年前，一封骑在马背上送到的信件，其信息传递速度约为每秒0.003字节（假设一封普通信件的数据大小有1万字节，当然，那时候还不存在这样的信息计量单位）。同样1万字节的信息，到20世纪60年代，其传递速度达到每秒300字节。而今，全球通信电缆的信息传输速度已达每秒

10亿字节。

在距今更近的年代，在战争中，人们一直依靠信号灯、喇叭声和鼓声来让大量个人得以根据对方的行动做出反应、迅速聚集、移动并与敌人战斗。只有能让人们心甘情愿纳税供养的组织最严密、装备最先进、训练最专业的国家级军队，才能掌握这些集中控制的过程，其中，只有做得最好的国家，才能让自己的军队在和平时期也时刻做好准备。

因此，这种类型的军队及其服务的民族国家，主导着上千年来的战争。由于20世纪的技术创新，这样的状况又得到进一步巩固。富裕的国家得以用越来越先进的通信系统取代骑马的信差，将信息传递到越来越远的地方——关于这种能力，个人是绝对无法达到国家机器所能达到的水平的。

但是突然之间，对无数代人的历史来说也就是一眨眼的工夫，沟通变得民主化了。进入21世纪，每个人动动手指就能与数百万人实时分享信息。只要按一下按钮或者按下照相机的快门，一个人的想法或经验就能立刻传达给几十、上千或数百万人。

在伊拉克和阿富汗的非常规战争中，特遣部队存在已久的组织结构——一个为了优先建立有序的指挥并控制行动小队之间的互动而制定的组织结构——很快就被这个迅速发展的新的现实重创，缺乏组织的个体凑到一起就能以非线性的方式破坏我们的行动。经常有人用手机拍摄我们队伍遭受简易爆炸装置袭击的视频，并将视频发到网络聊天室里进行宣传。十几年后，美国公民事务也遇到了同样的情况，政治抗议活动经常使用病毒视频给自己的阵营加油，并吸引新的成员加入。

此外，对特遣部队的高级领导者来说，想要完全随时掌握前线发生了什么情况也变得极其困难，因为周围的环境变化得太快，我们的官僚体系无法将有价值的意见及时传达到组织中的每个角落，这加剧了我们制定决策时的混乱和迟缓的状况。

我们与"基地"组织及其支持者的斗争是这种转变的一个早期例子。始于2011年的"阿拉伯之春"是一场社会政治运动，它跨越大洲，通过社交媒体爆发时十分引人注目。这场运动从暴政中拯救了一些人（比如在突尼斯），在另一些人中则造成了混乱（比如在叙利亚）。由优步和来福车占据主导的共享出行行业大潮加上智能手机的普及，使原本十分稳定的出租车服务行业四面楚歌。下一个离场的很可能就是传统的交通运输方式，因为无人驾驶技术很可能使驾照这样一个被公认为永恒不变的东西变成历史。有朝一日我们会把自己的驾照拿给孙辈看，证明我们是旧时代的人。同样成为历史的还有超速罚单、交通拥堵和路怒症等。

这些例子有一个共同点，那就是其中都涉及一种现在占据主导地位的事物让位给一种更加小巧、流动性更强的东西，而这一切曾经绝不可能的事情都发生在短短几年间。1859年，在威斯康星州农业协会的讲话中，当时还没当总统的林肯回顾了自己听到的一个故事："有一个东方君主要求手下谋士想出一句话来，并且必须做到随时随地放之四海而皆准。谋士给他想出一句'此刻，也一样会成为过去'。"简而言之，变化是永远存在的，但在今天，破坏活动是无休止的。

任何仍然坚信20世纪的组织结构和领导模式在今天已经复

杂得多的世界上还能神奇地运转如常的人，很快就会在现实中遭遇不便：正如爱因斯坦在他辉煌的职业生涯结束时所说，"人类如果要生存下去并走向更高的层次，一种新的思维方式是必不可少的"。在伊拉克和阿富汗冲突的最初几年，我们无疑是在试图按照20世纪的剧本去击败21世纪的威胁。

我们都知道世界已经改变了，并将继续改变下去，于是自然出现了下一个亟待解决的问题，这也引出了一个更根本的问题：组织机构怎样才能应对已经发生变化的环境？今天的组织机构显然面临着一种新的彼此关联的复杂环境，因此需要有一种能应付这种复杂性的组织模式。这是我们这个时代的挑战。

当我跟着麦克里斯特尔干了一年，准备离开伊拉克的时候，我深信我们的部队已经找到了这个问题的答案。我们的组织已经学会了抵御周遭可能会被有些外部观察者称为"黑天鹅"的事件和受到范式转移影响的混乱的外部环境，人与人之间的联系和真正的战略统一已经在我们部队里各小队之间以及全球范围内建立起来，将成千上万的人们从各自所在的不同地方团结到一个其范围和复杂性几乎每天都在改变的统一目标上来。这种新的方式给了我们部队中的各个小队以空间，使我们能够迅速、自主地应对每天向我们抛来的不可预知的挑战。我们这数千名专业人士虽然分布在世界各地，但彼此之间关系亲近，宛如围坐在一张桌旁的小型团队。

在资金、设备和人员等其他变量不变的情况下，我们每月的直接行动任务率得到了显著提升，这说明我们同一个使命的管理方法奏效了。但在我看来，有一个更好的证据可以证明我们的成功,那就是你将从特遣部队成员那里听到的亲口证词。虽然将他们各自的单位文化进行整合起初并不总是那么受欢迎,让我们协调一致完成同一个使命的改革也并不总是那么容易,但是没有一名前特遣部队成员否认我们的组织已经成为一个整体:我们每支小队都能自由行动、彼此合作,大家的目标是完成同一个使命。我们经常会把曾经是对手的其他部门的人置于我们之前考虑,并且知道他们也会为我们这样做。

一般来说,军人之间的相互信任与尊重仅限于同一个部队的战友——那些曾经并肩作战、密切合作并在必要时进行支持性或辩论性对话的人。然而,在"小鸟"直升机上跟副驾驶员最后紧握着手的那一次,我就知道等我离开部队回到家乡,我最怀念的一定就是我们部队这种新的同一性——它取代了原有的官僚规范,通过在整个部队范围内精心推进各部门间非正式的关系,从而使每个成员之间产生深深的信赖感。

这就是为什么我们能够在迅速变化的环境中屹立不倒,并利用周围不断发生的变化按照我们的组织战略采取行动。

我们已成为一个全球性组织,在很多方面与其说是一个来自20世纪复杂世界的等级分明的大型机构,不如说更类似于同乘一架直升机的4名乘客,彼此以性命相托,低空飞过沙漠战区。

但在实际操作上,这两种情况我们都占一点儿。

需要考虑的问题

◆ 你认为你们组织的外部环境是否正以一种明显与过去不同的方式或是以比过去更快的速度发生变化？

◆ 如果是这样的话，你认为你的组织团队目前能否根据需求快速有效地进行协作和调整？

◆ 如果不能，那么阻碍组织进行调整的是什么？是彼此不够熟悉或彼此接触过少吗？是害怕影响吗？是不确定高层领导者会有什么反应吗？是战略不够清晰吗？

第 2 章
混合模式

像许多军人一样，多年来我似乎已经坐了无数次直升机了，我心里十分感激我们以性命相托的飞行员驾驶技术如此高超。在任何一次飞行中，像我这样的乘客都可以观摩这些了不起的飞行员努力操纵这架我们都依赖的机器。

从地面上看，向我们飞近的一架直升机的降落动作可能看起来是轻柔缓慢的，但实际上直升机本身不是一个稳定的东西，驾驶起来绝不可能是"轻柔"的。直升机上没有自动驾驶仪。飞行员手脚不停、四肢并用，他们需要随时踩踏板、拉操纵杆，以应对侧风、沙漠中的上升气流、在干燥的沙漠上着陆时"掉电"以及其他无数的挑战。

在今天这个复杂的世界上，领导一个商业机构也同样没有一刻清静。即使是在情况似乎很稳定的时候，你最好也要想象自己是在危险地形上进行低空飞行的直升机驾驶员。要记住，随时都有可能出现意料之外的上升气流或沙尘暴打破眼前的平静。这并不是说你不信任手中的机器，固定下来的商业模式和直升机一样，都经过了考验，是可靠的。飞行员和商业领袖都很了解这些有着特定用途的结构有什么优势，但他们也乐于适应不断变化的环境。

要想带领特遣部队克服我们在伊拉克面临的复杂条件，我们的领导者需要建立一种全新的组织模式。掌握方向的领导层的精力必须集中在不止一个轴心上。他们不仅需要重视并利用官僚机构的力量，也要时刻注意环境的变化并带领组织适应这些变化。

他们就是这样做的。通过不断尝试并修正错误，特遣部队结合了僵化的官僚体制与适应性强的网络的优点，过渡到混合模式，成为战场上一支前所未有的战斗部队。

官僚体制的优点

2016 年底，我的研究助理买了一辆二手车，不久之后他就着手将自己的旧驾照换成华盛顿特区的驾照。

他很明智地提前研究政策，填写了申请表，准备好原社保卡、外州驾照和两份寄到他在华盛顿住址的水电费账单。在一切准备停当之后，他前往华盛顿车辆管理局办手续。

他虽然排队等到了预约，却没办成事。

"先生，你的水电费账单必须都是过去 60 天内的，"办事员告诉他，并指着两张账单中的一张，然后又指了指她桌面上的日历,"这一张是 64 天以前的。"

这是一个小小的疏忽。他恳求对方,但没有任何用——制度就是制度,车辆管理局并不关心他备齐的一大堆原始文件中存在一个小小的疏忽。

这跟什么都没准备的结果是一样的。办事员简单说了一句"下一个",就不再理睬他了。他所经历的就是典型的官僚主义。

历年来,组织结构即便不完全是官僚主义制度,也受到了官僚主义很大的影响。这是一种集中控制的方法,用于管理不断扩张的越来越多的团队。这种组织方法是由德国社会学家马克斯·韦伯在 19 世纪末 20 世纪初构建出来的。

1864 年,韦伯生于德国上层中产阶级家庭,并经历了西方工业革命的余波。他起初对法律感兴趣,最终却对私营企业和政府行政机构如何从无组织体系转变成大规模高效运转的组织十分着迷。

韦伯的理论充分体现了他那个时代所见证的社会革命。在一个主要由家庭关系决定个人未来的时代,他提出建立一种优于人际关系的"客观秩序"。在韦伯的官僚体制中,权力源自"岗位"而不是个人。他认为,最理想的情况应该是统治和秩序优先于个人,而首先最重要的是,岗位任职者应该服从等级制度的规则(及其上级)。韦伯认为这样可以消除任人唯亲的现象,建立精英管理社会,从而为群众带来机会。

在韦伯心中,员工、团队和领导之间的理想关系是稳固不变的,它由某个遥不可及的人物规定,以防止效率低下、组织散漫。由此得到的组织模式是一个自上而下的结构,其中每个成员不仅服从上级领导，也必须承担自己的岗位在体制中的规定职责。韦伯得出的客观秩序可用图 2-1 表示。

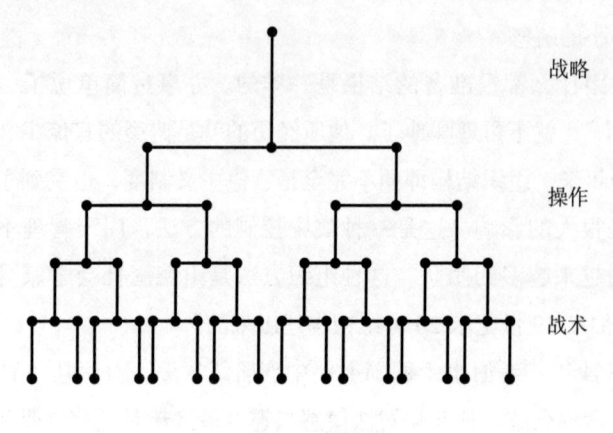

战略

操作

战术

图 2-1　客观秩序

任何商业领袖都能意识到，图 2-1 表示的不仅是一种陈旧的理念，也是今天几乎每家大公司的标准组织图的简化版本。人的主观性（在理论上）被最小化，取而代之的是结构化的企业规章，孤岛也就由此形成。执掌权力的是顶层的战略领导者，下面是高级中层管理人员（操作层面上的领导者），再由他们领导着战术团队。这些正式的层级关系是固定的、僵化的，在图 2-1 中用实线表示。

韦伯承认这种组织结构也不安全，有可能会导致"没有脑子的专家和没有心的玩家"出现。然而，他认为官僚体制利大于弊。韦伯写道："官僚主义的发展大大有利于不同社会阶层平等化。"官僚机构通过以客观不变的态度对待员工、领导和客户，来确保公平，不让运行出现意外。

当我的研究助理申请华盛顿驾照失败时，他的遭遇恰好体现出官僚机构的特征——一个没有灵魂的机构，没有人性，也没有个性。他的恼怒可以理解，但他如果明白自己为什么会被拒绝以及此事的积极意义，也许可以略感释然。

那天，办事员在处理他的申请时其实既不冷漠，也不热情，只是将他当作一个物化的没有个人身份的客户而已。要是遇到情况像他一样的其他人，办事员也会同样对待的。办事员才不管他的申请材料是不是只有一点儿小小的问题，重要的是他不符合规定。

他（和其他旁观者）应该振奋精神，要知道他们与之打交道的组织机构根本就不可能"作弊"，也不会对任何人区别对待。在等候办理的队列里，他们都是平等的。这种操作原则上防止了有人在这里进行车辆登记时作假，并建立了一个使车辆管理局可以分散其职能的标准。

阿尔弗雷德·P.斯隆于20世纪20年代率先在他领导的通用汽车公司建立了多部门的稳固结构，这非常符合韦伯所主张的客观秩序的设想。

斯隆将通用汽车公司的结构形式转变为他认为的"客观的组织，区别于陷入人的主观性的那种组织"。他的愿景是建立一个多部门的结构，其工作人员主要是西装革履的中层管理者——他们被约翰·米可斯维特和阿德里安·伍尔德里奇称为"企业人"。这种变革的效果十分惊人。到1929年，通用汽车已从竞争对手手中抢到了超过15%的市场份额，这时斯隆出任公司总裁仅有

6年。他之所以有这样的成绩,原因是官僚体制使公司得以集中扩展,提高了效率。

斯隆的通用汽车公司并不是唯一一个受益于这种组织管理方法的公司。斯隆式的管理模式也融入了同类企业的经营管理。当时的通用电气公司、美国钢铁公司、标准石油公司等几大巨头都采用了类似的做法;它们这样做是因为官僚主义是当时最佳的解决方案。

在《赋能》一书中,我们探讨了企业家弗雷德里克·温斯洛·泰勒简化主义的、以效率为中心的管理方法。泰勒的科学管理方法将以前个性化的工业生产过程标准化,尝试消除个性,并且他取得了巨大的成功。

尽管官僚主义取得了成功,但其也有危险性。韦伯、斯隆和泰勒的管理理论的极端方式会剥夺团队和个人的人性,以确保大规模的集中控制,其互动也仅限于由权威部门界定的形式主义关系。

官僚主义方法的问题在于,它假定组织部门团队中的关系应该始终是形式化和功利化的。认为以实线表示的团队和领导之间的运作关系在组织内部足以形成结构和群体,就相当于认为一具没有四通八达的组织或神经和循环系统的骨架就足以构成整个人体一样。

事实完全不是这样的。组织机构说到底不是由那些与组织运作无直接关系的齿轮组成的。相反,组织都是由具有主观性的人类组成的,有时是由孤立的人类群体组成的。一个正式的组织结构图如果不能体现人类与环境的主观性,就有可能迅速摧毁团队的使命感。

团队如果与组织的其他部分分离,就会成为战略回声室,并迅速吸收不同的文化。

随着组织规模越变越大,官僚等级越来越复杂,这种影响也会增大,从而使团队逐渐陷入孤立的角落。正如西蒙·斯涅克写的那样:"就其本质而言,规模产生距离,而有了距离,人的想法就开始失去意义。"一旦孤立的团队无法与其他人互动和交流,它们就会产生疏离感,变得没有人情味。

纯粹的官僚主义不仅破坏了叙事的统一性,而且使人们无法适应迅速变化的环境。

你和你的组织很可能都感觉得到,每天努力跟上外部变化速度的压力很大。我们正式的组织体系在建立的时候就没考虑过跨职能部门响应这回事,而这是解决当代问题所必需的。客观秩序遇到了对手,而企业人是其独有的弱点。

官僚主义的领导者

我的一位导师曾经问过我一个关于伊曼纽尔·洛伊茨的画作《华盛顿横渡特拉华河》的问题。

你一定见过这幅画。画的内容是1776年特伦顿战役之前,华盛顿将军站在一艘木船的船头,带领着美国革命军队横渡特拉华河。画中的河水都结了厚冰,华盛顿凝视着远方,士兵们则在他身旁用带钉的船篙撑船前进。

现在回到我导师问我的那个问题:怎么就能看出来华盛顿是

这里的领导者呢？答案是，因为他是唯一一个似乎什么活儿也没干的人。

这个笑话揭示了我们对领导者都存有的偏见——我们觉得他们只管人，不"干活儿"。当代网络理论家、社会学家和物理学家邓肯·瓦茨在他的著作《六度分隔：一个相互连接的时代的科学》中写到自己首次意识到这个问题时的情景。

有一天，瓦茨登上一架飞机，他注意到乘飞机时身旁总是坐着西装革履、手指不停地敲打笔记本电脑键盘的公司职员，于是忍不住想知道他们都在干些什么。

> 我挤进座位，左右两边坐的都是这种大忙人，我心想："这些人干的究竟是什么活儿？"如果一个人一天到晚开完一个会就赶去开另一个会，那么他对自己供职单位的生产力到底有什么贡献？

瓦茨的结论是韦伯、泰勒和斯隆都会同意的。

> 从信息处理的角度来看，答案是，管理者的主要任务根本就不是生产，而是协调，是在以生产为主要任务的个体之间起到信息泵的作用。

在官僚机构中，高级领导者被赋予比战术单位更高的权力，人们希望他们能在各单位之间发挥"信息泵"的作用。因此，管理者将大部分精力花在使用有限的官僚手段来促进手下团队的合作上。

团队间跨职能合作的重要性日益增强，这使信息泵的功能也变得更加重要。与此同时，在今天海量信息涌入的环境下，成为有效的信息泵需要花费的时间日益增多。负责创建并管理跨职能合作或解决冲突的管理人员越来越容易被日复一日的噪声干扰和淹没。随着干扰程度加重，领导者也更有可能要么无法有效地在团队间传递信息，要么在急着四处"灭火"的时候将自己的上级抛在了脑后。这不仅在短期内明显影响了机构的经营，也进一步加剧了不同团队的叙事分歧。由于组织内不同部门之间沟通手段有限，因此经常有人会问这是谁的错，这增加了不同部门之间的敌意。

我最初加入特遣部队时，那里的情形无疑就是这样的。组织管理有序，不带人情味，成员全都是出类拔萃的特工和分析人员，指挥行动的领导者也都具有十分丰富的经验。但在信息时代的战场上，组织跨职能协作的能力被竞争的速度、复杂性和不可预测性淹没。毫不奇怪，不同部门之间开始相互指责。

假设韦伯看到我们的组织结构图后会感到非常满意，但我们在伊拉克和阿富汗遇到的极端势力的暴力行动呈螺旋式上升，这个事实证明，当时那种中央集权、等级分明的组织结构是无法满足任务需要的。这种差距很快就在战术层面得到了承认。由于组织不力而导致亲密的朋友失去生命，这种痛苦是其他情况都无法相比的。但解决方案并没有立刻出现。我们的系统是按照原本设计的那样运行的，但是系统中的信息泵一而再再而三地出问题，无法将海量的原始情报转化为足够迅速的行动。敌人的威胁变化太快，他们的发展总是快我们一步。

我本人也是一名领导者，我亲身经历了作为一个信息泵，却跟不上不断变化的环境的那种压力。我在1997年申请成为海豹突击队的军官时，正当年轻气盛，认为自己如果能进入海豹突击队并获得相应的军衔，就能负责带领一小队特工，从而顺理成章地成为一名领导者。当时，作为一名正在接受基本训练的军官，如果有教官问我谁是我们那里最重要的领导者，我会要求找来部队的实线组织结构图，从图中找出级别最高的人的名字念给他听。但我弄错了。

在我开始工作了几年之后，通过选拔、调动，我的名字开始在特遣部队的实线组织结构图中上升到战略组织角色，远离战术军事行动，这时我感觉到另外一种压力和焦虑。我在组织中不再担任积极活跃、负责具体行动的角色，并且逐渐远离行动小组那种紧密团结、荣辱与共的工作，开始在官僚体系中充当信息泵。

这种变化不怎么受欢迎。无论是在战场上还是在会议室里，这种感觉在官僚机构的权威人物身上都很常见。

我在2012年离开军队时，惊讶地看到在其他行业中这种紧张关系如此普遍，因为它们的组织结构形式也与我们类似。在官僚组织结构中晋升意味着同级别的官员人数越来越少，控制范围越来越大。一般来说，晋升的人作为信息泵的功能会随之增加，也会更加远离组织实际工作的具体操作。

当你处于战术层面的小团队时（什么行业都是这样），你距离组织的紧迫问题最近，能亲眼看到或感觉到解决方案是否行之有效。这时，你的工作是第一手的，得到的反馈是直接的，你很快就能知道自己是否擅长这份工作：你要么能够达成交易、制造合格的产品、完成接洽工作，要么不能。此外，你会完全融入所在团队的叙事，并据此行事。

如果一切顺利，你会由于表现良好而得到晋升，不久之后，就能在官僚组织结构图上占据一席之地。现在，不管你是否情愿，你都是一个充当信息泵的领导者，你手下的一线团队越来越多，你肩上的责任是让自己原来工作过的单位完成实际工作。你越来越接收不到关于组织外部环境的第一手信息。

你与组织结构图上的上级也没有真正谈过担任这个新角色需要具备什么条件，因此你只能根据自己的观察，学着像其他的同级官员一样开展工作。你学习他们所展现的职业道德，早上第一个来，晚上最后一个走。你联络沟通、继续前行，对过去几年一直作为接受方参加的常规会议进行调整。

不过，尽管你做出了努力，但你身在一线时曾经日夜面对的问题变得越来越模糊，你不由得开始感到焦虑。如今，对于自己以前曾经服务的团队及其环境状况你只能得到二手信息，你的自我价值感也会受到挑战。这种脱离群众的孤立感会随着职位的提升而迅速加重，你会在心中感到恐惧和怀疑。你会出现冒牌者综合征，感觉每个人都合作愉快，只有你格格不入。这种感觉越来越强烈，你迫切希望对下属团队进行微观管理，对他们提出更高的要求。官僚机构那没有人情味的秩序假定领导者应该能够确定何时何地必须进行跨职能协作，并使合作与互动得以实现。但在复杂的环境中，这种期望会给领导者带来焦虑。系统内的人彼此联系并解决新出现问题的速度成为官僚机构的限制因素。

"我就是瓶颈"，今天许多自觉的领导者经常这样想，这说明领导者认为工作效率不高是自己的错。而事实上，正如战场教会我们的那样，在今天这种信息时代的速度下，20世纪的组织体系是无论如何也不能满足需要的。

繁杂、复杂与 Cynefin 框架

我们大多数人都是在20世纪的官僚模式中长大的，这种模式是为基于可预见性的世界而设计的。但在我们眼前，环境发生了变化，我们的组织也必须随之变化。理解从繁杂到复杂系统的转变的确切性质，我们就能了解有关官僚机构及其充当信息泵的领导者的问题。

当系统的许多不同部分以预先设定的方式互动时，这个系统是繁杂的。各部分之间这一系列的互动确保系统产生的任何结果都是可预测的。这就好比你有一台机器——打印机、计算机、车，什么机器都行：当各种零件以一种预先设定、准确无误的方式相互作用，以产生一个可预测的结果时，这台机器就是繁杂的（例如，用打印机打印一页纸，用计算机算出精确的数字，或启动一辆汽车的发动机）。

繁杂的系统不容易弄懂，除非你是这方面的专家，但是我们都对繁杂系统的因果关系很有把握。我们知道踩一脚油门会发生什么情况——汽车会向前开动。只要系统的各复杂部件都组合正确，就会产生预期的结果。

相反，在一个复杂的系统中，各部件以新奇独特的方式进行互动，没有预先的设定。比如一个生态系统，其本质是复杂的——组成雨林的不同生物与非生物条件之间显然可以有无数种

互动方式，并产生各种各样非线性的结果。局部温度的微小变化会产生一系列后果；有许多不同的动物都依赖植物及其微妙的食物链，对它们来说，当地气温的几度之差带来的就是生死之别。

随着智能手机和社交媒体平台等互联技术以及高速信息流的普及，我们的世界每天都正在变得更加复杂。越来越多的参与者和变量进入我们的环境，以不可预测的方式相互影响，挑战我们过去的领导方式。而且，正如我们在部队中遇到的情况那样，繁杂的组织系统并不适应复杂的环境。

一些商业领域也同样感受到了这种挑战。最近的数据表明，老牌企业越来越难以在全球市场上进行竞争。虽然顶级的现代企业（特别是美国的顶级企业）展现出创纪录的盈利能力，在某些行业中通过大规模并购出现了寡头垄断，但对数据进行深入了解后就能看出整体上大公司的日子越来越不好过。在过去的几十年里，企业的预期寿命急剧下降，这一趋势似乎正在加深。2012年，据克拉克·吉尔伯特、马修·艾林和理查德·N.福斯特估计，当时的标准普尔500指数成员预期保持在该指数名单上的时间平均仅为18年，而在1958年，这个数据是61年。

今天，在美国公开上市的公司中有1/3会在之后5年内被摘牌，这个比例在过去40年间增长了6倍。这种非线性的增长说明，难以真正适应现在这种情况的公司实在是太多了。这种变化可以忽略不计，但是我们面前的确有一个深渊，而且我们正在加速走向这个深渊。

最近，以前一直十分可靠的政治民意调查出了问题，这件事备受瞩目，我们从中也可以看出情况的复杂性在不断扩大。

2016年6月,在英国"脱欧"公投结果出来的几个小时以前,博彩市场预测,英国留在欧盟的可能性约为88%。虽然诸多新闻媒体和民意调查专家都不认为最终会出现这样的结果(选民投票决定英国退出欧盟),但现实几乎让所有专家都出乎意料。公投结果出来的第二天早晨,法国总理曼纽尔·瓦尔斯所说的话代表了当时许多人的想法,他说这是"一个爆炸性的消息"。

同样,2016年10月,哥伦比亚选民通过全民公决,拒绝与哥伦比亚革命武装部队(FARC)达成和平协议以结束长达数十年的战争。而民意调查曾预测,此公决将以赞成票和反对票为2∶1的比例通过。在这样一个已经破坏了哥伦比亚内部稳定和发展达几十年之久的问题上居然会出现这样的结果,这使整个国家的政治精英都深感震惊。

在2016年的美国总统选举中,绝大多数科学合理的出口民意调查、公共舆论及选举预测也都完全没有预料到唐纳德·特朗普会最终获胜。在整个竞选过程中,预测结果都对他的对手有利。在投票日当天上午,《纽约时报》还预测希拉里·克林顿会以85%的得票率赢得选举。民意调查专家内特·希尔弗(他曾在2012年美国总统大选中因正确预测全部50个州的选举结果而赢得好评)虽然态度谨慎,但还是十分确信希拉里·克林顿会最终获胜。然而,最终的结果就像英国"脱欧"和最近的其他全球性变化一样,进一步说明在当今世界上如果仍然用传统的手段预测最新的发展,就会以惊人的速度失败。

政治、商业和社会等所有领域都感受到了当前时代复杂性的影响,那么领导者该如何应对呢?

2007年，戴维·斯诺登和玛丽·布恩在《哈佛商业评论》上发表了一篇被广泛阅读的文章，标题为《领导者的决策框架》。在文中，他们为读者提供了一个实用的模型，可将复杂性理论应用于企业的业务。斯诺登和布恩提出的这种模型被称为"Cynefin[①]框架"。他们认为组织机构的领导者可能发现周围存在几种不同类型的环境（他们称之为"域"），这些环境不仅有的繁复、有的复杂，而且有的明晰、有的混乱。

图2-2为斯诺登和布恩的Cynefin框架的简化版本。

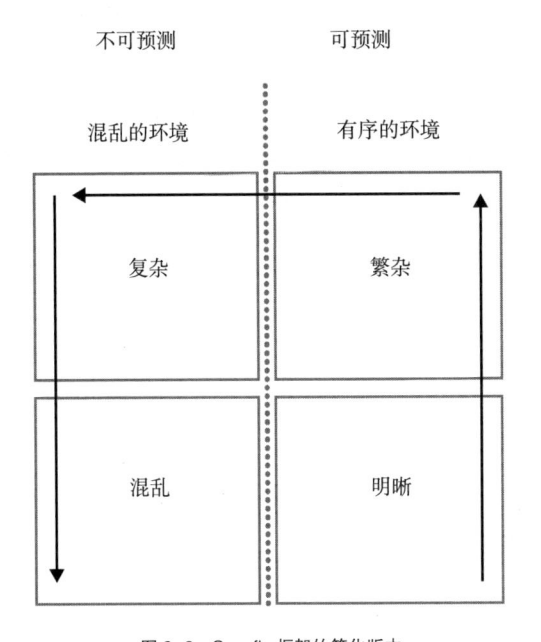

图 2-2 Cynefin 框架的简化版本

---

① 发音为 *ke-ne-fin*，来自威尔士语，意为"栖息地"。

斯诺登和布恩认为，在4个象限中，因果之间的表现关系各不相同。在明晰象限中，特定的问题如何以及何时产生会立即显现（并且可以提前预测）。然而，在混乱象限，因果关系几乎是不可知和不可预测的。按照斯诺登和布恩的说法，领导者需要确定自己在哪个象限进行工作，并对自己的工作方法做出相应的调整。

当领导者的工作环境从明晰转变为繁杂时，他们很容易带领手下进行调整适应。但是下一个转变，也就是信息时代迫使我们所有人都要接受的从繁杂到复杂的转变，是最困难的。跨越这个鸿沟，因果关系就从（繁杂系统中的）某种程度上可预测转变为（复杂环境中的）只在事后可知。一旦某个组织进入复杂系统这一象限，所有的挑战就都十分微妙，需要具体情况具体解决。

在一个繁杂的世界里，新出现的问题往往只需要使用以前遇到问题时类似的方法即可解决，这样一来，官僚机构可以对模式进行识别，并快速有效地行动：在这种情况下，我们的团队必须按部就班地进行应对。但在复杂系统中，每个事件都具有独特性，这时官僚机构就束手无策了。或者会出现更糟的情况，领导者基于模式识别的成见提出解决方案，然后感到莫名其妙，不知道为什么这一次经验不起作用。在一个复杂的世界中，依赖快速模式识别有可能导致致命的后果。

你所在的组织如果表现出色，就能够应对复杂或混乱的事件。一旦出现这些情况，一个电话就能把所有相关人员叫来开会，即使是周六也说来就来。

但与此同时，也有一些事情正在发生。首先，问题牵涉得越广，组织内的其他工作就变得越慢；主要领导者身陷危机，所以他们顾不上日常的工作；广大组织成员等待领导者回归，不知是否应该照常开展工作，不确定这场危机是否会对某些未决事宜造成什么影响。换句话说，当系统进入危机模式时，权力会遭到进一步垄断。问题得到解决，是因为你周围的同事都有聪明才智，但更广泛的组织功能运作为此付出了什么代价呢？

其次，事情过后，官僚部门总会回到原来那种繁杂结构中去，一切照旧，等着下一次危机的出现；本来它存在的目的就不是要迅速适应刚遇到的那种情况。但是，你可能已经注意到了，这种"危机模式"正在成为新的规范。组织的日常职能被以一种疯狂的速度打断。你面临的挑战是创建一个不断自如地适应周围的复杂性的企业，同时避免组织中应该保持稳定的部分不断遭到破坏。

在"9·11"事件发生后的初期，军中的一位同僚告诉我，他认为海豹突击队"特别擅长应对危机"，起初我以为他这是赞美。他继续说道："问题在于，你们处理危机的能力比长期规划的能力好太多了，所以你们把所有的事情都搞成了危机。"这是对我们的一种偏见，但他说得也有道理，而且过去这几年我在各个行业的高绩效公司中也看到了类似的模式。

奥地利经济学家弗里德里希·哈耶克，在他1974年诺贝尔经济学奖的获奖感言中，预言了对复杂性的误解会产生什么样的影响。他说："如果我们认为拥有知识和力量，就能够完全按照自己的喜好来塑造社会的进程，那么有些我们实际上并不具备的知识就很可能会使我们做出十分有害的事情。"他警告说，在经济体系内并非所有决定性因素都是可预测或可测量的，因此我们需要考虑到某些行为人不符合旧有规范的行为："如果人类在努力改善社会秩序时不想弊大于利，他们就必须了解，在这个领域，就像在其他安排有序的复杂性盛行的领域一样，他们无法获得使完全掌握这些事情成为可能的全部知识。"他认为，如果不能接受不可预知因素的未决影响，就有可能导致灾难——这位 20 世纪经济理论的主要缔造者的这个预言准确得可怕。

建立官僚结构，目的就是激励哈耶克严重警告的这种行为，这不是谁的错。领导者如果要改变他们的实线组织，使组织更好地适应复杂象限的工作，就需要有一种新的模式。

网络

与官僚机构不断遭到失败形成对比的是在今天这个互联世界中网络的繁荣发展。这些松散连接点的集合——在社交网络中就是网民——是官僚机构的对立面，它们正在迅速成为占主导地位的非正式组织的典型形式，因为技术时代使它们有能力以令人难以想象的速度扩展。对于这样的网络，如果我们忽视它，它就可能会带来巨大的危险，但是如果我们愿意学习它的长处，其就会带来极大的希望。

就像瓦茨说的那样，网络不同于官僚机构，不是"时候一到属性就能固定下来的纯粹结构性的东西"。相反，网络会迅速变化，其连接形式会基于周围的条件而不断变化。但官僚机构是稳定的，很难改变。

此外，一个真正的社交网络，其成员之间的联系是不受限制的。在官僚机构中，不仅不同的领导者和团队之间彼此联系的次数是被严格控制的，而且这些联系的性质也是被精心管理的——部门之间的实线关系严格实行等级制度。

相反，社交网络上各成员之间的联系可以是非正式的，它由成员个体有机结合而成。网络的形状是自定义的，而不是集中控制的。因此，作家和学者的一种普遍做法是将网络上的联系用虚线来表示，以反映其难以分类的特质及其影响力的差异（见图2-3）。

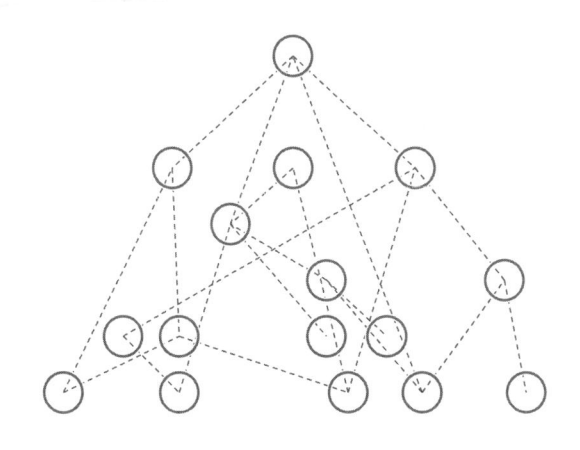

图2-3 社交网络上各成员之间的联系

网络上的成员可以通过彼此之间的虚线关系，轻松地进行协作。没有什么规则来规范信息如何在成员中流动，没有泰勒式的标准化，没有政策法规须知，也没有韦伯式的审批链。

网络成员移动自由这一特性的影响巨大，因为新的成员（或"节点"）被现有成员添加到某个特定的网络中不需要经过上级机关的审批程序，也没有什么内部的制度来管理这些节点的互动。网络的结构可以千差万别，成员是否加入完全出于自由选择。

这个过程表现为集群，网络理论家艾伯特-拉斯洛·巴拉巴西将其称为一种"每个人都认识其他所有人"的状态。集群存在于由个体组成的小型网络（如家庭）中，因此它经常会在官僚队伍中的团队层面上出现。

安妮-玛丽·斯劳特在《棋盘与网络：网络时代的大战略》一书中详细说明，集群使"重复的人际交互"得以实现，这在集群内培养了信任，但阻碍了信息向外界的流动。正是在这里出现了官僚机构中不同部门之间的叙事断裂，各团队离心离德，官僚机构沦为混杂的宗派领地。这都是由集群之间联系不足造成的（见图2-4）。

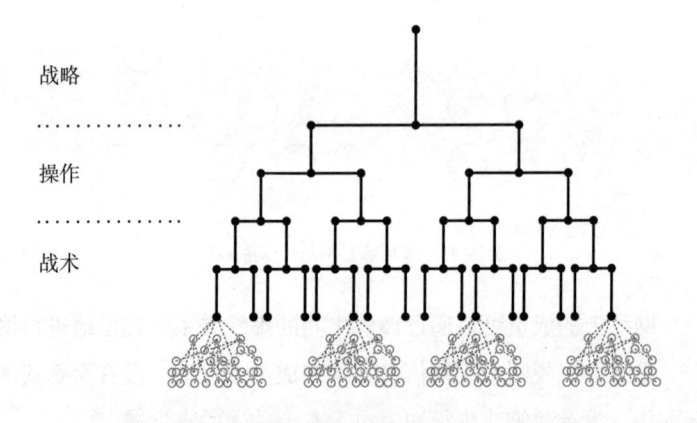

图2-4 集群之间联系不足

在小队层面上，所谓不带个人色彩的命令绝不缺乏个人色彩，反而在秩序井然的系统中会涌现出规模较小但结合紧密的网络。出现这种现象是由于我们的天性，再多的规则也无法打破人类与其他人联系的需要。

网络的问题

看来，我们这个复杂世界的答案将是向纯社交网络驱动的系统过渡。因为社交网络发展迅速、适应性强，其似乎是当今环境下一个完美的解决方案。但要记住它们的弱点。它们缺乏集中规划，纯粹依靠叙事驱动。

缺乏控制意味着任何行动都可能在无意中走向与网络的长期利益相悖的危险方向。叙事是强有力的，但是当遇到阻碍的时候，它们或者在孤岛式聚集的小型网络中繁殖，或者使组织中的关键部分成为孤立的回声室，最终会对组织造成破坏。

网络最擅长的是即时适应，而不是长期规划。如果你们组织考虑的是长期分阶段建立一个新的人力资源平台，你认为应该采用不受拘束的网络来开发管理吗？如果你正在考虑与竞争对手合并，你是想要暂时的适应，还是想权衡这场交易的长期影响？网络确实是个令人兴奋的模式，但对成熟的企业领导者来说，这并不是一个万能的解决方案。

要了解只由叙事驱动而不受任何稳定结构控制的网络会出什么问题，就需要了解网络叙事是如何起作用的。尼古拉斯·克里斯塔基斯和詹姆斯·福勒将集群描述为"同质性……物以类聚，人以群分"的部分产物。当个体相互认同并具有共同特征或目标时,强大的社交网络就形成了。他们的交流有着共同的基础,他们的关系随着时间的推移而加强。

然而,对特遣部队中的小团队来说,集群不仅是性情相投、志同道合的人有机结合的产物,它也受到久已有之的文化规范的影响。因为通常并不是由成员来选择哪一个团队的文化最适合自己,而是他们被分配到哪个团队,就要去适应哪个团队的文化。

在具有同质性的集群社会网络中——比如家庭成员、共进午餐的伙伴以及工作团队——人际关系的基础是共同的叙事。在我作为其中一分子的海豹突击队中,这种叙事集群推动了战术单位凝聚力的形成。无论是否明确表达,总有一种清晰的团体意识将我们的成员联系在一起,并自然而然地将他人排除在外。事后看来,正如本书前文所述,将我本人与我亲密的海豹突击队战友绑在一起的叙事可以描述如下。

我是我们这个精英部门的一分子,我们每个人都是最棒的,什么事都能做到最好。我们每个人每天都需要在这个部门中赢得自己的位置。每个人都需要超出队友的预期,希望队友也能为我们做到这一点。

如果把这段话中的几个字换掉,你就有可能将类似的叙事用在你自己的组织中表现最出色的团队身上。也许在它们办公室的墙上就挂着这样一段话,也许这只是它们的一种自我描述。这样的叙事带来的结果是团队内部追求卓越,但也悄然导致它们与其他团队在行动和文化上都隔绝开来。

在军事历史上，这样的集群单位有维京人、祖鲁人和蒙古人，他们接触到的只有自己那个族群的叙事，他们将自己束缚在自己充满骄傲的回声室里。这些氏族部落在他们那个年代都是同样地能征善战、武力惊人，但是当周围的世界发生变化时，他们就迅速衰落了。麻省理工学院的研究人员阿莱克斯·彭特兰在他的著作《智慧社会：大数据与社会物理学》一书中指出："当社会网络中存在反馈回路时，同样的想法就会一圈又一圈地来回转。"

同样，在2008年金融危机之前的那几年，在某些投资银行家聚集的圈子里出现的假象凸显了允许团队只在其围绕叙事的社交网络中运作的风险。但今天，官僚机构在团队层面长期存在集群网络，而外部以叙事驱动的网络正显示出前所未有的可扩展性。

这对人类来说是一个新现象，这一现象也对英国人类学家罗宾·邓巴的一项常被引用的研究进行了补充。人们一般认为他在1992年发表的论文《大脑皮质大小对灵长类群体规模的限制》中指出了人类社交网络规模的上限。邓巴的结论是，一个特定的人，在任何特定的时间，能与大约150人形成亲近的人际关系（这个数字通常被称为"邓巴数"），叫得出名字的另有1 500人左右。

也就是说，我们独立形成大型社交网络的能力历来是有限的；然而你在脸书上的好友可能有数百人，在领英上的好友人数可能有上千人，还有人在推特上的粉丝能达到数百万人，这说明我们的实时影响力日益增长，这是毫无疑问的。数字时代的技术使个体行为者彼此之间的联系及影响力都得到了加强，使他们能以前所未有的规模更加便利地进行交流、传播叙事、建立和扩展社交网络。现在，网络成员的加入可以不受地缘与社会范围的限制。

但是，在这些网络中，随着这种突然的可扩展性出现的还有不可预测性和复杂性程度的非线性增长。在斯诺登和布恩的复杂和混乱领域中，加入这些系统的人越多，他们就越有可能以独特的方式进行交互，从而产生一系列不可预知的非线性结果。现实已经证明，这些大型且不可预知的社会网络的活跃对现有官僚结构的存在构成了威胁。

2011年的埃及政府并不完全是一个能打动韦伯、泰勒或斯隆的组织机构——虽然办公人员的确奉行客观秩序，但政府的许多分支机构都染上了腐败和管理不善的痼疾。不过，它仍然是一个官僚机构，而且自2011年1月起，一个由叙事驱动、朝气蓬勃、使用现代技术互通有无的抗议者网络成功地用手机视频和博客帖子推翻了这个政府。

"这在整个中东被称为引发革命的视频博客。"西班牙社会学家曼纽尔·卡斯特如此回忆道。社交网络平台具有病毒般的特性，因此这种强有力的叙事得到了光速传播。一眨眼的工夫，群众就聚集在开罗解放广场，"要求穆巴拉克下台，呼吁推翻现政府"。网络获得胜利，埃及政府倒台，全世界震惊、怀疑又兴奋地见证了如今的形势变化能有多快。

尽管有无数传统上的原因让这些抗议者彼此并不信任、各有各的叙事，但他们在大是大非面前结成了同盟，携手反对一种他们都想改变的常规。

网络在不同领域发挥的作用是不同的——有些组织可能会发

现自己面对的是小规模、叙事协调、行动敏捷的新兴组织；而其他组织可能被迫应对由客户、投资人或员工组成的联系日渐紧密、力量越来越强的网络不可预知的突发奇想，这些人能够发现共同的叙事，迅速行动起来，并找来其他人加入他们的社交网络。

然而，从长远来看，纯粹的网络结构仍然是组织大型企业的一种拙劣方式，至少是一种未经实践检验的方式。网络不服从集中控制，职能部门缺乏有效管理，也无法发挥官僚层级体系所具备的权威性。网络的结构复杂多变，因此会产生非线性的结果。

这让我们想到始于2011年的曼哈顿金融区，并迅速蔓延到全美国和世界其他各地的"占领华尔街"运动。这就是一个例子。虽然这场运动是网络化的，得到了高科技的帮助，起初势头极猛，从纽约到马德里、巴塞罗那和罗马，在各大城市聚集了数十万名抗议者，但它被定义为"一场没有正式诉求的群龙无首的运动"。2011年11月15日，当纽约警方强行清场，将最初的抗议者赶出他们设在城里祖科蒂公园的中央营地时，这场运动的公众形象已经被削弱，它没过多久就完全消失了。

这场占领运动体现了一个经典的纯网络组织结构，人们从各种角度对其进行了回顾。按照某些标准衡量，抗议者一回到家，这个运动就不复存在了。其他人可能会争辩说，运动的原则仍然存在，例如后来关于提高美国的最低工资或减轻学生贷款债务的辩论（由美国参议员伯尼·桑德斯和伊丽莎白·沃伦等政客牵头进行）。但不管怎样，纯粹的网络结构组织模式的弱点是显而易见的：虽然这种模式的核心叙事目标可能是可扩展和可持续的，但由于其不具备固定形态，并且缺乏任何形式的中央控制，因此它并不适合用来管理企业。

混合模式

那么领导者有什么其他选择吗？

由实线连接构成的官僚机构运行有序，可以目标明确、行之有效地制造产品或提供服务，但其经常由于非正式的、孤立的网络形成了不同宗派叙事而使团队内部产生割裂，这可能会损害企业的整体战略，降低其适应能力。

在信息时代，纯粹的个人社交网络迅速增长，易于传递信息，便于成员之间采取分散行动，但它们高度无序，难以集中或控制。

这些不同的组织结构各有各的特点，对那些希望使自己的组织结构适应日益复杂的21世纪环境的领导者来说，它们既具有极强的吸引力，又有着很大的缺陷。但第三种选择还是很有希望的。

特遣部队从敌对方的网络中学习并采取了许多与其流动性组织结构有关的最佳做法，但一个纯粹的网络并不是其最终目的。失去控制的风险将超过速度加快带来的收益。相反，特遣部队对网络的某些方面进行了调整，以适应自身功能孤立的结构，从而创造出一个全新的混合模式。

我们采取的混合模式将网络上离散的部分整合起来，采取的方法是使用一个协调一致的叙事来团结队伍，并引入其他做法以促进我们的精英团队之间形成虚线联系。我们继续维持原来实线连接的等级制度的固定结构（在军队中这是我们几乎无法摆脱的），然而通过在组织上互不相干但功能上相互依赖的不同团队成员之间有意创造个人联系，我们打破了不同部门之间的壁垒。

整个组织成了官僚组织和网络结构的混合体，脱离了传统的运转方法，转向一种结合了两个对立系统优点的模式（见图2-5）。

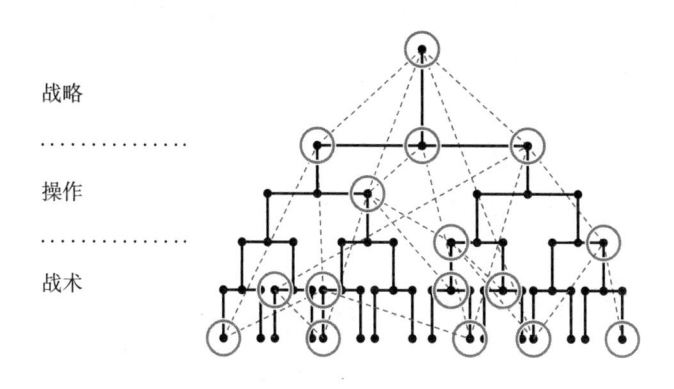

图 2-5 官僚组织和网络结构的混合体

这种混合式结构利用了网络中非正式关系所带来的速度和信息共享的能力，同时保持了官僚机构的效率、可靠性和可预测性。这种结构的影响使企业的敏捷性和运行速度得到了革命性发展。我们身在其中，感受十分明显，而且这些发展在事后看来也是可以量化的。

这种混合模式使我们特遣部队运行起来就像直升机飞行员在危险地形上进行低空飞行时那样。我们既可以欣赏操作台上一切尽在掌握的经过精心设计的方面，也能游刃有余地适应不断变化的环境、处理随时出现的威胁。正是因为有了这种准备，我们的组织才得以保持齐心完成同一个使命这个重点。这是一种新的模式、新的状态。现代实行中央控制的组织如果希望在 21 世纪进行竞争，就一定会渴望使用这种模式。

在你们单位各部门的小团队层面上，很可能具有混合模式的一些特性，就像我们一样。但是，将这些集群化的小团队网络整合成一个包容、统一、可以管理和控制的整体，这是一个独一无二的挑战。这种新型组织模式的核心是持续保持同一个使命的重点。

一个统一的协调叙事，一个迫使团队成员在小集体规范和企业使命之间做出选择的故事，是我们也是你们获得进展的关键。

需要考虑的问题

- 加在你信息泵上的是什么样的压力？当在组织中跨职能部门进行对话与合作时，你有多少次觉得自己成了瓶颈？
- 你从哪里发现自己的环境中出现了复杂性？你的团队是如何反应的？组织对领导能力的改变有何期望？
- 你有没有在组织中见到不同团队和小团队网络间进行互相联系和强制对话的实践？你如何衡量其影响？

第3章
协调叙事

"头足类动物"是称呼有触手的软体动物的一个花哨名字，比如墨鱼或章鱼。它们的独特之处在于，其神经系统有很大一部分并不像我们的神经系统一样集中在大脑，而是分布在身体各处。以章鱼为例，它的神经元大部分都分布在触手上，其数量几乎是中央大脑中的两倍。

由于章鱼的神经系统呈分散式分布，因此它们的身体部位自由行动起来有点儿不受中央大脑的指挥，有时候挺吓人的。研究人员虽然切除了章鱼的一只触手，却仍然可以看到这只断离的触手不仅能够自行移动，而且可以抓住移动过程中碰到的任何食物，并试图将其送回原来嘴巴所在的位置。章鱼的每只触手似乎都能进行独立"思考"，然后自行决定如何行动最为有利。但是当这些触手都长在章鱼的身体上时，它们又可以协调动作，从不会彼此缠结。

当我加入特遣部队时，我进入的是一个组织严密的部队官僚机构，它就像是一个自上而下运行的脊椎动物，由位于上层的头脑负责思考，下层的四肢则负责行动。我们遇到的"基地"组织就像一个神经呈分散式分布的头足类动物，其肢体在被切断后也可以继续行动，原来的位置上则迅速再生出新的肢体。面对这样的威胁，我们那种自上而下的运行结构就不能满足需要了。[①] 我们在某种程度上都知道这次特别行动的任务是击败"基地"组织，但是各小队当奉命自主行动的时候，常会在无意之中妨碍彼此。

如果我们要采取一种混合模式，既保持自上而下的运行结构，同时也赋予各小队彼此协调、自主决策的权力，那么每个小队都需要对行动策略有足够深刻的理解，这样才能无需自上而下的指挥就完成任务。为此，我们需要创造一种强有力的叙事，从而不仅可以让各小队同心协力去完成组织的同一个使命，而且也能告诉它们如何才能完成这个使命。

传统的战略协调方法存在的问题

战略协调的说法并不新鲜。多年来，以传统模式运作的官僚机构一直在努力确保其工作团队的战略协调性。然而，在多数情

[①] 21 世纪最早探索这个概念的是奥瑞·布莱福曼，他于 2006 年出版的《海星式组织：重新定义组织模式》一书中提出了这一概念。

况下,这种协调都来自上层。而我们在特遣部队的经验表明,传统的自上而下的纵向战略协调实际上有可能掩盖横向的不协调,并进一步加剧团队之间的分歧。

借用开发了"平衡计分卡"体系的罗伯特·卡普兰和戴维·诺顿所用的类比,在传统的商业模式中,公司运行起来就像是一队赛艇运动员一起划着一艘赛艇行驶。队员同时划桨,他们不仅需要在同级之间保持横向协调,避免扰乱彼此划桨的动作,也要在上下级之间保持纵向协调,如此他们才能劲儿往一处使,保证船只前进的整体方向和速度。

卡普兰和诺顿将公司总部的作用比作赛艇队中的舵手。舵手掌握赛艇前进的方向并监督队员划桨的节奏,在纵向和横向上都能使全队团结起来形成合力。同样,一个组织机构的战略领导者也负责监督每个部门的行动,调动员工的积极性,并确保他们彼此之间不会产生冲突。

自从经营管理的标志性人物彼得·德鲁克于1954年出版《管理的实践》一书,普及了"目标管理法"之后,这种自上而下的管理方法一直是战略协调的标准做法。德鲁克在书中指出,企业的每个团队都需要向着某个明确规定的、通常是自我引导的目标努力,这些具体的目标相互叠加,就能更好地实现组织机构总体的长期战略。他的描述引导着韦伯公司的运作。

> 因此,经营业绩要求每项工作都指向企业整体的目标。特别是每位管理人员的工作都必须着眼于整体的成功。他们的目标任务必须根据企业的整体目标制定,其成果也必须根

据其对企业整体成功的贡献来衡量。管理人员必须了解并理解企业的业务目标对其绩效的要求，而他的上司必须知道该对他提出哪些要求，希望他做出哪些贡献，并据此对他的工作进行评价。如果不能满足这些要求，管理人员的工作方向就会出现错误，他们的努力也就白费了。结果非但无法形成团队合作，反而会产生摩擦、挫折和冲突。

这种上下级之间纵向的逐级协调是一个相对简单的过程，战略领导者可以亲自制定其组织结构的不同目标，也可以集思广益，让各级组织结构自行制定各部门的目标任务。但是，将最终决策权交到位于官僚组织结构图顶端的人手中，这种做法存在弊端。

赛艇队员若是失去了舵手的指挥，缺乏经验的桨手之间可能就会配合不协调，无法保持统一的步调。同样，在复杂环境中经营的公司，如果没有高层领导发号施令，公司各职能部门可能就没法做到劲儿往一处使。如果这个组织机构处理的是具有复杂性的问题，那么一旦停止自上而下的信息沟通，传统结构的团队各部门间的协调性肯定会随之丧失。

唐纳德·苏尔、丽贝卡·霍姆克斯和查尔斯·苏尔在《哈佛商业评论》上发表了一篇文章，题为《策略执行为何需要分解——应该如何处理这个问题》。文中指出，传统的协调方法"将经营策略转化为目标，并将这些目标按照组织结构逐级下放，对其进展进行衡量，对其绩效进行奖励"，这种做法并不足以将团队团结起来共同执行一个任务。事实上，这样做虽然看起来在一定程度上保持了上下级之间纵向的协调一致，但实际上很可能会损害同级团队之间横向的协调性。

在唐纳德、丽贝卡和查尔斯历时9年进行的数百次采访中，有84%的管理人员表示他们十分依赖和信任自己的直属上级和下级，但他们的回答也反映出横向协调上的严重问题；只有9%的受访管理人员认为自己"总是可以依靠其他职能部门和单位的同事"。另外，管理人员还表示，不同职能部门之间的合作有"2/3都搞得不好"。

我们在伊拉克的经历也反映出这些问题。情况越来越复杂，各部门之间的横向差距以及由此导致的彼此互不信任的程度也随之加深。开始的时候，特遣部队的战略领导层似乎为我们大家制定了比较明确的指导目标。在我看来，组织内各小队被期望能够通过"自我引导"达到的一个明显的最终目标是"击败伊拉克'基地'组织"。我们相信战略领导层可以宣布这一目标，并将其逐级下达给那些在操作层面上工作的情报官，并进一步传达给那些在战术层面上推动我们前进的一线情报人员。如图3-1所示，我们可以用一个协调三角形来更好地说明这种逐级传达的模式。

但是"击败伊拉克'基地'组织"这个目标方向就相当于一家跨国公司的梦想是要"赢得市场份额"或"赢得比竞争对手更高的顾客满意度"——这个目标很高，当然也很值得追求，但遗憾的是，这样的目标也很空泛，实际意义不大。结果，这个开放的、语焉不详的统一目标实际上加深了我们各行动小队之间的脱节，因为对不同的下级部门来说，"击败伊拉克'基地'组织"实际上具有不同的含义，这导致部门间横向协调的状况进一步恶化。

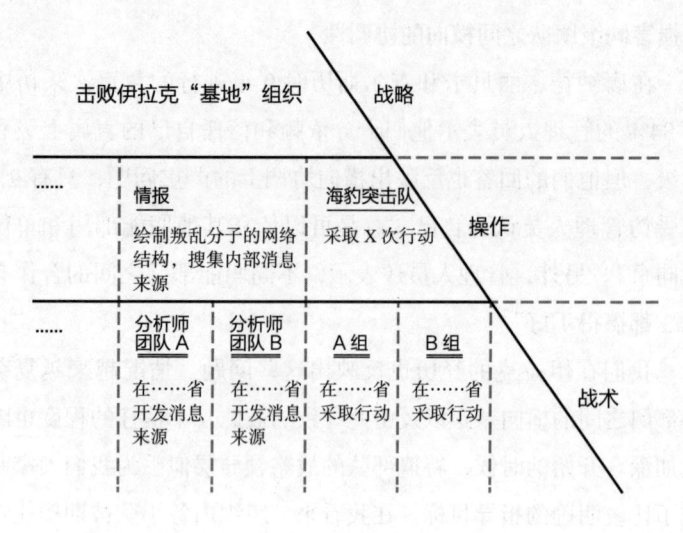

```
击败伊拉克"基地"组织    战略

┄┄    情报              海豹突击队       操作
       绘制叛乱分子的网络   采取X次行动
       结构，搜集内部消息
       来源

┄┄    分析师   分析师   A组     B组
       团队A    团队B
       在……省   在……省  在……省  在……省    战术
       开发消息  开发消息 采取行动 采取行动
       来源     来源
```

图 3-1　协调三角形

在特遣部队这个例子中，我对"击败伊拉克'基地'组织"这一特殊任务的理解，很有可能会根据我们认为要想打赢这场仗自己的部门究竟会有什么需要而进行调整。我们每个人都会不可避免地对上级传达下来的这个任务进行各自不同的阐释，以加强本部门业已存在的叙事，就像我在海豹突击队时那样，我们每天都要问问自己："今天你对得起自己身上佩戴的三叉戟徽章吗？"这个问题就是我们判断自己的战略方向的过滤器。

在我们这里，各行动小队及队长之间几乎没有什么透明度，也没有几条直接的沟通渠道，因此我们每个人都只能根据组织的总体目标来自行判断眼前的战斗形势。这加强了各小队内部本来就很强的凝聚力，但是削弱了我们与整个特遣队这个大单位之间的联系。这种现象在企业的团队、叙事和文化格局中一再出现，导致彼此之间达成战略目标的努力相互冲突。

从表面上看，我们在上下级之间的纵向协调上没什么问题。我们组织内的各部门以一种德鲁克可能也会接受的方式，各自将指标和定量目标归于整体目标，但同时它们采取的也都是加强各自部门叙事的方法。当然，对于部门提出的这些目标，我们的战略领导层会将审批权保留在自己手中，保持一切有序、可控。

理论上说这是一个有凝聚力的计划，但实际操作起来，我们许多彼此独立的团队为了"击败伊拉克'基地'组织"而各自付出的努力，将不可避免地在彼此之间造成冲突。渐渐地，尽管行动小队一直都能完成各自的行动目标，但很明显，我们即使平均得分率很高，也还是会输掉比赛。虽然我们完成了自己的指标，但身边的暴力事件多到失去了控制。我们网络化的对手并不是硬碰硬地挑战我们的长处，而是专门钻我们的空子。

我们如果不能形成细致入微的目标管理新模式，不像以前重视上级纵向实线路径的审批和权限一样重视横向非正式的信息高速公路的话，就会陷入困境——我还记得第一次意识到特遣部队中这个问题有多么严重时的情景。

霍斯特

"富塞尔，你在吗？"我桌上的手持无线电对讲机噼里啪啦地响了起来。

"收到，怎么了？"我回答。这个声音我很熟悉，它属于民事情报小队里我的一个朋友，他们总部离我们只有几百米远。

"你们队的猴子……"对讲机里的声音又响了起来,"它刚刚偷了我们的衣服。"

"马上就来。"我假装很紧张地回答道。我站起身,走出办公室,来到阿富汗正午明晃晃的大太阳下。

当时是 2004 年,我驻扎在阿富汗霍斯特边缘的一个小型驻地。这是一座干旱的城市,位于该国东部边境。这是我加入特遣部队之后的第一次派遣任务,特遣部队运作方法的改革还处于极为初期的阶段。在我们的高层领导者之间刚开始出现有关改变我们内部文化的讨论,在战术层面上还没有发生任何切实可见的变化。

我们的驻地坐落在一个早已废弃的苏联旧机场边缘,参加过上次战争的飞机骨架生锈破烂,四处散落着——有些我能认得出来,比如圆滚滚的 Mi-17 运输直升机。我每天晨跑的时候,都绕着基地外围跑圈,每圈 1 英里[①]多,穿过这些飞机残骸,还有紧靠着院子周围 12 英尺高的网状的艾斯科防爆墙。

我攥的那只猴子已经在大院里住了至少有一年了,我们特遣部队轮岗的时候,把它也一并交接给下一任驻军,它已经成了某种意义上的吉祥物了。最近,它也许是在我们基地待得烦了,养成了沿着俄罗斯方块一样的院墙跑来跑去和从其他单位的晾衣绳上偷衣服的习惯。经常会有人通过基地内部的对讲机向我们抱怨猴子捣蛋。

我一边用对讲机回复,一边手里拿着一根吃了一半的香蕉在

[①] 1 英里 ≈1.609 3 千米。——编者注

院子里走动，想要引起猴子的注意。我一边走着路，一边凝视着始终屹立在东方地平线上的永冻山脉。山那边就是巴基斯坦的FATA（联邦直辖部落地区）。

当时甚至到今天，FATA 仍然是巴基斯坦边境内一个难以管制的地区。有一些反联军战士在那里坐镇，他们在那块将阿富汗和巴基斯坦这两个古老的国家分隔开来的崎岖不平的无人地带中享受着庇护。在那里，看不透的敌方网络随心所欲地对我们发动攻击，他们什么时候高兴就向我们的方向发射迫击炮弹。谢天谢地，他们开炮的准头并不高，但他们的目的似乎并不是直接攻击我们，而是提醒我们他们很安全，一点儿都不紧张，并且正在等待着机会。

驻扎在霍斯特营地的人员形形色色，按照韦伯、斯隆和泰勒这些思想家的说法，这些人分别划归不同的团队。关于我们共同的使命，他们的叙事各有各的不同。当我穿过大院，越过基地内各单位地盘上五花八门的警戒线时，我可以亲眼看到一个单位的叙事到什么地方就不再适用，而由另一个单位接手。

在离我们小队驻地几百米远的地方，民事部门的情报分析人员整天忙着发展当地线人网络，希望能了解更多有关那些藏身于 FATA 的极端组织成员的情况。在机场的尽头，有一个常规步兵部队，他们的任务是管理附近城镇的基础设施重建项目，因此他们经常在我们院子外面巡逻，与当地民众互动。在基地另一侧，还有一小队特种部队士兵，他们也有一个行动中心，再往外走是成分更加复杂的阿富汗士兵，他们是不久之后联军组建的 ANA（阿富汗国民军）的前身。

这些团队里都是十分优秀的专业人员,他们都很容易相处,也非常敬业。我们身处于同一场冲突之中,共享设施,面临着同样的压力,都需要进一步努力。高高在上的战略领导者看到我们这些人有这么多共性,肯定认为我们是协同一致的。但事实与此相反,共同驻扎在霍斯特基地的这些单位彼此联系很少,对于真正实质性的问题更是惜字如金。

不幸的是,我们自己却很难看到这个问题,因为特遣部队对协调性的检查往往采取"国会听证会"的方式,由组织的领导者向下属提一些高级的问题。如果下属的回答与上司的预期相符,上司往往不会注意到有实际证据说明某些他们不愿面对的事实。这一类的检查并不成功,因为部队检查的只是上下级之间的纵向协调,完全忽视了同级单位横向失调的证据。

让我们想一想2010年1月13日在华盛顿特区国会大厦进行的讨论,参加讨论的有高盛CEO劳埃德·布兰克-费恩、摩根大通CEO杰米·戴蒙、摩根士丹利董事长麦晋桁、美国银行CEO布赖恩·莫伊尼汉以美国国会金融危机调查委员会。

美国国会金融危机调查委员会由10名国会领导者组成,他们最初组织了这场3个小时的会议,目的是对他们所进行的关于导致2007—2008年全球金融危机的因素的调查进行补充。但是,来自共和党的委员会副主席、加利福尼亚州代表比尔·托马斯十分明智地指出听证会的效用有限。他认为,听证会成员根本就看不到"冰山位于水面以下的那7/8"。他说得很对。在这些听证会上说的话对导致金融危机产生的因素只能触及表面。这不是哪一个人的错,只是因为在正常的评估过程中,想要真正理清一个复杂且相互关联的系统的实际情况太困难了。

用国会听证会那种方式对我们驻阿富汗团队之间的联络协调工作进行测试也会产生类似的结果。即使特遣部队的领导者在霍斯特驻军各单位中组织这样的听证会,他们也一定会认为我们是完全协调一致的。上级领导者会将他们的直接下属集合起来,问一些宽泛的问题,下属则会结成统一阵线,回答提前准备好的答案。那些答案都是上级领导者希望听到的:所有的队伍都协调一致、信息共享、携手合作。但这其实只说对了一半,按照德鲁克的说法,我们与上级组织的战略在纵向上是协调一致的,但我们与同级单位在横向协调上未能产生预期效果。在对我们的协调性进行的国会听证会式的检验中,使我们不愿暴露这些问题的原因——与美国国会金融危机调查委员会也类似——既有一种社会压力,又有对缺乏变通的问话产生的失望,也有因辜负了直接领导者而感到的紧张情绪。

但是,如果我们的领导者对下属分别进行单独谈话,而且提问的时候提出一些非责备性的、不摆架子的、更深层次的问题,那么真相就会迅速浮现。让下属少带些戒心,他们自然就能更好地回答有关各团队之间协调状况的问题。他们有可能公开承认自己与同级部门的横向协调很差("你知道吗?说实话,先生,我们跟那些人彼此之间不大联系,也不怎么让他们知道我们的事情"),也有可能实事求是地告诉我们组织内小队各自都有些什么样的叙事("我们遇到问题的时候就是这么办的,为了解决问题,我们都是去找这些人帮忙"),或者直接指责某些人("让我们感到困惑和沮丧的是那些家伙不跟我们说话,他们似乎不理解我们的工作,当我们需要与他们合作的时候,他们从来不会现身")。用这种方法,领导者会发现有些人的说法相互矛盾,每个人站在自己的角度上说得都没错。

就像盲人摸象的寓言一样,我们每个部门各自看到的都是一个复杂而不断变化的谜题的某一个部分。要想解决问题,总是需要对部门提出新的要求,部门相互之间必须密切合作才行。我们的情报小队正在慢慢搜集信息,逐渐摸清武装分子对阿富汗和巴基斯坦极端组织网络日益加深的影响;我们的常规和特遣部队感觉到,这些网络跨越边界的行动能力越来越强;我们与基地的阿富汗士兵相处的经验则表明,武装分子阻止我们招募当地战士的能力正在稳步上升。

对直接处理这几件事的小队来说,显然其中任何一点都影响深远,必定让其心急如焚。但把这些事情串在一起,拼出一幅更加完整的图片,让我们所有的团队更加清楚自己的行动应该如何开展,则需要建立在一定程度的个人关系上的互通有无。当时这在我们那里是不存在的,高层领导者也没意识到有这个必要。

让我们彼此疏远的并不是个人恩怨。在这些各自为政的团队中,许多成员彼此都很友好。更确切地说,是因为官僚机构的构成不带人情味,每个部门各管各的事,这导致我们无法把信息集中起来,或者在更深层次上进行交流。

为了寻找我们的吉祥物小猴子,我终于来到了基地里的情报小队这边,发现了那个灵长类的"罪犯"。我手里拿着半根香蕉,哄它离开了那根宝贵的晾衣绳。它坐在将一个情报小队的工作场所围起来的一堵高高的墙上,我听得见他们在墙那边的院子里走动的声音，于是隔着墙朝那些分析师大声喊道："对不起了，兄弟们。"

一扇锁着密码锁的门横在我们中间，这个安全措施代表着整个特遣部队秩序井然的机构内部更加广泛的文化和运作上的鸿沟。虽然霍斯特基地的外观可能看起来像是一个藏在艾斯科防爆墙、岗楼和把守严密的入口后面的庞大的开放空间，但了解情况的人走在里面，看到的是基地里又套着许多的基地，并用密码锁、防护门和厚墙壁彼此隔开。在这些现象背后，得到保护而维持下来的是我们不同团队各自的部门叙事。

最后，我终于成功地引着猴子离开了情报分析师的地盘。它从墙上跳下来，从我的手里拿过香蕉，并敏捷地坐在我的肩上。现在我们重新聚首，安全地避开了情报组的"报复"，又回到了大院里特遣部队这一边。我有一个电话会议要拨号参加。

"富塞尔上线。"我说道。这时我已经回到了我们团队的院子里，我把猴子放下，在我们团队的房间里加入了电话会议。我的直接上级——一位在阿富汗巴格兰组织行动的军官——正在主持讨论，讨论的主题是前一天晚上我们被迫取消的一次突袭。

取消行动的原因是，某常规部队在我们不知道的情况下，在我们行动目标的同一个地区建了一个临时哨站。我们是在队伍出发前才发现这个问题的，当时我打电话给常规单位指挥链中的一个联系人，通知他我们正在进行的任务，如果我们各团队在行动上能够协调得更好，本来是不应该有这种忽略的。

一发现这个情况，我们立刻就明白了友军相遇的风险很大，并且极有可能误向自己人开火。常规部队已经在这个地区站住了脚,所以我们决定从此地退出。在我看来,这是一个成功的解决办法,这表明整个系统是正常运作的。

"从现在开始,再也不能各管各的了。"一个意想不到的声音响了起来。说话的人带着很明显的南方口音,他是我们官僚机构的一位高级军官,负责指挥特遣部队在阿富汗的所有行动单位。这位上校直接向麦克里斯特尔负责,当时麦克里斯特尔本人担任特遣部队总司令的职务还不到一年。这是我第一次听到"各管各的"这个说法被用在我们的组织中,但这种交流其实为后来发生的许多事情埋下了伏笔。

这位上校负责整个阿富汗特遣部队的作战行动,这个战术错误本来不是那种能引起他注意的问题。但事后我了解到,在此之前,他与麦克里斯特尔对这场战斗的复杂性已经进行过深入的讨论。他这是在利用这一次事后讨论的机会,让我们大家了解下一步的发展方向。

整个特遣部队当时都在进行类似的初步讨论。当上校谈到与其他组织的合作,谈到早期行动的同步与行动最后解决问题孰优孰劣,谈到与其他组织建立真正有效的人际关系时,我的思绪飘到了仍将霍斯特驻地大院各单位彼此分隔开来的那些墙壁、密码锁与安全程序上。我们组织内的每个单位各有各的叙事,组织划分清楚有序,而这些墙壁、密码锁与安全程序既是这些分歧的结果,也是导致分歧加重的因素。

我意识到我们还有很远的路要走。这不是官僚机构中哪一个人自己的问题,也没有哪一项命令能迫使我们合作。这将是一场文化的变革,需要花上几年的时间,但现在我们已经迈出了第一步。

创建一种协调一致的叙事

那天上校在电话会议上说的话是特遣部队当时正在逐渐浮现的协调叙事的产物，这个叙事在我们的组织内逐渐成形，最终取代了部门原本各自的叙事。

在我从特遣部队第一次派遣返回的几周后，我就接触到了这个新的叙事。像其他任何一天一样，我早晨上班，打开电脑并登录电子邮箱，查看当天早上的电子邮件，准备一会儿就去健身房。

在我收件箱的最上面一条，是一封标记为"优先处理"的电子邮件，发件人就是麦克里斯特尔本人。这封邮件直接发送给组织内的每一个成员，内容直截了当。邮件里只有一段文字，列举了一些简单的事实，但更重要的是，这是一段经过深思熟虑的叙述。我当时刚刚外派回来，发现这些话有着特别深刻的意义。

我们正在经历战争，有战争就有输赢。我们是一支由最有能力、装备最精良、训练最有素的战士组成的部队。你们在战斗中的表现证明，事实的确如此。

但要明白，我们即使打赢了每一次战斗，也仍然有可能输掉整场战争。想要胜利，我们就需要做出改变。如果你不愿随之改变，那么你在这个正在前进的组织里，生活和工作都不会愉快。

如果我们现在作出的改变不起作用，我会对此负责。我也会对未来的变化负责。

麦克里斯特尔的这番话语气里没有威胁，他并没有责怪谁的意思。相反，他只是陈述事实，说明我们当时在战斗中处于什么样的位置，以及如果我们真的想赢，那么我们的团队应该满足什么样的要求。更重要的是，他这是在邀请我们参与到改革进程中来，要不然就离开，没有中间地带。

他清楚地列出了我们的总体目标，但他并没有强调我们击败"基地"组织这个主要目标，或具体要求各团队应如何彼此互动，而是笼统地提醒我们团队之间人际关系的重要性。我们现在的首要目标不是简单的"击败伊拉克'基地'组织"，而是建立能够击败复杂敌人的那种组织文化。我们的过程和最终目标同等重要，而表达这个过程的就是第 1 章中介绍的等式。

可信度 = 已证明的能力 + 诚信 + 关系

通过强调建立人际关系、跨越边界、形成混合管理模式的网络的新工作重点，这个等式大大改变了我们的叙事。与其只谈论胜利，我们更愿意谈论为了赢得胜利而改变我们的行动方式。如图 3-2 所示，我们的协调三角形反映的就是这种变化。

在接下来的几年里，我们的领导者让我们充分了解了这些原则的含义以及我们为此而改变成功的衡量标准的必要性。他们会一天又一天、一周又一周地跟我们说，告诉我们一些与现在不同的、更大、更超出我们想象的事情。

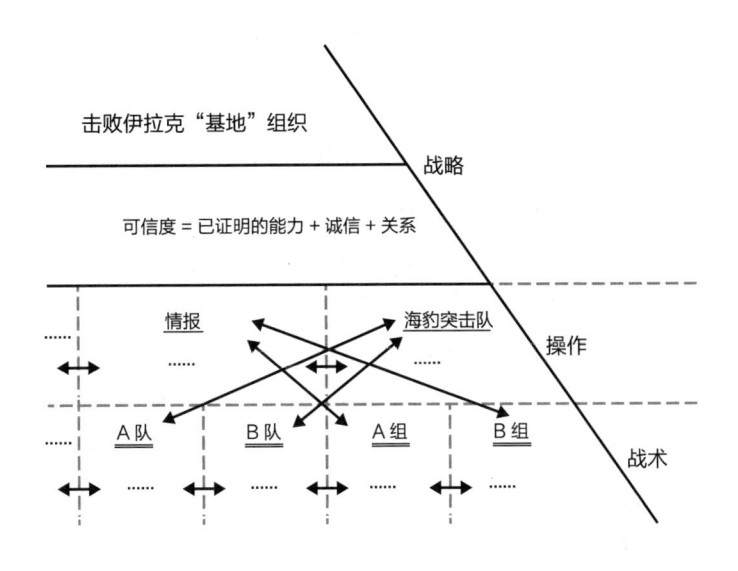

图 3-2 协调三角形

传递一种协调一致的叙事

通过公开宣布特遣部队各团队需要展现更多非正式的彼此联系、对抗宗派壁垒并避免有所保留,以提高透明度,我们的领导者开始建立一种与正在形成的协调一致的叙事相符的新的行为模式。这样做的目的是让我们的团队接受,并稳步地在团队成员中间实现这种做法——随着同类群体中越来越多的成员都采取类似的做法,其他成员会受到越来越大的社会压力,他们也要采取同样的做法,这一趋势将会传播开来。

对特遣部队来说,完全改变不是一夕之间能够实现的,但发令枪已经打响了。从那时起，我们协调一致的叙事将在世界各地，通过电子邮件、当面传达和每日论坛广播，向我们各团队的普通成员不断地反复传达。此外，每当我们有人按照这种方式行动取得成功或有所收获时，我们的领导层就会向组织的其他成员进行宣传，最大限度地发挥我们社会化学习的效用。

我们开始日复一日地听他们说："要记住，这总是很困难的。我们的组织独一无二的是我们尝试交流、分享信息，并作为一个统一的、网络化的团队行动的方式。"

"我们的战斗力是世界上最强大的。这是毫无疑问的。但我们需要形成网络。为了获得胜利，我们需要将我们遍布世界各地的团队和合作伙伴联合起来。我们来自许多不同的团队，拥有同一个使命。我们交流和分享信息的方式、我们保护彼此关系的方式以及我们展示信任的方式——这就是在我们的团队中释放能力的方法。"

每天都有人跟我们重复这个叙事，我们每个人都成为一个全新故事中的角色。我们开始感觉到什么是有可能的，我们当中最优秀的人表现出放弃"宗派"观念，以便投身于这种新文化的意愿。

每一天，我们协调一致的叙事及其相关的行为方式都在我们的思想中变得更加根深蒂固，原因是我们的领导层一遍遍地重复，而我们也看到了这种新的方法开始在战场上产生影响。关系高于任务，信任高于个人成就；慢慢地，我们都开始相信，用这种方法，我们将有可能取得实实在在的进步。

人们的态度发生了变化，他们越来越愿意为实现真正的协调而做出必要的改变。我们的横向接触开始为我们的目标管理新方法提供依据。

现在，我们需要做出切实的改变，使我们能够进一步建立信任，并在我们的实线结构中扩展虚线关系。是时候采取行动实现我们协调一致的叙事了。

需要考虑的问题

- 你们组织目前如何衡量各团队与职能部门之间的横向协调性？你们各团队能否在非国会听证会式的测试中展示其横向协调性？
- 你们的各团队可能声称彼此信任，彼此对话畅通无阻，但它们有没有实例可以证明这种信任是如何帮助实现你们的组织战略的？
- 在你们组织的现有状态下，如何在各团队中强调并实践一种协调一致的叙事？

案例研究
财捷集团

引语

当你读到财捷集团的战略调整方法时,请记住我们在前一章所描述的概念。

特别值得注意的是,尽管该公司的环境和战略长期以来一直强调其团队需要文化和业务的统一,但这在员工中并没有产生实效。该组织的不协调表现在员工无法提供明确的战略走向,或者员工对领导层提出的战略感到困惑。

此外,考虑财捷集团进行战略调整的新方法是如何将核心放在向下属各部门明确传达其发展策略并让它们照做的,以及是如何使用传统的逐级传达的方式进行战略调整(既调整叙事风格,又使用协调三角形工具)并产生了良好的效果的。

最后,观察财捷集团如何使用技术绕过传统官僚主义沟通策略的方法,这也是我们将在下一个章节中进行讨论的内容。

设置

我离开军队短短几个月后，第一次见到财捷集团的 CEO 布拉德·史密斯。他是一个专注的、以人为本的领导者，他的声音里带着一丝让人放松警惕的鼻音，还有点儿西弗吉尼亚州的口音，给我留下了深刻的印象。在军队里有一个众所周知的事实，那就是当一个带有南方口音的将军和善地说"好吧，我可能不是这间屋子里最聪明的人……"的时候，你就要学到点儿什么了。布拉德身上也有这种使人放下戒心的特质，另外还有让人难以置信的领导才能。我们之间的前几次会面对我来说十分重要，因为我从中接触到技术领域中领导层对研究和实践的激情。

财捷公司成立于 1983 年，当时它只是个不起眼的小公司。那时候，今天的硬件和软件巨头仍处于起步阶段，其人员规模相当小，只能勉强维持——当时微软只成立了 5 年，靠帮 IBM（国际商业机器公司）编程为生，而苹果公司最近一次的冒险是在 1980 年试图打入家用电脑市场（个头笨重、漏洞百出的苹果 III），结果失败了。

财捷公司的创始人是斯科特·库克，一名管理咨询和家用产品界的资深人士，他的妻子抱怨手写支票簿对账困难，公司就是他因此受到启发而创建的。财捷公司有一个激励人心的目标，那就是让普通消费者只用之前的支出、精力与时间的零头就能管理自己的财务。怎样把这个梦想变为现实呢？库克的答案是设计出一款极为人性化的个人理财软件，并将其提供给越来越多的美国个人电脑用户。

库克的专业是经济学和数学，他缺乏在这条道路上起步的专业知识。但他在斯坦福大学偶遇了程序员托马斯·普罗克斯，两个人熟络起来后于1983年共同创立了财捷公司。

公司刚起步的时候举步维艰，经常入不敷出。公司的银行账户余额最少的时候甚至只有50美元，骨干员工有时不得不无偿工作。他们的工作强度过高，因此婚姻受到了影响，有的员工甚至连身体也垮了。当普罗克斯试图对财捷的旗舰财务软件产品进行改造以使其适用于一个不同的PC操作环境时，他就曾因劳累过度而导致胃溃疡出血。他要求在医院的病床上放一台电脑，那样他就可以继续编码，但他被拒绝了。

那个时候，将公司里的寥寥数名员工团结在一起的是大家都一门心思要为消费者提供比其他任何竞争对手都更好的服务。公司员工人数少，形成不了回声室，不会背离公司致力于优化用户体验的核心。

有很多例子可以说明，财捷公司的员工人数虽然不多，但他们对于重要的事情心都很齐，他们都有共同的目标，对待客户的方式也大体相同。公司的首席营销官会定期给那些向公司发送反馈表单的个人家庭用户打电话回访，员工则向不同贸易展览会的与会者免费发放价值数百美元的软件包。到1989年，财捷已经开始派遣员工陪同首次从软件商店购买Quicken财务软件的客户一起回家，帮助他们安装软件。使用方便、用户友好的包装、软件故障的快速排除、建立品牌忠诚度，这些就是财捷公司业务的支柱，其核心是库克和普罗克斯客户至上的经营理念。当时公司规模很小，这一理念很容易传达到每个人那里。

然而，财捷刚赢得了前几次的胜利，20世纪90年代初，又隐约出现了一个巨大的威胁：微软当时是一个庞大的软件巨头，其已经征服了文字处理器和电子表格的世界（通过它现在无处不在的 Word 和 Excel 程序），下一步它正打算通过新的微软 Money 程序来推广财务管理软件。

理论上，财捷应该是没有什么可以和微软竞争的。1991 年，微软的收入是财捷的 40 多倍，微软的员工有 8 200 名，而库克手下当时只有 200 来人。微软已经通过相似的方式赢得了新的市场——Word 和 Excel 已经把小一些的竞争对手挤出了市场，预计 Money 同样也会击败财捷的 Quicken。更糟的是，财捷为使用微软界面操作的电脑投放的产品（Quicken 的 Windows 版软件）的上市时间比微软的 Money 晚了两个月。

"小兄弟"不仅比"老大哥"年龄小得多，而且它还更晚到战场。然而，"小兄弟"打赢了。

仔细观察，这件事背后的原因非常明显：与 Money 相比，Quicken 的 Win-dows 版软件不但包装更好、操作更加简便，而且财捷已经预计到微软将进入市场，因此提前为客户在价格上打了折扣。事实证明，消费者愿意先不用 Money，而是等着使用更便宜、明显也更好用的 Quicken 的 Windows 版。当微软意识到发生了什么的时候，其也发布了自己的价格折扣，但事与愿违。微软发布的折扣幅度过大，零售商的利润率大大降低，这促使零售商进一步将销售重点放在 Quicken 的 Windows 版软件上。

结果是微软的官僚作风和庞大的规模导致各部门缺乏活力，而财捷的员工更加团结一致，更有能力为客户提供更快、更好的服务。

"老大哥"轻易败北，被一个比其小巧、比其敏捷的对手打败了。

与此同时，财捷公司还在扩张——1990年，由于大量小型企业都在使用Quicken管理企业财务，因此财捷公司创建了一个新的小企业集团（SBG）部门。其核心产品是如今已无处不在的QuickBooks，这是一种经过重新研发的Quicken版本，不是供家庭使用，而是供企业用于管理内部财务。

财捷公司就这样不断发展，公司的结构不断扩张，越来越失去人情味，官僚层级越变越多，其职责范围越来越大，这逐渐加深了团队和领导者之间的脱节程度。

1993年，财捷公司新股上市。1994年，微软出价近20亿美元试图收购财捷（后来遭到美国政府阻止）。那家曾经一心要将"小兄弟"财捷公司挤出市场的"老大哥"微软公司，现在想以不小的代价与其建立永久的联盟。库克、普罗克斯和公司的努力终获回报，财捷公司在其成立10年后已成为其新领域里无可争议的王者。

问题

对财捷集团来说，1993年是一个分水岭。从企业上市开始，公司开始进入一个新的增长阶段，企业建制与业务都得到了发展。那一年，财捷收购了Chipsoft——一家发明了报税软件TurboTax的公司，完成了普罗克斯多年来开展报税软件业务的夙愿。此外，随着公司扩张到新的规模，库克逐渐感到力不从心，他开始觉得自己不再是领导公司的合适人选。1994年年中，他正式交出了财捷CEO的职位，只保留了董事会主席的席位。

很长一段时间以来，从纸面上看，事情似乎进展顺利，按照传统标准也的确如此。1999年，财捷收购了Rock Financial（一家金融服务公司），并迅速将其重新命名为"Quicken Loans"，这使财捷集团得以进入消费贷款行业。从外人以及华尔街的角度来看，在21世纪的前几年里，事情的发展顺利得惊人——不仅公司的估值达到了数十亿美元，而且企业还在持续不断地增长，扩展到各种似乎提供了振奋人心的新机遇的商业领域里去。

但现在，财捷集团已经不再是原来那个身处大型企业夹缝中的身手敏捷、以消费者为核心、对那些行动缓慢的"老大哥"提出挑战的"小兄弟"，而是已经变成了一个完全不同的庞然大物，其业务部门名目繁多，跨越各种不同的行业，彼此互不相熟。

泰洛·斯坦斯伯里2009年加入财捷，现在担任财捷集团的首席技术官，他说明了企业目前这种脱节的现状是怎样形成的，企业外部环境的条件又是如何使这一现状进一步加深的。

我们起步的时候是个软件公司，桌面上摆着不同的产品。这些产品分享工作流程或数据的方式不多……发展到今天，我们已经成为一个主营在线和移动电话业务（以软件为中心）的公司，你猜怎么着？现在有很多机会去做各种各样的事情。然而，我们的思维方式相当根深蒂固，它成了阻挡我们的障碍。构成障碍的部分原因是组织结构由业务部门组成，因此，当遇到需要大量的技术共享、规划用户体验或其他跨职能的项目时，公司想要跨越业务部门边界来组织工作就会更加困难。

斯坦斯伯里指出的执行方面的主要特征不仅存在于财捷集团，也普遍存在于韦伯式的官僚组织机构，使其在横向协作方面表现不佳：不同团队和部门之间横向联系不足，因此（如财捷集团那样）导致并加深了彼此之间在业务操作和叙事方面的鸿沟。

那些有机会在财捷集团采取不同视角的人——就像在特遣部队时的我那样，从领导海豹突击队的具体行动的职位升职到作战行动指挥的位置——能将这个问题看得非常清楚。

布拉德·史密斯就是这些人之一，他于2003年加入财捷公司，担任会计中心的副总裁，该部门的职能是帮助公司处理与税务和金融专业人士的关系。他在公司中担任高管，职位越升越高，包括在财捷的小企业集团和收购Chipsoft之后成立的消费者税务集团担任要职。在这些部门的工作经历使他很难忽视公司制度化的惰性，以及在不断膨胀的业务部门中不断增长的组织不透明性。这些特征对公司的运营产生了十分明显的影响。

就像斯坦斯伯里一样，布拉德也指出，外部环境已经变得更加有利于财捷集团各业务单位之间的合作——在过去的几年里，社交媒体、云计算、移动互联网和大数据技术的使用已成为财捷集团不同团队的共同机会——但集团还没有采取有效的行动。

很快布拉德就坐在了一个能够做些什么的位置上——他在财捷集团青云直上，到2008年，他已经当上了总裁兼首席执行官。从这个角度，他发觉公司运作上的脱节状态与其他同类公司类似。

他在2014年表示："传统的科技公司和那些大型公司都在担心同一件事情：这家刚成立的小型初创公司，利用最新的技术，对我们造成巨大的打击。"对曾经成功逆袭的财捷和这些"传统公司"来说,现在的问题是:你如何带领一家有规模的公司以创业时的速度运行呢?

提出这个问题的并不是只有他一个人。马特·罗兹是财捷集团负责企业规划的副总裁,他自 2010 年起就一直在公司工作,知道情况一直都"很好"。用他的话说:"我们做得不是很差,我们做得很好。"

但是,从一个团队到另一个团队,有一个问题总是存在,这个问题罗兹问得很简单:"我们做到最好了吗?"

对很多人来说,答案显然是否定的。还有,他说的"我们"是什么意思?

解决方案

自此,布拉德开始推动建立他所谓的"同一个财捷"。他提出这个口号,旨在创建一个真正团结的企业,打破存在于组织结构图中的回声室,指导财捷各业务单位实现目前所缺乏的战略协调。

他在 2008 年担任公司的首席执行官一职后不久就开始表达建设"同一个财捷"的新目标,力图将其当作财捷协调叙事的基石,做到这一点就能消除布拉德所说的财捷在这个行业中的"6 种思维模式"的现象。

但是,在起初以及之后的一段时间内,大家都不怎么接受布拉德的"同一个财捷"。尽管公司是按照传统的方式自上而下逐级传达的,而且也发布了新闻稿和的备忘录,但团队都没怎么搞清楚,它们不知道这个通知的重要性,也不知道"同一个财捷"在公司不同业务部门的真正含义是什么。这是组织机构有关协调方面在一个常见问题上的一种倒退：传统的德鲁克式自上而下的战略协调方法可以在上下级的纵向协调上做得非常好，但同级单位横向的不协调被掩盖了。

财捷集团每年都通过第三方搜集员工的反馈，来自公司各个层级和部门的许多匿名回复都提到一个类似的问题：我们感觉不像是一个公司，我们也不知道为什么会这样。此外，很多人都不清楚财捷高层推动这件事的动机到底是什么，"合作"和"团结"的任务传达下来，让人觉得有些不清不楚，令人困惑不解。许多人认为，这是对公司团队多年来取得的有目共睹的成功横加指责。

因此，2013年，布拉德在位于加利福尼亚州山景城的财捷总部与公司的其他科技高管召开闭门会议，讨论他们在这方面的共同经验。我和麦克里斯特尔也参加了这次会议，并做了一个关于军事改革的报告。我就是在那里第一次见到布拉德的。在和我们进行了几番来往沟通之后，布拉德请求麦克里斯特尔的团队协助财捷集团转型。他的方向十分明确：在组织中的许多成功但截然不同的团队之间建立更好的叙事协调性。

在财捷集团，我们最终使用几种做法充分实现了布拉德为企业制定的最终目的——既对所要求的"同一个财捷"的叙事进行了更加清晰的协调，又使用互联论坛对此进行了更好的交流和联系，建立了稳定的运行节奏，使财捷集团内部各团队步调一致。在本书后面的部分，我们将详细介绍这些做法，但我们与财捷的接触最初集中在如何通过建立更好的战略协调性来解释和更好地传达"同一个财捷"的意思这个问题上。

首先是找到一种途径来传达和解释布拉德的战略领导思想所设想的"同一个财捷"的实践——高度透明地让他们的团队充分领会自己的哪些做法是符合要求的。

这都是通过在财捷集团各单位建立和分布协调三角形来完成的。财捷的顶级战略协调三角形包括传统的德鲁克式目标管理和预期行为，并受到"同一个财捷"的口号的鼓舞，如图3-3所示。

	财捷集团		
使命	大大改善我们客户的财务管理体验……让他们无法想象回到过去的样子		
价值观	诚信为本		我们关心并回馈
	大胆　热情　果断　快速学习		共赢　做到最好
真北目标	员工 创造一个能让世界顶尖人才尽情施展的工作环境	客户 在最重要方面的表现超越竞争对手，让客户满意	股票持有人 激发他们对我们长期发展的信心，使股价上涨
战略	成为SMB[①]成功背后的行动体系　　　　缴税		
	提供最佳产品体验	支持他人的贡献－"网络效应平台"	使用数据创造快乐
优先项目	在网络和移动端获胜	在全球获胜　加速"完税"	创建统一的SMB文件　一切皆服务
度量	·相对增长 ·新用户 ·用户增长 ·相对NPS[②] ·PRS[③] ·考察/评定	·所有集中GEO[④]的核心QBO[⑤] ·按照国家可塑性/特性 ·会计师+3个建议	·数据和表单的访问权限 vs. 目标 ·消费者 ·专业人员 ·数据/表单的使用 vs. 目标 ·消费者 ·专业人员	·单一身份的QBO ·统一计费的QBO用户	·使用共享开发工具的源代码 ·令人惊叹的服务

图3-3　财捷顶级战略协调三角形

① SMB是一个网络协议名，它能被用于Web连接和客户端与服务器之间的信息沟通。
② NPS，净推荐值。
③ PRS，倾向比率评分。
④ GEO，高通量基因表达。
⑤ QBO，财捷集团会计软件QuickBooks Online。

战略调整的一种典型方式是将一个有形的事件或与市场相关的指标作为强调的重点，而使用"同一个财捷"的思想口号——伴随其衍生的需要"大大改善我们客户的生活，让他们无法想象回到过去"——作为公司的主要目标，说明公司已背离了这种想法，同时也不过分依赖于没有上下文的、开放式的语句（如"同一个财捷"）。

为了实现这种新的协调方法，那些向公司的下属团队传达"同一个财捷"应该是什么含义的原则和行为也必须得到体现——其中的道理与当年特遣部队的战略领导层将"击败伊拉克'基地'组织"以"可信度＝已证明的能力＋诚信＋关系"的形式进行阐述是一样的。

于是财捷的"价值观"浮现了出来，然后自然形成了"真北目标"——一种有形的、衍生的、以利益相关者为中心的目标，这就是财捷集团各单位实际工作的重心。这就从理论上使财捷的下属团队更清楚地认识到"同一个财捷"需要它们如何行动。

如图 3-4 所示，这种"真北目标"在财捷的协调三角形中呈现的顺序——员工、客户和利益相关者——是经过深思熟虑的。其中的基本原理是在财捷公司的战略执行中每个利益相关者都会采取的重点排序。一个常用的比喻是，对公司来说这三者就像"空气、水和食物"一样，其重要性也是按照这样的顺序排列的。要是没有第一个，你就会立刻死去，没有第二个，你可以活得久一点儿，没有第三个，你还可以活得更久一点儿。但是，如果这三者中的任何一个缺失的时间够长，死亡（在这种情况下是企业的死亡）就离得不远了。

	财捷集团					
使命	大大改善我们客户的财务管理体验……让他们无法想象回到过去的样子					
价值观	诚信为本			我们关心并回馈		
	大胆	热情	果断	快速学习	共赢	做到最好
真北目标	员工 创造一个能让世界顶尖的人才尽情施展的工作环境			客户 在最重要方面的表现超越竞争对手，让客户满意		股票持有人 激发他们对我们长期发展的信心，使股价上涨

图 3-4　财捷集团协调三角形

财捷集团最顶层的这些新的协调三角形是有原则性的，不是量化的——有趣的是，这是对公司前几代领导者曾经从根本上关注过的东西的有意回归。

回想一下库克和普罗克斯早期一定要比任何潜在的竞争对手或旧有技术都更好地服务客户的干劲——这种叙事他们传达得很好，因为当时财捷的规模非常小。当布拉德和他直属的战略领导团队开始考虑如何推出他们新的协调叙事的时候，他们想要通过"同一个财捷"的提法来让人们重新想起的正是这种早期的思想素质。因此，公司特指的"使命"（见图 3-4）意思是要让客户满意，使他们"无法想象回到过去的样子"。

同样，"真北目标"这个名词也来自布拉德的诸位前任曾着力在整个企业推行的一系列以利益相关者为重的原则，他们上传下达，使用目标管理的方法，取得了一定的成功。布拉德保留了这个原则，可能是为了避免赘言和混淆。

但财捷集团的领导者也知道有哪些事情是他们不知道的，他们知道什么时候应该放手，不再对运营或战术团队进行微观管理——他们无法命令下属各部门实现斯坦斯伯里所说的"工作流程或数据",也无法强迫各团队实现横向协调与互联,如图3-5所示。

战略	成为SMB成功背后的行动体系			缴税	
	提供最佳产品体验	支持他人的贡献－"网络效应平台"		使用数据创造快乐	
优先项目	在网络和移动端获胜	在全球获胜	加速"完税"	创建统一的SMB文件	一切皆服务
度量	・相对增长 ・新用户 ・用户增长 ・相对NPS ・PRS ・考察/评定	・所有集中GEO的核心QBO ・按照国家可塑性/特性 ・会计师+3个建议	・数据和表单的访问权限 vs.目标 ・消费者 ・专业人员 ・数据/表单的使用 vs.目标 ・消费者 ・专业人员	・单一身份的QBO ・统一计费的QBO用户	・使用共享开发工具的源代码 ・令人惊叹的服务

图3-5 财捷集团协调三角形

"我认为,当企业或企业领导者认为自己的答案比问题更多的时候,就是这家企业或这位领导者的丧钟敲响的时候,因此我们必须谨防自以为是。"布拉德说。在复杂的市场上,在一家价值数十亿美元的公司的官僚图腾柱上,这是一种良好的心态。

为了防止自以为是,财捷"真北目标"的每一项成果都不是固定不变的;布拉德让公司内部各团队具体负责选定"实现"目标的战术和运作方法。反过来,深入财捷各级部门的这些团队都受到鼓励,认真地、有创造性地思考如何才能达到这些目的,并有权在需要时自主建立跨部门联系,以实现公司的"真北目标"。

这时,可以由战术领导者制定相对市场份额和产品性能等更为传统的标准,并在协调三角形中为团队分配一个位置。

与特遣部队采用的混合模式类似,布拉德也在两个系统之间制造了一种健康、自然的紧张关系。财捷公司内部在操作和战术层面上的解决方案是根据每个业务部门网络中不断变化的条件调整的，而公司更高层次的战略方向是适用于整个企业的，而且在更长的时间范围内都是固定的。

财捷公司的愿景和价值观仍然是难以改变的，它们与公司"一体"行动的需求共同被传达下去，这样各团队就可以制订跨部门的解决方案并自主合作，这种做法符合公司的战略领导层打出的"同一个财捷"目标的节奏。

那么如何制定与协调这个节奏呢？

回想 2008 年，当布拉德第一次提出并试图推广"同一个财捷"的时候，他没能充分说明这个口号的实际意义，这使财捷集团的组织结构从上到下各级岗位上的人听了都觉得困惑不解。进一步回想一下，布拉德的前任在公司内部坚持他们自己的"真北价值观"方面所取得的成功也十分有限。

这些情况有一个共同的因素是，试图在一家大型企业中创造叙事协调的传统方式有明确的限制——要么把不同的人安排在具备直接上下级关系的层级结构上以"传递信息"，要么发送电子邮件和公司备忘录，提出新的企业伦理，然而这些方法在不具备直接上下级关系的普通员工那里作用有限。

因此，对布拉德的新倡议来说，传达新的协调叙事有一种更好的新方式，那就是"同一个财捷论坛"。这是一场有视频支持的、大规模参与的活动，起初在公司各部门每两周举行一次。参加论坛的起初只有布拉德和公司的高级职员，后来论坛成为公司整个管理体系了解有关"同一个财捷"的实施情况，以及公司不同团队的运行状态的第一手情况的一种手段。

论坛及其相关的运作节奏是本书的后续章节中将要探讨的主要内容，因此我们在此不会过多地讨论财捷是如何对此进行组织和运作的。尽管如此，该公司集合大量团队成员的能力确保了新提出的"同一个财捷"的原则可以传达到整个公司的全部影响因素与关键人物那里去，而不是像官僚机构中常见的那样过度脱节。

正如罗兹记得的那样，这都需要有大量的技术投入，同时也要考虑其频率，而且还有一个有关如何沟通最能确保效果的学习曲线。

罗兹在帮助促进这些论坛的设计和组建方面发挥了最为直接的作用，在这个过程中，他遇到了一些有趣的挑战，这些挑战起初似乎十分简单直观。

罗兹介绍说："其中之一是我们低估了'同一个财捷'论坛会带来多少波动，尽管我们对大家说：'嘿，要暴露弱点，表现出来，了解你的本行，事实是友好的，看看数据。'人们仍然希望能表现得干练聪颖，不愿意在开会的时候被布拉德找上。"

在这些虚拟的、对参与度有要求的领域中，需要财捷的不同团队既出席又参与讨论他们的需求、项目的开发和各部门紧密合作的潜在领域，同时还需要在布拉德与其他遵循"同一个财捷"原则的人进行有关沟通时充当听众。这样，存在于财捷每个部门内部，局限于叙事的回声室式网络就可以得到"同一个财捷"的新的体验。

此外，当布拉德采取"持续的啦啦队式的鼓励，并试图让最佳实践出现"的时候，他能够让更多人关注并内化整个组织中即将发生的那种社会化学习。

结果

那么，以对"同一个财捷"的适当理解为开头的综合实践，是如何改变公司各业务部门之间的脱节状态的呢？

正如财捷公司"真北目标"这一范畴内的新型战略协调三角形的布局那样，有3个特定人群从财捷的调整中得到了最大的积极反馈：利益相关者、客户和员工。

对于将公司全面推进"同一个财捷"战略调整的事情传到"街上（华尔街）的人"那里，公司的内部战略领导层起初是有些犹豫的。按照罗兹的说法，这场辩论围绕着一个关注点："嘿，这真的会转化为外部的东西吗？这些细微差别对这些人来说有什么意义吗？"

这些担忧源于这样一种观点，即在"同一个财捷"的协调三角形中，需要与这些利益相关者共享的战略和文化细节的数量恐怕是压倒性的。罗兹澄清道："有许多细节问题……涉及我们曾经分享的关于我们的战略的问题以及我们都在努力去做的事情。"

但对这些成果的分享是成功的。虽然财捷的投资者以前所接触到的对话渠道既有财捷公司，又有该行业的其他来源，但相对来说仍是十分有限的，因此他们十分赞赏财捷在新的协调叙事下所提供的海量战略细节。

罗兹很好地阐述了这一点："如果我是一个投资者，一页纸的篇幅就足够我了解财捷到底想要实现什么目标。但如果我想了解有关细节，那些细节也是对外公开的。财捷已经连续两年这样做了。"

在财捷公司，除了像罗兹这样的高级董事，普通员工也开始看到这种额外的价值。

别忘了，财捷公司经常使用第三方收集员工关于公司最近的举措和现状的匿名反馈。布拉德注意到，在2013年我们最初结成合作伙伴关系之后的一两年内在这些方面发生了巨大的变化："员工反馈中开始出现这样的话：'同一个财捷，这是实实在在的，或者，嘿，我现在明白这是怎么回事了，也看到它确实在起作用。'"

这也与财捷的科技界同行公司形成了鲜明的对比。"当年我在另一家没什么名气的硅谷公司任职的时候，"罗兹说，"投资者会问我们：'你们的发展策略是什么？'我可能会盯着他的眼睛看上五六秒钟，心想：'好吧，这个问题我该怎么回答呢？'因为我们自己内部也没有一个统一的说法。"答案将既针对观众，也针对被要求详细阐述公司战略的员工。

你也许可以把罗兹以前遇到过的困境投射到你所在组织的成员身上，或者假设你的不同团队能够通过这样的测试。当解释协调叙事（与"同一个财捷"的概念类似）的细微差别时，我经常听到这样一种思考方式："我们这里已经都有了——墙上挂着我们的使命，我们的10项原则都印在纸上，我们的利益相关者是谁我们都知道，也知道我们正在朝哪个目标努力。我们已经仔细想过这些问题了，大家都觉得挺好。"

如果你是这样的反应，那么你的团队很可能会通过我们之前讨论过的国会听证会式的测试，但这对于今天的复杂环境来说是不够的。一旦彼此孤立，并被要求在回答类似问题时提供更多的细节，不同的团队在回答组织策略及其与战术方法和预期行为的关系之类的问题时很快就会产生分歧。因此，团队在不断变化的环境中主动、迅速地进行协作的能力也会不足。

布拉德仍然是财捷集团的 CEO，他将公司近年来取得的传统标准下的成功及其与业务相关的决策部分归功于对"同一个财捷"概念的澄清和具体分析，也包括论坛的使用和将新精神传达出来的运行节奏。

"通过这种协调方式，我们改写了我们的策略。我们改变了创新模式，使之可用来解决常见问题。然后我们改变了自己的价值观，以促进这种合作的行为。"

这种战略协调重新表达之后得到广泛了解，这导致公司做出了一些重大的决定：财捷公司于 2016 年 3 月宣布，经过长时间的招标过程，公司的 Quicken 品牌被一家私人股本公司收购。

布拉德认为这个决定以及公司的后续增长都归于新的决策机制，而假如没有"同一个财捷"的协调叙事，这种决策机制是不可能形成的。

> 我们新的协调导致了一系列的决定，我们出售了不符合我们企业生态的业务，这些业务与我们的战略协调不符，其中就包括创始人的原始产品 Quicken。去年我们把它给卖掉了。这项工作使我们认识到，公司最初发展的核心……不合适，不协调。它不能使整体变得更强。结果，我们发现将其出售更为有利，而且我们的注意力和资源配置也得到了加强——这也使我们将想法更加清楚地传达给华尔街，我们的市值也从 180 亿美元上升到现在的 290 亿

美元。

现在财捷似乎是作为"一体"行事了——与公司最初的创始人的愿景既一致又有所不同，因为公司如今的规模变了。因此，回归公司的本源并不是字面上的意思，而是在精神上回到本源：与消费者的联系、对产品的热爱以及一个经常得到强调的共同的叙事，使漫长夜晚和困难时刻与黄金岁月一样成为公司全体成员宝贵的共同经验。

对今天的财捷来说，回到本源就是回到对于"同一个财捷"的现实含义有一种共同的思想和战略意识的状态。

第 4 章
互联

我在麦克里斯特尔手下工作的早期,他告诉我:"记住,你的职位没有多少正式的权威,但有着巨大的影响力。对和我们打交道的许多组织的人来说,他们对我们组织的看法完全是从你那里得来的,就看你写电子邮件的语气,你对他们的员工有没有礼貌,你对他们的使命是否尊重。"这些话令我茅塞顿开,是十分重要的忠告。我在几天之内从一个部门的领导者变成了多部门间的联系者。重要的不是我本人,而是我所在的位置,这个位置触及特遣部队上上下下所有的部分,如果我协调得不好,就有可能会对部队的计划和后勤造成极大的破坏。在这一点上我有一个优势,那就是我了解组织的协调叙事,而且我也十分明白我们的信誉对于任务成功有多么重要。但直到麦克里斯特尔说出来,我才意识到自己的位置对于支持和加强这个叙事有多大的影响力。

我很快意识到,处于这种位置上的并不是只有我一个人。我开始明白,存在一些文化载体将我们的组织连成一体,在我们之间形成了无形的连接。重要的是找出每个组织中的影响者都是谁,让他们能够跨越团队之间的界限,并创造一个使组织的所有成员能够加强联系的环境。在你的团队转变成一个混合型组织的过程中,你会发现,针对你们小团队里关键影响者的恰当的协调叙事,能为跨界协调人员创造条件,让他们在部门间建立和发展联系。非正式的关系和跨部门的信任很快也会随之发展起来。问题是如何促进这些联系的形成。

影响者

当一个组织向下面的团队提出一种新的叙事时,重要的一点是首先接触塑造组织态度和决策的影响者。若他们采纳了这种新的叙事,组织的转型就会更加平稳,因此确定哪些人是有影响力的带头人是至关重要的。遗憾的是,有时这很困难。

在网络中,与集群团队中其他成员的个人联系最多的那个人是最"强大"的,在一个上下级关系严明的官僚机构的网络集群中尤为如此。这些人通常被网络理论家称为"轮毂式人物"(援引一个辐条轮子的形象)、"影响者"或"联系者",如图4-1所示。将协调叙事有针对性地传达给这些人是十分必要的。如果得不到这些有影响力的人的支持,组织进行改变的努力将收效甚微。

轮毂式人物
（影响者）

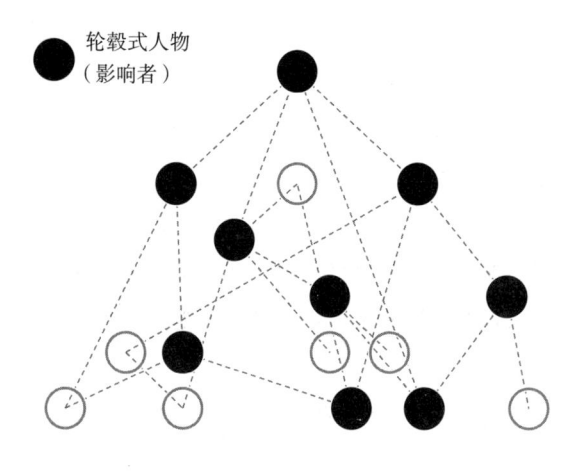

图 4-1　轮毂式人物

实线组织结构图有效地描述了组织中不同团队成员之间理论上与职权相关的等级排序，但极少涉及他们之间在实际操作或文化上的相关性。在现实中，当涉及机场业务时，至关重要的是能够将年轻的物流管理专家确定为真正的权力中心；要了解野战排里最受尊敬的突击队员可能是一位年轻的下士；或者要知道，对最新情报的最佳汇总出现在一小撮分析师每天中午在食堂聚在一起吃午饭的时候，而不是在正式的情报交流会议上。同样也应该认识到，对存在于小团队中的部门叙事来说，这些人也很重要。

物理学家和网络理论家艾伯特-拉斯洛·巴拉巴西在他的著作《链接：商业、科学与生活的新思维》中说，考虑到现代的"意见领袖""高级用户"和"影响者"，有那么多人经常接触到他们的观点（无论是被动地还是主动地），并且许多人感到自己与他们之间存在宝贵的个人联系，他们就是这种轮毂式人物的绝佳例子。巴拉巴西从学术角度指出："对轮毂式人物的关注是理所应当的，因为他们很特别。他们主宰着自己身处其中的所有网络结构，使这些网络看起来就像一个小世界一样。"

巴拉巴西还详细阐述了这些人带来社会变革的可能性："尽管他们本身并不一定就是创新者，但启动创意或创新的关键是他们能够接受。如果轮毂式人物抵制一种产品，他们就会形成一堵无法逾越的、影响深远的墙，创新只能失败。而他们如果接受了，就会带动很多很多人。"

这一事实已经在营销行业的前沿领域得到了体现。在网络社交媒体平台上，"影响者"越来越被认为是宣传品牌或产品的有效手段。2016年，发表在《经济学人》上的一篇逐一分析网络社交媒体平台的文章认为，"社交媒体为品牌接触到不看电视、不看报的千禧一代提供了最好的机会"，并指出在这些平台上发布的赞助社交媒体的帖子数量呈指数级增长。

这些影响者有这么大的力量，是因为有社会"传染"，克里斯塔基斯和福勒在他们的著作《大连接：社会网络是如何形成的以及对人类现实行为的影响》一书中探讨了这个概念。社会传染是思想通过人际关系和互动传播的过程。当人们看到别人在做某件事时，他们倾向于有意识或下意识地进行模仿。在与此相关的社会化学习（人们看到别人的行为得到奖励而进行模仿）中，这种情况更为严重。

社会化学习和社会传染在组织中各部门创造各自的叙事时发挥了作用。当一个团队中有影响力的成员表现出指责其他团队的操作失误或私下评论组织领导者的倾向时，其他成员就会纷纷效仿，这样就形成了适得其反的战略和行为回声室。但当组织中的影响者表现出新的行为特点时，这种风气就会开始转变。

确定这些影响者都有谁可能是反直觉的，因为组织结构图上的领导者常常并不是他们手下这群人中的影响者。在军事单位里，尤其是在特种作战部队，两年一次轮班的年轻中尉极少有人会在直接受其领导的实线下属中拥有数量最多的个人虚线关系。反而是其手下某个已经在队伍里干了多年，以后也还能在这里待上很多年的团队资深成员，更有可能充当这样的角色。正是这些经验丰富的老将见证了几茬队友来来去去，他们是队伍中新兵的真正导师，他们是军事单位中影响深远的巨头。

社交网络分析显示，许多私营部门的组织中也存在类似情况。在一个令人信服的例子中，网络理论家罗伯特·克罗斯和安德鲁·帕克分析了"一家大型石油组织的勘探和生产部门"中的一个小型管理团队的实线和虚线结构的区别。结果十分惊人，特别是其中一个看起来相对不重要的成员科尔。从理论上讲，当行动时他只与另外两个队友有职位上的实线联系。然而，在个人关系的虚线联系上，科尔是团队内部网络中其余 8 人（其中包括团队的实线领导者）唯一的连接中心。科尔的上级领导者可能相当不了解他对团队运作的重要性，但实际上他的行为和影响力对于团队任何一项任务的成功都是至关重要的。

2010 年，我曾是一名执行官，在美国总部负责监督特遣部队的一个分队的工作，大约有 50% 的时间驻外。随着我在总部职责的加重，我被授权聘用一名文职人员负责我们的预算管理、设备维护、差旅和培训协调以及一系列其他行政工作。

我们的新同事异常精明能干，但他没有任何在特遣部队任职的个人经验，跟我们团队的其他成员也没有任何私交。他所填补的位置在我们的正式组织结构图中很容易找到，但他很快就身陷我们团队长期形成的个人虚线关系的复杂网络了。

我知道，如果他一开始行动得太快或是太咄咄逼人，他就会烧断他甚至还没有意识到能供自己立足的桥梁，这会对他的影响力造成长期损害，从而限制他工作能力的发挥。要想解决这个问题，他唯一有力的联络人是我，而我在他加入司令部几天之后就被派驻国外，一待就是好几个月。

我了解我们内部关系的动态，于是我用一种明智的方法对他进行了培训，后来我在企业界的朋友认可了这种做法，并将其称为员工培训中的"禁飞区"模式。在他就职的第一天，我们坐在一个大大的白板前面，我给他上了一个小时关于我们这个组织的历史课，从我们在军队正规等级中的层次到战术单位内部是什么情况都讲了个遍。我详细地向他介绍我们与其他军事单位的关系，"9·11"事件以后的事态发展，以及我们目前的结构是如何设置并运作的。他全都听进去了。

我说："现在告诉你一个坏消息，真正工作起来实际上并不是那样的。有一个由关键人物和网络交织而成的复杂网络，而你的工作正好位于他们的中心点上。"他哈哈一笑，接受了这个双重现实。我对他的指导很简单：两个月以后我就回来了，等我回来的时候，我希望他能向我解释他认为事情实际上都是如何进行的，包括他认为关键人物是谁，他们维系的关键关系有哪些，以及其他引领系统运行的任何细枝末节。在那之前，他不需要与我们团队之外的任何人进行直接接触。一开始我们要慢慢来,这样从长远看来他才能跑得快。

两个月后我回到了总部,他向我详细介绍了由细小的网络织成的大网——包括关键影响者、他们彼此之间的关系、关键的决策是谁做出的,以及他在这8周的观察研究之后得出的一系列见解。他说得基本都对,所以我向他表示祝贺,然后就放手让他工作了。他现在已经可以参与整个组织的多个垂直系统的活动并与之互动了。

这是一种实验性的方法,但事实证明它是成功的。几个月后,他告诉我,如果没有先花时间研究我们的组织、组织内的关键影响者以及他们控制下的虚线人际网络的话,他在最初几周肯定会出现一些工作失误。而现在,他已经看清了在等级组织结构图上交织的影响者网络。虽然还需要过一段时间他才能亲自在那张网上触发变革,但他已经准备好切实有效地驾驭它了。

我有个朋友名叫克里斯·海伦,他是个技术主管,他在招聘新主管的时候也采用了类似的方法。"我们将其称为禁飞区,"海伦向我解释道,"新来的主管有90天的时间用来观察和理解,然后才能获准起飞。"早期禁飞可以避免在最初阶段出现碰撞,这会大大增加团队成员日后成长为真正的网络影响者的机会。

所有现实的组织中都存在着关键的影响者,但实线组织结构图上没有显示他们的位置在哪里。组织转型成功的部分原因是利用存在于你们小团队中的这些人。如果关键的、紧密相连的这些人开始按照你们上级领导层通过协调叙事帮助制定的行为规范行事,那么你们组织的其他成员肯定也会效仿。

从影响者到跨界联系人

一旦你确定了组织中关键的影响者是谁，下一步就是让他们成为网络理论家罗伯特·克劳斯和安德鲁·帕克所说的"跨界联系人"，他们可以"在具有不同的功能关系、实际位置或等级层次的两组人之间建立关键联系"。随着时间的推移，这些人成为混合性组织结构中网络部分的骨干，将他们各自集群中的成员与其他集群联系起来，并通过社会传染让人们加速接受新的叙事，如图 4-2 所示。

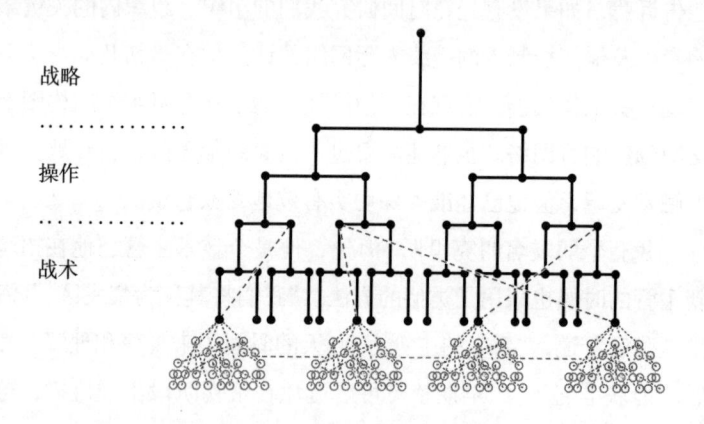

图 4-2 从影响者到跨界联系人

关系的本质决定了组织的战略领导层很难主观决定哪些跨界联系人应该彼此联系。你不能指望顶头上司强迫下属之间形成有意义的人际关系。幸运的是，促进这些关系形成的条件是可以安排的，尽管这可能十分困难。

执行团队中的一名高级军士不需要上司告诉他，他自己也知道需要更好的情报支持，或额外的消息来源，或与其他团体建立联系。在总部制订计划的人弄清事情的来龙去脉并在各团队间重新分配资源的很久之前，他早就知道该这样做了。

那么，为什么像他这样的领导者或者是那些在任何官僚机构中具有同等作用的领导者，都应该依赖日益超负荷的、起信息泵作用的领导者来建立他们团队与另一个团队之间的联系呢？影响者寻求建立跨界联系的唯一障碍就是传统的组织结构图上的那种结构，因为那种结构使他们很难与其他团队会面并联系。

领导者的工作并不是指定跨界联系人，而是创造一个环境，在这个环境中，组织中的任何人都可以将"这些点连接起来"，自己选择成为一名跨界联系人。在特遣部队里，具体和虚拟的领域被创造出来以培养那些有可能成为跨界联系人的成员，让他们能够自行熟悉彼此的团队，感知彼此的需求，并随时确定哪些人面临的问题可能更需要优先处理。然后他们就可以自行解决自己的问题，其速度远远超过遥控指挥进行规划的总部领导者，并开始打破曾经让他们各自部门彼此隔绝的叙事气泡。

这些相互促进的领域不仅为跨界联系人创造出发展与联络的空间，同时也为组织的战略领导者沟通和展示他们的协调叙事提供了直接的途径。这使得关于"最佳实践"和理想行为的社会化学习更容易得到鼓励。

早期特遣部队有一种鼓励方法是通过划定场所，让我们组织中不同团队的影响者可以聚集在一起，迫使不同的专业团队并肩工作，而不是像我被派驻霍斯特时那样，所有的团队共享一个基地却彼此隔离。这样一来，我们这些来自不同部门、各自遵奉不同叙事的成员就别无选择了，只能联合起来。

组织各部门间进行这种互动希望得到的好处是在行动和文化上融合得更好、了解得更全面。我们相信，阿莱克斯·彭特兰的研究结果在私营部门也能得到验证。他的研究表明："当社交网络中的交易者分布平衡、想法足够多样时，他们的投资回报比个体交易者提高了足足30%。"同样，当一群军事情报专家与间接依赖他们的工作成果的行动团队成员直接共处一室时，情报有可能会得到共享，而这些部门之间的官僚壁垒可能会被打破。

集中办公

与他人面对面交流互动的效果与信任程度和关系构建的质量高低密切相关。社会心理学家发现，人类倾向于在历史互动的基础上建立人与人之间的信任关系，因此当行动者之间进行过直接互动时，其相互信任感就会增加，合作也更容易实现。跨界联系人之间的信任程度越高，他们的信息共享和合作就会越快、越有效。

从2004年时任海军少将的威廉·麦克雷文到今天的麦克里斯特尔，特遣部队根据他们的建议，在伊拉克和阿富汗的两个特遣部队基地都留出了场所，让联合跨部门特遣部队（JIATFs）可以在此合作。在这里相聚的是来自不同团队的军事、情报和其他领域的专业人员，都是各单位里独一无二的影响者。

成立联合跨部门特遣部队是在团队间建立信任的起点，而这种集中办公模式对特遣部队的改革是有帮助的。这样做的意图将保持不变——利用集中办公的条件以造就跨界联系人,这些人能超越情报搜集、分析和行动团队之间的分歧。他们会成为有影响力的、受到控制的听众,领导层可以不断向其传达组织的协调叙事。如果这些初始团队能够跨越部门边界,这种做法就可以在整个组织中落地生根。

从表面上看,这些特殊场所平淡无奇。特雷弗·霍夫是我在特遣部队的一个朋友(他曾协助管理一个早期的联合跨部门特遣部队,也曾和我合著一篇与之有关的研究生论文),他将这些地方描述为"屋里有点儿像个新闻编辑部,就像你在电视上看到的一样—— 一般来说联合跨部门特遣部队有一个共享的空间,被布置成长方形的样子",通常能容纳几十个来自不同团队、不同领域的专家。

联合跨部门特遣部队的理念看似简单,但在部队里是革命性的,因为在部队,用霍夫的话来说,都是"物以类聚,人以群分,所以某一种具体的情报学科都集中在自己的一个房间里面,另一个学科则在另一个房间"。真正打破不同的专业团队之间的物理屏障,才有机会培养跨界联系人。

成员仍然会与他们原来的团队紧密合作,只是不像原来一样关起门来而已。这说明了集中办公原则的适度性——联合跨部门特遣部队不会将联合行动的人隔离开,但其确实尽可能消除跨职能沟通的物理障碍,从具体设计上来说,就是不影响个人专注于任务,不让他们受到干扰。

在"开放的办公空间"已经成为私营企业主流的这个时代,

这种适度性是十分重要的。据估计，如今有 70% 的公司都为员工准备了（至少在一定程度上）开放的办公空间；有些公司规定得十分严格，禁止任何意义上的个人空间或财产；有些公司的面积很大，足够容纳数千人。

这种极端的集中办公措施是错误的，甚至会产生与预期相反的效果。精选出不同团队的成员，让他们集中在同一个工作环境中，虽然这一点至关重要，但公司必须精心维护这些人在需要的时候专注于"深度工作"的能力，同时保持足够的开放性，以实现跨部门协作（比如不能在公共广播系统中播放喧闹的音乐）。只要能做到这些，对那些希望在自己的混合式结构中发展出健全的跨界联系人网络的领导者来说，为各团队建立集中办公的具体场所就会成为一项基本策略。

在有形的集中办公之外

单纯采用物理上的集中办公并不足以满足大型企业所需要的大规模团队互联，更不用说我们这是个全球性的组织。特遣部队由成千上万个人组成，尽管将不同的小团队中有影响力的成员召集到一起行动有许多好处，但在这些具体场所能够达到的团队互联互通的程度仍然相对有限。即使一再复制，物理空间也有容量的限制，而且过犹不及——可以容纳数千人的开放的办公空间（如脸书公司大院里的建筑），在实际使用中会使新同事之间有意义的互动量减少。为了扩大和激励整个特遣部队组织结构中网络的形成，我们需要用另外一种方法来补充物理上的集中办公。

跨越物理距离和关系距离而损失的关系深度与信息内容是至关重要的。一个组织的战略领导和团队之间的距离越远，传达战略的最初意图就越困难。如图 4-3 所示，用克里斯塔基斯和福勒的"电话树"框架可以更好地说明这一点。

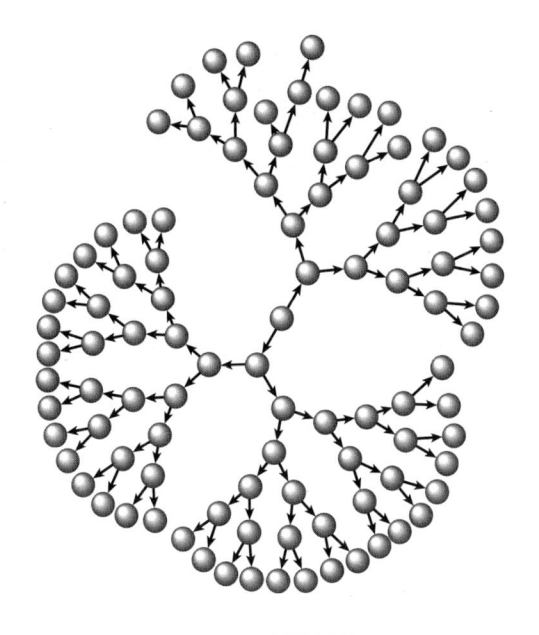

图 4-3　电话树框架

在电话树框架中，节点之间的通信被拉伸到各种不同的程度——就像韦伯式官僚机构中的团队一样。从对战略调整的沟通，到协调不同团队之间的协作，再到理想行为的社会化，内容在组织复杂的结构中逐步渗透，难免会产生扭曲。

其结果类似一种叫作"打电话"的儿童游戏。小学生并排坐在一起，第一个孩子贴着耳朵小声地把信息传给下一个人，第二个人再向下一个人传，直到传给最后一个人。最后一个人大声说出他听到的信息。在课堂上，在口耳相传的过程中有人听错、有人说错，甚至有人使坏故意捣蛋，因此最后一个人说出的话与第一个人截然不同，这时孩子们就学到了宝贵的一课。

对孩子们来说这是个有趣的游戏，而缺乏联系的组织内部也面临着同样的挑战。团队之间存在着不同程度的距离（即使是在协调叙事的情况下也是如此），而战略和意图必须在组织中跨越这些距离进行传递。诚实谦逊地请求帮助或对某个话题进行说明的信息在通过电话树一样的信息泵进行传递时，很容易被扭曲成具有敌对或破坏性的含义。

许多民间组织都在采取创新的方式，以激励其内部集群团队中快速形成社交网络。有时其甚至采取经济补偿的形式，就像克劳斯和帕克在一家大型工程公司里看到的那样。

> 高级管理人员设置了"超越"奖：每当有人特意向需要帮助的同事介绍那些可以提供帮助的人时，这个人就会得到一小笔现金奖励。奖励很快就能兑现，做好事也得到了公开的承认，这种物质激励迅速帮助公司创造了更多的中心联系人。

对帮助跨越团队和具体领域专家之间界限的人进行广泛公开的经济补偿是个很不错的想法，可以帮助一些私营部门形成相互联系的团队。但特遣部队无法做到这一点，任何新形式的金钱激励措施都会构成一系列潜在的陷阱。

相反，组织中开始深入利用虚拟空间。正如我们面前的复杂网络所发现的那样，虚拟连接将允许形成更简单、更大规模的网络，但独特的是，我们的组织将在维护我们的官僚层级体系所规定的秩序和纪律的同时进行这项工作。通过创建虚拟决策论坛，我们能够限制电话树效应的出现，并创造机会让跨界联系人就算不能集中办公也能彼此联系。

O&I 论坛

当我奉命担任麦克里斯特尔的副官时，他已经是第5年担任特遣部队总司令了。很明显，有些东西在起作用。因此，经常会有来自外部组织和利益相关方的人到特遣部队的巴拉德总部来参观访问。我们对这种访问总是十分欢迎，因为我们很乐意告诉外面来的人，这个方法很有效，做法就是这样的，我们希望通过这些访问能教会他们、转变他们，并加深我们之间的关系。

他们也间接地提高了我们改革成功的可能性。就像在任何复杂的环境中一样，跨职能的知识是十分宝贵的——我们的关系越好，我们团队得到的信息就越多。允许同行组织见证我们组织的新实践，这也加强了我们团队之间的虚线信任与联系。

每个参观者离开的时候都有可能成为一个新晋的跨界联系人。我们的目标是让每个参观者在离开巴拉德基地的时候都真正理解"小团队构成的大团队"管理模式，最理想的是，他们将成为信使，将有关我们系统如何运作的信息复制到他们的组织中去。

毫不奇怪,我们特遣部队里的人认为最重要、最应该让参观者明白的事情并不总是他们最感兴趣的东西。我们的客人一到巴拉德,经常会表达让他们感兴趣的是看到飞行员为执行任务做准备,看他们驾驶直升机从机场起飞,或者是听到有人执行任务时发出的无线电呼叫在我们的联合作战中心(JOC)回响。所以,当我们告诉他们,他们参观的第一站将是耐着性子参加特遣部队的 O&I(行动与情报)论坛的时候,他们常常会很失望。

很少有客人觉得这是好消息。我们会陪着他们在尘土飞扬的基地上走向态势感知室(SAR)的方向,他们会看到远处胡子拉碴的作战人员穿上防弹衣,为即将进行的突袭做好武器准备。他们会看到飞行员走向自己的直升机进行任务前检查。他们会看到年轻的分析师带着最新的情报分析在场地上全速奔跑。这些是许多人都想看到的东西,是特种作战中特别酷的部分。他们想停下来好好看看,但我们的向导会催他们快走。

等我们进了态势感知室,我们会迅速向客人介绍 O&I 是怎么回事,并告诉他们最好坐得舒服一点儿,因为他们需要旁听大约 90 分钟。他们听到这个消息时的失望之情常常溢于言表。你能感觉到他们在这样想:"我们大老远地来了,就让我们坐在后面旁听电话会议吗?"在他们的心目中,刚才来这儿的路上擦身而过的那些事情才是他们大老远赶来想看的东西,结果现在却被迫坐在这里耐着性子看人家开会,会上还要放一堆枯燥得要命的 PPT(演示文稿)。

但是 90 分钟后,当他们离开态势感知室的时候,他们毫无例外地都改变了想法。他们看到的不是一个下级汇报、上级指示的传统会议，而是一个集中讨论、群策群力的论坛。他们亲眼看到成千上万来自世界各地的人员实时建立联系、共享信息、解决问题。他们听到的话语中包含着令人难以置信的充分信任和密切关系。他们看到下级团队成员实时解决战略层面的问题，并且眼看着他们的影响力和洞察力在整个组织的思维中产生了涟漪。在90分钟的会议里，他们的注意力全程保持集中。

他们已经看到我们的组织如何通过O&I彼此联系，只有到了这个时候，我们才会让客人与行动小队见面，让他们看我们最新的设备，并在我们的联合作战中心观看作战行动的实时进展。因为只有到了这个时候，他们才有可能明白，这些东西并不是我们独一无二的能力，而是一个基于全球成千上万人之间的联系而建立起来的整体系统的一部分。

参观到最后，大家通常会共进晚餐，我们搭在绿色帐篷里的食堂是唯一的选择。吃饭的时候，多数访客都在谈论他们在O&I的所见所闻，而不是路上看到的其他引人注目的地方。

他们会这样说："我现在明白了，大家真的是在互相交谈、互相询问，而不只是向老板和队友汇报。作为一个群体，他们是从战略上考虑问题的。"他们会停下来，然后又问我们："你们每天都这样做吗？"

他们离开的时候思想已经发生了转变，并且兴奋地谈论着他们认为我们的交流方式实现了什么。

要是必须用一句话对我们特遣部队的O&I进行程序性描述的话，那就是这样的。

O&I是一个大规模的视频会议，它涉及来自不同地域、不同职能部门的数以千计的参与者，他们讨论周围的环境条件、内部发现的潜在机会或威胁、下一步的打算，以及为什么他们团队的发现对组织中其他的团队来说也很重要。

但在概念化的层面上，对O&I的功能性描述是这样的。

　　O&I是一个虚拟的空间，在这里，组织的领导层可以按照实际需要定期为所有团队的有机互动创造条件，并向聚集在一起的成员重申组织的协调叙事。这是对目标的定期提醒，也是一个与上级大单位建立联系的机会。

我担任麦克里斯特尔副官的那几年，信息技术界发生了特别剧烈的变化和动荡。在私营部门的努力下，视频流、社交媒体网站以及各种先进的、适应性强的智能手机软件平台都在公共生活中呈指数级增长。

　　特遣部队（或者更广泛地说，整个战场）都感受到了这种变化所带来的压力。在我们努力改变之前，我们用来增加团队之间联系的相同的虚拟空间就已经被伊拉克"基地"组织用来提高自己的作战效率了。

　　从在已关闭的聊天室发布圣战宣传，到使用有摄像头的手机在联合车队引爆简易爆炸装置、记录爆炸后的画面、配上后期制作的音乐并在互联网上公开发布，伊拉克"基地"组织已经知道如何将新技术与旧方法结合，供其组织成员用来实施新的破坏行动。技术使我们的对手拥有了与其不相称的能力，帮助他们将其叙事传播给尽可能广泛的受众，并招募到越来越多的同情者、支持者和成员。

在 O&I 论坛中，我们希望也能达成类似的目标。我们每天都在重新审视我们的协调叙事以及基于信任的跨界关系的建立和滋养。就像在伊拉克"基地"组织一样，虚拟空间使我们的领导层能够触及更远的地方，我们扩大网络范围的能力也在不断增长。

O&I 会议一直是美军几代人的固定做法，在许多作战部队中这仍然是必须要做的事情。在传统的 O&I 会议上，作为组织结构图上的战略顶层领导，指挥官趁这个机会发表演讲，并向下级成员集中提出他们对近期事情的看法，哪些方面进展顺利，哪些地方需要改进，以及最近不同单位各自表现如何。在我的职业生涯中，有时我也会沉浸在这样的环境中，你可能也是这样。

传统的 O&I 会议和特遣部队创新的 O&I 论坛之间的主要区别在于有关行动的讨论。传统的 O&I 会议是一个以汇报为中心的会议，会上各行动小队可以根据他们收到的最后一条指示来回顾他们所采取的行动，然后上级会再给他们一套新的指示。而特遣部队创新的 O&I 论坛是基于技术支持的、以情境化为中心的论坛，目的是让各团队对上次论坛以来自己独立采取的行动进行讨论。这是一个与大团体交流新发现的、也常常是不完善的见解的机会。其目标是通过集体学习来推动自主行动，而不是对已经做完的事情互相打分。这是一个前瞻性的论坛，而不是事后的回顾。

此外，传统的会议通常遵循预先设定的行为模式，参与者严格遵循一系列毫不动摇的规范，每个月、每一天、每次开会都几乎一模一样。其中经常包括的一个常见的隐含想法是，战略意图的传递是单向的，从高层领导者向下传递；而报告进展情况的传递方向与此相反，是自下而上的。从不同方向来的情报更新（既包括从领导者到团队，也包括相反的方向）与在不同级别和专业的个人之间进行的开放式讨论都有损于会议的议程，是不能接受的。这些事都留待会后再开会解决，这种会后再开的会议你可能也参加过，那里才是真正办事的地方。

而论坛是兼容并包的，举行论坛的目的就是鼓励参与者彼此协作、彼此熟悉，而不是为了强化组织结构图上画好的实线等级关系的控制。等级应该受到尊重，但不能容忍其成为妨碍信息公开交换、妨碍分析问题并提出解决方案的障碍。

与集中办公形成对照的是，依靠技术形成的联系（如 O&I）使无限扩展成为可能——从理论上讲，O&I 会议可以容纳多少团队，成员能够进行多少不同的交互，都是没有数量限制的。限制因素只有收听的人数和组织 O&I 论坛时所使用的技术的带宽。我在麦克里斯特尔手下工作的时候，这个沟通过程已经发展了好几年，每天都有数千人拨号接入 90 分钟的论坛。每一位听众都有机会在某种程度上成为一名跨界联系人。

但是，创造并保持条件让这些论坛成功举办绝对是一个不小的挑战。

论坛进行中

在我们巴拉德总部样子有点儿像牛棚的态势感知室里,房间正面墙上的平板电视上方挂着几块相互平行的深红色数字显示屏。这些时钟时刻显示着世界各地不同地点的当前时间——每个地点至少有一支特遣部队的下属团队。

其中一个显示屏被永久地设置为巴拉德的当地时间。每天,当上面的数字跳到 1 600 的时候,房间各处的扬声器中就会传来一个清晰的声音,这个声音在整个态势感知室里回荡,让士兵、分析师和技术专家在这里整装待发。

下午好,欢迎来到 O&I 论坛。

与集中办公一样,O&I 论坛需要满足两个功能:一个是为任何团队中的任何个人成为跨界联系人提供条件,另一个是使组织的协调叙事得以由其战略领导者直接重新传达给整个组织。O&I 论坛就是为了满足这两个目标而建立的。

能达到这些效果的 O&I 论坛的首要特性就是它能够组建的团队的广度和深度,并促进团队之间的对话。为了组建这些团队并促进讨论,论坛需要有一个能熟练掌握论坛运作的人。

特遣部队各团队每天听到的开启论坛的那个声音就是论坛的"管理员"——驻扎在美国总部的一名士官,他的重要任务就是组织讨论,让论坛参与者轮流发言。尽管这个人身处的地方与我们组织的主要行动范围——伊拉克和阿富汗——距离遥远,但论坛参与者的声音受惠于电子技术，传送范围极为广阔。

论坛管理员的声音穿过光纤电缆，从遥远的卫星反射回来，再跨越陆地和海洋，最终到达分散各地的成千上万个不同听众的耳中。每个参与者对我们组织面临的复杂的外部问题可能都略有不同理解，并且每个人都有权利向虚拟空间的广大听众说明自己的理解。

通过这些论坛来讨论和宣传其观点、努力与见解的团队的深度和多样性是非同凡响的。这种结构保证了整个组织的跨界联系人可以沉浸在虚拟的环境中，尽可能地彼此互动并熟悉起来。

此外，与共处一室的集中办公不同的是，在O&I论坛，有可能成为跨界联系人的不只是每个团队的小网络中少数有影响力的个体，而是每个人都可以。

从佛罗里达州和弗吉尼亚州看似普通的办公室到阿富汗农村偏远的前哨基地（前线作战基地），来自各行各业的平民和士兵成群结队地振作精神，在他们自己精心组装的屏幕、麦克风和摄像机前聚集起来。

当我在O&I论坛看向巴拉德态势感知室前面墙上的屏幕时，屏幕上大部分行动队看上去都是精神百倍的样子，因为他们的当地时间的确是上午时分——他们都在美国东海岸，我们组织的多数政治、外交和民事情报合作伙伴的基地都在这个地区。图像中的其他团队看起来则更加疲惫，他们位于条件更加艰苦的前线，这些团队正在为晚间的作战行动做准备。

许多来自特遣部队各职能部门的人每次都参加论坛，论坛使更多的人弄清了他们的努力工作与其他人之间的紧密连接和依赖关系并据此采取行动，这是 O&I 论坛的第一个特点。

特遣部队的普通成员对战术和行动进行大规模深入表达的这个平台，让我们的战略领导者得以面向广大的听众直接传达他们的协调叙事。

这就引出了论坛的第二个特点：使第一手的人与人之间的信息分布或语境化从组织中的任一节点即刻传递到其他每一个节点。参与者有权以未经过滤的方式进行交流，而他们与其他任何团队进行对话的能力几乎不受限制。通过这种方式，论坛可以使其跨界联系人的职能最大化，并将协调叙事重新传达给组织的所有团队。

我们不再需要用电话树框架来对组织中的每一位成员进行远距离战略协调，也不允许不同程度的彼此隔绝（全靠劳累过度的信息泵从中协调）破坏两个团队之间信息或资源的快速分配。相反，当以伊斯兰堡的一位民事问题专家主持的讨论涉及阿富汗赫尔曼德省某个"基地"组织的行动时，一名来自战术团队的论坛参与者听了分析师的评论，可能感觉到他的团队在自己的战场上正亲眼见证这场行动的后果出现——这时他也会将自己的这个想法与论坛的其他参与者分享。

再次重申，我们的论坛是一个开放式的讨论场合，而且在 O&I 论坛中，每个人都可以向专家索取一份报告的副本，请另一个部门的高级官员澄清疑问，甚至可以要求进行私下讨论。结果产生了新的非正式关系，这是任何具体规划都无法预料的，它有可能导致某支战术小队击溃对方行动的速度大大提高，或者产生其他任何积极的结果。

尽管彼此之间并没有什么正式的上下级组织关系，但是组织结构图上的每个人现在都有可能成为跨界联系人——能够根据未来他们各自团队的需要进行联系和协作。

同样的逻辑也有助于将协调叙事结合实际情况传达到组织中去。在特遣部队里，我们的指挥官和高级军官可以向整个组织重申其以定量为主，但最终是以人为本的原则，对其进行说明和澄清，并将不同团队的实践展示给组织的其他成员。

可信度＝已证明的能力＋诚信＋关系

论坛的参与者将更好地了解组织对他们的期望，将其谨记在心，并在需要他们解决复杂的、不断变化的问题时采取相应的行动。

自21世纪以来，公司要求组建"虚拟团队"来协同解决问题的压力越来越大——这既是全球化的产物，也是由于可用的技术手段越来越多，使这些有网络支持的团队得以形成。在于2012年发表的研究论文《领先的虚拟团队——分层领导、结构支持与共同的团队领导》中，社会心理学家茱莉亚·霍克和史蒂夫·科兹洛夫斯基指出，约有65%的公司认为其在未来会出现"对虚拟团队的依赖"，但是这种依赖可能会导致团队内部信任的降低。

用霍克和科兹洛夫斯基的话说："相对于面对面的团队，使用虚拟团队的优点是能够组成一个跨时空的专家团队、提高员工满足市场需求的能力、节省差旅费成本。缺点则是水平较低的团队凝聚力、工作满意度、信任度、合作行为、社会控制以及对团队目标的承诺；所有这些因素都有可能对团队绩效产生负面影响。"

总有些人认为神奇的技术指日可待，并且认为这些技术能将组织分散的成员集中起来，就像只有5个人创业时那样，霍克和科兹洛夫斯基的总结对这些人提出了强烈的警告。当通过一连串的电子邮件和电话会议与不熟悉的队友一起工作时，人与人之间个性化的互动的很多好处就都不见了。

毫无疑问，世界将会继续看到一系列的软件平台，其设计目的是实现大规模的互联互通，但没有一个平台能够取代我们通过人际关系所获得的力量的感觉以及我们由于相信自己的队友了解并理解我们所得到的力量。

用技术手段将成千上万的参与者联系起来本身并不是目的，而只是一种手段，我们的领导层能够以此建立关系、加深信任并每天提醒我们记住我们的协调叙事。当然，O&I 论坛也克服不了虚拟团队的所有限制，但我们在尽可能地努力减少这些影响。视频会议在一定程度上具有当面交流的亲密度，当参与者在参加有关某个主题的讨论时，我们的高级领导者都会对他们直呼其名。大家都知道他们是谁，不仅是因为他们所做的工作，也是因为他们本人是谁以及他们如何为集体的努力做出了贡献。我们的领导者从他们那里得到的是意见与见解，而不仅仅是原始数据。而且，我们所有人都得到鼓励和提醒去进行线下交流，以发展更加深入、牢固的关系。

因为有这些做法，所以 O&I 论坛能够克服虚拟团队的弱点，实现两个主要目标：培养个人之间的人际关系，并使高层领导者重新强调组织的协调叙事。

此外，即使论坛中的人际关系不一定能像小团队里那么近，但人际关系的相对薄弱可能并不会削弱发展跨界联系人方面的结果。美国社会学家马克·格兰诺维特曾指出，即使是薄弱的、基于介绍人推荐的个人之间的人际关系，也能对当事人的生活产生巨大的实际影响，这为其他优先研究"牢固"的人际关系的社会学家提供了一个可以验证的对照。

格兰诺维特的实验如下。

> 我随机抽取了一些在波士顿郊区生活，最近刚换了工作的专业、技术和管理人员，我问那些通过联系人找到新工作的人，在他们从该联系人那里听说有关这份工作的信息前后，他们多久与联系人见一次面……
>
> 在那些通过联系人找到工作的人中，有 16.7% 的人说他们与联系人经常见面，55.6% 的人说偶尔见一面，27.8% 的人则说很少见面（N=54）。结果显然是向联系薄弱的一端倾斜。

帮助格兰诺维特的受试者找到工作的更多的并不是那些早就与他们形成了牢固的友谊并经常见面的密友，而是一个"熟人"或是"朋友的朋友"。这与特遣部队中许多不同专业的团队以及他们内部的影响者在 O&I 论坛中产生的互动和关系并没有什么不同。

特遣部队中彼此独立的分析师与行动人员的团队一直是紧密

团结在一起的——这些小型单位中的任何一个成员与其直接队友都有着自然而然的个人关系。但当他们需要团队范围之外的东西——有可能是资源、人员协助或情报——的时候，这些小单位里的个人关系可能就没什么用了，这取决于在这个受限的、密集的网络中是否有人与外部团队的成员有联系。

集中办公在一定程度上解决了这个问题，但在论坛上可以形成大规模的薄弱关系，可以容纳的人数呈指数级增长。这些"薄弱关系"可能会被用来提供新的资源或信息，这是那些由"强有力的纽带"联系起来的直接队友无法做到的。论坛的日常模式并不保证一定会发生这种情况，但确实提高了其发生概率。每隔24小时，就有一个新的机会形成跨界联系，其推动力是对战场上发生的事情的共同理解，并由我们组织重新传达的协调叙事所强化。

人与人之间真正的联系在战场上是性命攸关的。

古代斯巴达的军队是一个传奇。他们的文化是战士文化，赢得斯巴达军队的红色斗篷和盾牌的战士就登上了社会的顶峰。他们在战术上使用的方阵（一种士兵肩并肩排列好几层的军事编队）是他们获胜的关键，只有最优秀、最经得起考验的战士才能加入这支队伍。对排在方阵里的个人来说，一名战士的标准配置是他握在右手中的武器和他左手架着的青铜和木头制成的、重逾30磅[1]的盾牌。方阵排列十分紧密，因此这副盾牌会遮住战士左侧的战友一半，遮住战士本人一半。扎克·施奈德的电影《斯巴

---

[1] 1磅≈0.4536千克。——编者注

第4章 互联

达 300 勇士》中有一句话:"斯巴达……要么带着你的盾牌回来,要么躺在盾牌上面让人抬回来。"这反映了一种重视盾牌的文化,战士为有能力彼此保护而感到自豪。这不是一种轻松的叙事,它显示了方阵中的士兵需要承担的义务的分量。普鲁塔克在讲述斯巴达人的习俗时回忆起一位母亲将盾牌交给儿子,说道:"要么拿着这个,要么躺在这个上面。"他还说斯巴达人会剥夺那些丢弃了盾牌的人的地位。一个斯巴达战士要是在战斗中丢失了武器,他虽然会遭到战友的嘲笑,还能幸存下来,但是丢失了盾牌并因此丧失了对战友的保护是不可接受的。

在整个组织范围内,人与人之间建立这种程度的信任是难以置信的挑战。但在我们的论坛里,高层领导者鼓励我们所有人彼此建立联系,分享彼此的见解,并帮助其他人解决他们最具挑战性的问题,我们是信息时代的斯巴达方阵。当麦克里斯特尔或者我们组织中的任何一位领导者在这种环境中发表意见时,他们会直接传达他们的意图,而不是依赖其他人传递信息。此外,他们进行坦率对话(并赞扬其他这样做的人),这将促使以前各自守着自己的叙事、彼此隔绝的团队也像他们这样进行更广泛的社会化学习。

我们与成千上万的人沟通交流,透明度是指引我们的路标。彼此损害的关系、降低的信任或隐藏的见解对我们来说就相当于丢弃了盾牌,让另一支团队暴露在不可预见的危险之中。特遣部队中不同的团队都面临着混乱的局面,它们压力很大,但它们知道自己每天都可以依靠一件事:巴拉德时间 16 点整,整个世界都会来到我们的论坛上,等待那个永远可靠的声音:

"下午好，欢迎来到 O&I 论坛。"

史密斯

"先有请巴拉德的特遣部队领导者。"管理员的声音响了起来，他向论坛参与者建议道。

"谢谢吉姆。"麦克里斯特尔对着麦克风，回应着这个远在布拉格堡的声音，同时也对我们其余的人说道，"很高兴看到身在布拉格堡的各位。今天早上你们都享受到咖啡和甜甜圈了吧！……我们还得在这里继续打仗啊。"他笑着说。

巴拉德态势感知室里的大多数人，还有那些在世界其他地方的人，也都跟着笑了一两声。这是一种在我们组织里常见的幽默，说得好像其他每个人都挺轻松的，其实每个人都知道事实远非如此。"感谢大家进入论坛。"麦克里斯特尔补充道。论坛正式开始。

我们态势感知室的一名陆军情报官接着发言，他的话也是对虚拟网络上的听众说的。"让我们先回顾一下这 24 小时里更新的最重要的情报。最重要的和在时间上最敏感的一件事是，我们知道 X 先生昨晚与 Y 先生进行了讨论，这个消息是我们通过一个合作情报机构的信号搜集到的。"[1]

虽然这一次，在我们论坛中的大多数人已经知道 X 和 Y 分别是谁了（他们在极端组织网络中那么突出），但话还是必须得

---

[1] "X 先生"和"Y 先生"是假名。

这么说，其他情报更新也是这样。在私营部门的会议上，类似的情况可能是市场上两个大的竞争对手会面了——就像在任何市场中那样，我们所有的团队都必须注意到这个情况并将其应用到自己的领域中。

参与者必须明白为什么这两个人最近的见面谈话很重要，再看看我们的组织结构图中有没有团队、影响者或某个问题的专家能够在组织外部环境的变化中进一步看清局势或更好地介绍这个变化，比如 X 先生和 Y 先生是谁，他们有什么技能，发生这件事对哪个团队的影响最大，应该如何回应这个消息。

"很好……我们了解什么细节，知道为什么吗？"麦克里斯特尔询问情报官，其实也是在问虚拟网上所有的人。这个问题也在他们的脑海里盘旋。数千人在等待着答案。

虽然这看起来有点儿奇怪，但我们的指挥官其实已经知道这个信息了（就像我们巴拉德基地的其他几个人一样），而且他一个小时以前已经问过带来这个最新消息的情报团队同样的问题了。当天上午，有关这次会面的新闻已经传到我们的总部，所以在巴拉德的高层领导者已经有机会了解这个最新会面的战略和行动意义。

那么，为什么要问这个看似多余的问题呢？

再重申一次，这个论坛旨在促进我们不同团队之间形成有机的见解和联系——他们需要的不仅仅是信息，还需要意识到特遣部队大单位的即时战略和优先事项要有一个类似组织高层领导者的眼界。我们组织的操作意识不是由组织结构图顶端的个人定义的；相反，在复杂的环境中，这必须根据整个组织中所有团队的更广泛的战略意识来确定。

为组织的其他成员提供讨论这个新情报的机会，让他们熟悉主题专家，才能让战略背景得以在整个组织中传播，更好地让大家了解参与者在线下通过他们的个人关系网络制定的决策。在特遣部队某个偏远的分站驻守的一名远程情报分析师海伦主动插话，回答了麦克里斯特尔的问题。

"嗯，这两个人之间的直接沟通是极为罕见的，长官——我们小队从来都没见过——所以我认为这似乎说明他们的特工小组近期正在进行某种重要的协作。否则他们不可能承担这个风险，而且这也符合我们小队目前的看法，那就是他们双方的压力都很大，都急于有所动作。"

她的声音继续响起，她的影像在网络上不断传播。"但是我今天早上和原始的分析小组谈过，在这一点上他们还没有其他明确的信息。X 和 Y 的下一步动作和时间线对我们来说是未知的。我们的情报部门在这方面与关键地点的地面行动人员一直配合密切，比较了解情况，所以我想听听史密斯中校的意见，他现在可能有更好的看法。"

然后在巴拉德态势感知室前方的一个视频屏幕上，出现了特战官员史密斯中校的形象，他身边是另一位情报专家。他们的脸上显示出坚毅的神情，那是大量反复部署和连续每天工作 18 个小时带来的疲劳。然而，真正的机会就摆在他们面前，不抓住机会他们谁都不会罢休。

史密斯开始讲话，他的声音清楚地从小队的远程作战基地传来。"下午好，长官。大家好，谢谢海伦，我很高兴能参与进来。

你们很多人都知道，我们最近采取了一些非常积极的行动，我们认为就是因此才迫使这些家伙浮出了水面。我们确信，我们最近的一些行动已经摧毁了他们的通信网络，以至于他们需要突然现身并直接对话。他们知道这样做风险很高，但他们目前别无选择。但我们得到的情报不够精确，所以我们不知道他们在谈些什么。"

他停顿了一下："如果我是他们，我想的会是：'我们需要尽快做些大事，重新获得动力，否则我们双方都会有很多麻烦。'组织一次大规模的攻击是展示实力的最好方式。这是我们目前的假设，也是我们破坏行动的重点。"此时此刻，史密斯正在为组织的其他成员评估和解读其周遭环境——他对摆在面前的证据进行综合分析，这有助于所有论坛参与者对一些意料之外的结果有所准备。

"我们不知道"和"如果我是他们"——史密斯的用词很重要，其反映了论坛旨在维护的统一文化。他考虑的不是自己好不好看，也不过于强调自己的不确定性（或为此致歉）。环境复杂而不透明，这必然会产生不确定性，我们不得不习惯于承认这个事实。但不知道是可以接受的，不思考就不能接受了。这种规范一旦在一个小团队里的一名有影响力的成员（史密斯）身上展示出来，其就很容易得到鼓励，在不同的部门中传播。

诚实、原始、初步的真相在网络时代是无价的，因此哪怕是极其轻微地清理数据或绕开尖锐的问题，也很快就会掩盖一些被忽视的细节。信息不会永远保持其全部价值。在化学中，放射性同位素的放射性衰变到其原来的一半所需的时间称为半衰期。同样，在复杂的时代，信息的半衰期很短。任何由于缺乏个人观点而导致的缺乏透明度都是不鼓励的。我们的高层领导者为这种交流创造了环境，而像史密斯这样组织中最棒的领导者也得到了公开展示的机会。

"好吧，我全都明白了。"麦克里斯特尔回答道，"如果有人有不同的看法或者有什么要补充的，请发言。"他环视了一下房间，然后看着我们面前的屏幕，请来自世界各地的团队对海伦、史密斯或其他在场的人的发言进行评论、提供信息或提出后续问题。

在传统的会议中，像这样的时刻是极为让人胆怯的。要以一种非常坦率的方式与上司互动，并在他们面前对一个公认不确定的问题说三道四，即使是最逆反或最好奇的与会者也会选择闭口不言。尤其在传统的军事环境中会出现这种情况，因为传统的军衔观念以及不断出现的士兵与军官之间的分歧可能会使对话澄清或信息交流受到阻碍。

房间里有人对正在该国另一个地区进行的另一个任务提出了问题，史密斯的行动小队回答了他们，提出了自己的看法，他们认为风险是可控的。一个分站询问他们在接下来的48小时内主要补给是否有可能受到影响，一名后勤军官回答说，没有直接的影响，但他会密切监控。又有一两个人评论，然后全球网络重新安静了下来。

这个最新消息的细节现在已经被尽可能清晰地展现给每个人了。停了一会儿，麦克里斯特尔又开始了。"史密斯，我们现在还能做些什么来支持你呢？"

史密斯是这方面的权威专家,他很可能会带头回应这份最新情报,但他仍然可能需要其他小队的帮助。领导者和论坛共同为他提供了一条途径,让他从组织的其他成员那里获得他所需要的支持。论坛是达到目的的手段,其本身并不是目的。

"现在还好,长官。我没有迫切的需求。"史密斯回答道,"这有可能是一次性的事件。但如果我们在未来 24 小时内观察到任何进一步的活动,我的小队就需要进入这个地区——我们可能需要一些额外的人员和 ISR(情报、监视和侦察)来打击几个目标。"

翻译过来就是说,史密斯的团队将继续密切关注局势,如果他们确定这些目标之间或其他任何他们认为有关方面的活动增加,他们就需要从其他团队借用更多的情报处理能力与资源,这样他们才可以加快任务进度。其他团队相当于收到了通知:"我们有可能需要在接下来的几个小时内对这个问题作出回应。"

这场谈话让遍布全球的数千人同步了解了史密斯对这场战斗的一个关键部分的看法。我们重新调整了自己对新出现的问题的看法、制定了资源计划并考虑了世界各地的优先性。史密斯的团队可以利用这次机会,而组织将准备支持它们。重要的是,整个组织现在都意识到,其团队可能需要更多帮助,而且如果形势发生变化,还需要迅速得到帮助。

麦克里斯特尔点了点头,他说:"那好吧。如果有什么变化,请告诉我们你需要什么。把这两个家伙中的任何一个处理好都很重要。每个人都干得很好。"

我抬头看了看屏幕顶部红色的时钟,显示着巴拉德时间

16：05。论坛才进行了几分钟，我们的团队已经清楚地知道近期至少是到明天的论坛之前，组织最重要的任务之一是什么。

最重要的是，在电话树上可能需要进行几个小时的辩论和讨论已缩短到只用几分钟就完成了。有可能需要对史密斯提供支持的几十个人和几个辅助单位已经了解了情况，做好帮了助他的准备。几个小时的后续会议或官僚主义的拖延都避免了。史密斯的小队将密切注意情况，如果在未来24小时内事态出现任何进一步的发展，全美国各地的其他小队都准备将必要的资源聚集到他的队伍中去。

然后，我们继续进行下一个议题的讨论。

建立你的论坛

这一切都回到一个问题上来，那就是你如何创建一个论坛呢？我已经向你展示了如何创建和促进对话以及管理员如何帮助促进讨论，但下一个最重要的因素是如何划分时间的使用与安排主题的呈现。

这个问题的答案是要有个议程——由论坛的管理员设计并以数字文件的形式分发，议程的制定与论坛需要起到的作用同步。

特遣部队O&I论坛的议程如表4-1所示，你通过电子邮件和内部网门户随时可以获得该议程，世界上任何与组织有联系的人都可以访问。

议程本来是可以被设计成一个简单的目录的，但是我们必须采用一些方法，让我们的团队可以更好地理解汇报人提前提供的信息，并在论坛结束后能与有关联系人进行线下互动。

表 4-1 特遣部队 O&I 论坛的议程

业务单位	部门	时间	主题/链接	附有联系人信息的简报
销售	东北地区销售	1620—1625	即将举行的销售会议 www.____.com	xxx 公司的副总裁，(___)___-___ Bob.Smith@____.com
	西南地区销售	1625—1635	……	……
营销	产品审核	1635—1650	……	……
	东北地区营销趋势	……	……	……
其他	……	……	……	……

如上面的例子所示，设计中包括连接到汇报人的辅助文件，使对其感兴趣的个人可以在闲暇时访问一系列附加数据。同时，汇报人的表达是自由的，组织鼓励他们的讨论止步于"这很重要，原因是这个"的水平，而不是深入研究硬数据。

例如，当在一个 2 分钟的简报中介绍 24 小时期间航空资产的状况时，其中可能还包括一个有关 6 个月设备轮换计划的超链接。因此，组织中 1% 有可能需要这种细节的人，就不需要毫无必要地打断或拖延这 2 分钟的简报。

此外，议程中还提供每个主题汇报人的姓名与详细的联系方式。有一种常见的方式用来进一步强调这一点，并让联系变得尽可能容易，就是在论坛上将汇报人的姓名与联系方式打在屏幕上，就在汇报人的直播图像旁边。

这样做一举多得。第一，来自世界各地的其他人可以对汇报人直呼其名，这有助于加深虚拟团队中通常缺少的个人感情。高级领导者放下架子与组织里周围的人互相直呼姓名，这种做法有助于加强所有论坛参与者的熟悉感，让人比较容易放松，也有助于减轻霍克和科兹洛夫斯基所讨论的虚拟团队互动中潜在的不利方面。汇报人被人叫出名字，这种感觉不错，而且这也是向参与者发出了一个明确的信息，那就是在我们的组织里，个人是很重要的。

第二，与第一点一脉相承的是，原本大家都不知道那个年轻的分析师是谁，只知道她在一个偏远的角落，没几个人听说过她，更不用说见过面了，可是现在，我们组织里的人开始觉得自己认识海伦了。当出现复杂的问题，有可能需要发挥海伦的专长时，组织中另一个单位的某个人就会比较有信心跨越常规的团队边界去找她帮忙。论坛可以帮助参与者彼此建立联系；其他人可以与海伦联系，他们自己就能迅速成为跨界联系人。

由于情报官在论坛上露面是彻底公开的，因此他们学会了迎接大量新的信息、电子邮件、电话，甚至是在线下或论坛结束后其他论坛参与者的来访。如果海伦说，"我相信这个趋势与这个地区前几年的选举周期中我们看到过的类似"，那么前几年曾带领小队在该地区活动的一名高层领导者可以迅速将他本人在前几年的选举周期中督管的研究发送给海伦，或支持或反驳她的观点。于是她当地的团队就可以进行相应的学习和调整，并形成一条新的虚线关系。一名初级成员有了这样的环境和平台，也能迅速掌握团队的集体知识。

这种自由的信息共享在论坛期间不断发生。但为了防止信息过载和混乱，另一种交流方式——实时聊天室——至关重要。

史密斯曾提到他的团队可能需要帮助。在论坛上听他说出这句话后，各个地方都有人开始自行分析他可能在哪些方面需要帮助，是需要情报、监视和侦察设备还是有可能需要额外的人员。于是他们在线下开始做好准备，以确保接下来万一史密斯的团队遇到任何突发状况他们可以立刻一应所需。

当来自世界各地的人继续仔细聆听史密斯和麦克里斯特尔之间的交流时，我的笔记本电脑上突然蹦出来一个开放式的聊天室窗口。

海伦：富塞尔，你那里有那份情报吗？

我把目光从态势感知室前面的屏幕上移开，快速地进行回复。

富塞尔：没有，我给你找史密斯的分析师。

富塞尔将马克拉进聊天室。

富塞尔：马克，这是海伦。她在美国国内，她正在找史密斯刚才提到的那份情报。你能分享给她吗？

马克：好的，给你。很高兴见到你，海伦，很高兴和你进行线下对话。

马克分享了一个附件。

海伦：谢谢。谁最清楚细节？这里跟我们监视的一个目标有所重叠。

马克：最了解情况的是拉沙德和莎拉，我把他们俩拉进来。

马克把另外 2 个人拉进我们的临时对话，海伦也从她身边拉了 3 个人进来。不到一分钟，聊天室里已经有 17 个人了。我把笔记本电脑屏幕上的聊天室最小化，将注意力重新集中到论坛上来。作为这两个部门之间的跨界联系人，我的任务已经完成了，他们现在谈论的细节已经超出了我对这个话题相对较浅的了解程度。

在我的眼前以及视线之外，就在史密斯和麦克里斯特尔正在进行对话的同时，团队之间的联系和网络正在实时萌芽、发展并开始运作。其他类似的网络，有些我没有参与，有些我参与了，也在积极活动，并不需要我们的上级实线领导者进行直接监督或指导。海伦很快不需要我的帮助就能与马克联系——又有几个小组已经彼此熟悉起来了，回声室已被打破，从今往后他们在社交网络上已经建立了联系。

但是建立跨界联系只是论坛的关键功能之一。论坛也是高层领导者重新传达我们的协调叙事的机会。

广播完毕与重新协调

像往常一样，90 分钟飞逝而过。O&I 论坛已至尾声，议程上的最后一项讨论已经如期结束。管理员请我们的高层领导者进行小结。

"感谢大家的参与。"麦克里斯特尔面向论坛的数千名参与者说道。

"我知道这很困难，你们每个人每天一觉醒来就得继续战斗。

这场仗我们已经打了好几年了，每个人都投入了难以置信的精力。但我们已经开始把每一次小事情都处理得当了。我们总是说，这场战争打到最后，一定会有一方获胜。虽然战争远未结束，但我们肯定是获胜的一方。请记住，可信度赋予我们行动的自由，而我们的可信度来自我们的能力、我们的诚信和我们的关系。这是我们与众不同的地方，团队中的每个人在其中都起着关键的作用。你们所有的行动都至关重要。你们对这个团队的承诺至关重要。"

"我的意思是，你们每个人都是确保我们继续承诺彼此关系的关键。没有了这种承诺，我们就只是一个没有信任的大型组织。因此，感谢大家每天做出的令人难以置信的贡献以及彼此的承诺。你们任何一个人现在都可以立刻去别的地方，做一些更简单的事情，但你们选择成为这个团队的一员。谢谢你们。"

至此，论坛结束了。直到态势感知室前面的屏幕关闭，我一直在饶有兴趣地看着上面的一幅幅图像，看到屏幕上每个小队都在各自的基地起身回到他们各自的工作中去。

每一天，我们的高层领导者都这样结束广播，提醒我们组织的协调叙事中最重要的一点：我们每个人都是组织大家庭的一部分，我们是一个具有集体使命的全球性团队，这个使命比个人或部门的任何偏见都重要。

有些日子你会过得比平时好，也有些日子你只想躲到自己的部门轻松一些。但是每过24个小时（按照我们O&I论坛的节奏），就会有人定时提醒你，躲到那种安全的状态会让你付出真正的代价。输掉战争是我们所有人都无法接受的。每个组织成员每天都要做出选择。他们可以只待在自己的小团队里，遵守自己部门的规范，冒着打败仗的风险，或者他们可以重新接受组织的协调叙事，强迫自己作为一个跨职能的整体来考虑问题。

即使到了今天，当我请那些同样在那一时期参与特遣部队战斗的人描述当时的感觉时，我听到的回答也总是有一个基本的普遍共性：我们感觉自己是一支关系十分紧密的队伍。我们是一个拥有共同文化的大单位，我们的行动不受某个小单位的身份或叙事的影响，而是受到一种不断重新传播的统一叙事的影响，这种叙事超越了我们之前不断恶化的文化分歧。这使我们能够进行真正的合作与协作，共同对抗团队经常遇到的复杂问题。实际上，我们就像其他任何一个大型的全球性组织一样，在任何时间段各部门都有无数的活动正在进行。但在感觉上，我们是一个如此紧密的团队。

虽然我们生活的世界充满了瞬息万变、生死攸关的问题，但我们还是每天要花上 90 分钟进行对话。随着时间的推移，对我们许多人来说，这种感觉就像一伙人围坐在一张桌子周围一样，我们虽然是全球规模的团队，但活动起来就像小团队一样。维持这个现实需要不断执行无情的纪律，但另一个选择是失败，这是不可接受的。

共享意识与论坛外的行动

因此，在正确执行的情况下，本节所讨论的物理和虚拟领域有助于创建超越官僚体系的人际关系，打破小团队的叙事，并使协调叙事可以在整个组织中得到重新传播。

这一步完成之后，一种具有共享意识的状态就建立了起来，我们在《赋能》一书中将其描述为通过透明度和信息共享带来的"紧急状态下组织情报的自动适配"。在这一刻，每个人都充分展现出协调叙事的精神，并了解到组织的状况。我们的目标是在每一次论坛结束后都达到这个状态。

但是，一个组织的团队必须被给予一定的空间，让这些联系能起作用才能展现这种协调叙事以及他们重新建立的共享意识。必须让他们动起来，采取行动。

这自然就引出了一个后续问题：在调整的间隙会发生什么？

需要考虑的问题

◆ 对于情报资料或战略方针，或有关组织当前状态的消息，你们单位目前是如何向内部各团队传达与通盘考虑的？你是否觉得大家经常通过电话树的交流方式得到这些信息，因而产生曲解或误解？

◆ 你们单位能否利用物理和虚拟空间来推动跨部门协调并改善战略沟通？

案例研究

俄克拉何马州管理和企业服务办公室（OMES）

引语

当你阅读下面关于 OMES 的故事时，请考虑一下该组织如何使用互联技术创建一个虚拟论坛，让分散的团队形成业务和文化上的互联。请注意，这种互联为影响者创造了空间，加深了不同部门之间的关系。

特别要注意的是，该组织的领导层并不一定将联系团队的物理和虚拟的方法都投入实践，而是将物理联系的方法融入了他们的虚拟团队。

此外，注意 OMES 在调整论坛规模并据此配备人员时有多么谨慎，他们不仅限制了最初的参与者，而且在设计每次会议的内容时也积极考虑他们的利益。

最后还要注意，官僚领导者如何通过减少传统"会议"的职能来消除压力，同时组织的运作效率也得到了提高。此外，对

OMES 的论坛来说，技术问题仍然是一项挑战。

设置

这栋楼房方方正正、普普通通，就是一个由玻璃和混凝土组成的长方体，它建于2009年，用来保护21世纪一种价值越来越高、用处越来越大的资源。

在看似装饰性的花坛和斜坡上的绿色草坪后面，有好几排同心墙，所有楼层被设计成在 F5 级龙卷风发生时可以被整个掀掉。这里的建筑结构设计是有生存性考虑的。而且，万一发生意外事件，人们还能进行进一步的控制，因为在这座大楼的深处，有 4 台千瓦级的发电机，储存了够用 6 天的燃料，如果楼内的公共电网断电，这些发电机就会启动。

当我深入这座大楼的内部，穿过一个电子安全门时，我感觉到了温度的变化，我手臂上的汗毛都竖了起来，因为这里的空调正在拼命制冷以保持凉爽。

那么，在这些检查站和似乎有些过度的保护措施背后究竟藏着什么呢？军事技术？紧急石油储备？甚至可能是水？

事实上，这些都不是——当我走进大楼中央巨大的空间时，目之所及全都是一排排高大的金属、塑料和玻璃橱柜。这里是数据银行，在 800 多平方米的空间里呼呼作响。将近 400 万美国人的日常生活全靠这里维持：从账单支付到电子邮件系统，到签发成绩单，再到交通信号灯的操作，一系列维持整个国家秩序的复杂功能都是通过这个设施进行的。

"看到了吗？那是5万人的电话系统，就在那里。"我勇敢无畏的向导达斯汀是这里的主管技师，他把两手分开大约1英尺远，放在几个纤细的黑色长方形前面，这些长方形看上去和电视机下面的有线电视盒或电子游戏机相差不大。

我后退了一步，尽量不碰到任何东西。

我所在的俄克拉何马州管理和企业服务办公室距离俄克拉何马城的州议会大厦只有3个街区，这里是政府机构运作的核心。OMES是政府多年来努力从不同机构中整合IT（互联网技术）资源和人员的结果，是公共服务领域的一个独特的实体。其数据中心的普通员工穿着衬衫和休闲裤昂首阔步，每个人可能都有一两个硕士学位，其专业都是我们大多数人很难理解的。

这样的氛围以及他们的工作性质可能会让人有一种共同的感觉，那就是这里不像是美国中西部的一个政府机构，倒更像是一个初创科技企业。你会觉得这里的员工就像是一个真正的大家庭一样——他们在办公室里，在总部的绿色走廊里，总是互相开着玩笑（当我走去开会的时候，我正巧听到了这样一个搞笑的段子："你怎么能知道一个IT男的性格是外向的呢？就凭他和你说话的时候看的是你的鞋子？"）。

OMES是年轻的。早先，IT人员在办公地点和行政体制上都是彼此隔离的，在他们的职业生涯中经常有很大一部分时间是隶属于某个俄克拉何马州政府机构的。2011年，突然有人告诉他们，他们已经属于或者很快就会被整合到一个全新的单位中去，最终组成的这个单位就是OMES。

这个新单位实质上必须完成两个任务：第一，继续巩固新资源，并接纳定期向他们输送的人员。到 2016 年中期，确定最终会被纳入 OMES 的 77 个俄克拉何马州政府机构，已经有 56 个完成了整合。由于新的员工、系统和个人都要融入 OMES 的大家庭，因此过渡过程必须平稳，在将资源从不同的机构转移到这个相对较新的组织中时要尽量做到畅通无阻。

第二，OMES 要继续为其"客户"——那几十个刚被剥离了 IT 资源的机构——提供服务，而且这些服务必须比以前做得更好。客户对 OMES 的要求有时是解决突然出现的技术问题（事故），有时是新的 IT 产品的需求（项目），不同的要求差别巨大；从数据问题到网络安全漏洞，从硬件安装到长期的技术问题，再到纠正整个 IT 系统的错误，OMES 无所不包。这些事情都需要在特定的时间限制内处理完毕。

一开始，工作进行得并不是很顺利。

问题

开始的时候，OMES 的整合是一场可以预见的噩梦：正如过渡时期的一位亲历者所说的那样，"感觉就像是独裁统治"。现在从技术上说各机构已经合并了，但人员仍然各有各的叙事，他们分散在组织结构中，通常还是按照原单位的习惯工作，同时不得不为一些他们素未谋面也没有机会与之交流的人员远程服务。这种文化上的分歧最终导致了行动上的分歧。

未决事宜越积越多，项目延迟成了惯例，而且从来不会有人"接受教训"——客户遇到过的问题由一个团队解决了，却常常会在另一个不同团队的客户那里再次出现，但是团队必须从头再找一次解决方案，因为大家没有机会共享他们的经验。

此外，该组织内部的 IT 专家认为 IT 行业就应该像牛仔社会一样：OMES 总部之外打游击的 IT 专家会定期对某个问题的解决方案进行应急处理，而不需要将他们所做的事情记录在案或告知他们的上级组织曾经发生过这个问题。这只会增加上级组织在同一个客户遇到其他问题时产生的混乱。

对 OMES 的 COO（首席运营官）马特·辛格尔顿来说，他们单位管理有误这并不是什么秘密，他的老上级被解雇就说明了 OMES 的经营和文化都有问题，这是他的上级决策者都心知肚明的。他目光炯炯有神、个子很高——就算他坐在 OMES 总部那张既现代又质朴的木桌子后面也明显看得出来。

他也很有可能是下一个要被解职的人，这是个让人烦恼的个人问题——辛格尔顿在俄克拉何马州出生长大，在为母校俄克拉何马大学构建了财务模式之后转型进入 IT 行业。在他职业生涯的这一阶段，作为州政府 IT 部门的高级主管，他觉得自己有责任为自己的家乡做出贡献。

他的职位接近组织的战略层面，因此他能了解为什么员工会感觉自己就像庞大的官僚机构中的齿轮一样。原因是员工彼此都不熟悉，而且过去都有作为政府雇员的经验。在我访问俄克拉何马城期间，辛格尔顿向我解释说："在公共服务领域，创造共同的紧迫性是很困难的。"

"但这正是我们所需要的，因为在此之前，我们只是客户的一个黑洞。"许多项目和事件都被一股脑塞进了 OMES 的驾驶舱，却只是有进无出——这都是由于团队之间的脱节造成的。更糟的是，对组织的要求越来越高：俄克拉何马州州政府将继续优先考虑更便宜、更自动化的 IT 系统——猜猜谁将负责建造和安装这些设备？

看起来似乎 OMES 的黑洞会继续变得越来越大。

一天早上，辛格尔顿在开车上班时偶然听到了一个网络广播节目，从中发现了有可能解决这个问题的答案。"我读了《赋能》，觉得这本书很棒——然后你知道吗，过了几周，我在听《充满创造性》这个网络广播节目时正好听到你上节目了。"

辛格尔顿没有记错，在 2015 年年底的时候，我确实去上过节目，并且有机会谈了一些《赋能》一书中的想法，也谈到了我在这本书出版之后的经历。辛格尔顿说："于是我直接去找了俄克拉何马州首席信息官波·里斯，对所有的事情都多考虑了一些。我们一致认为有必要建立我们自己的'O&I 论坛'。"

解决方案

OMES 没有一个明确的协调叙事可以让我们将其与特遣部队或史密斯的"同一个财捷"进行比较，这是一个非常重要的细节，它使我们不便对其案例进行分析并将其作为本书讨论的所有实践的一个整体进行展示。

尽管如此，OMES 对于 O&I 论坛的实践及其成果对读者来说还是非常有用的。

辛格尔顿知道，他想要的是一个论坛式的环境，在这个环境中，OMES可以按照一个统一的节奏在不同的团队之间建立一种共享意识，成员可以更好地相互交流，彼此熟悉起来。这将有助于消除该组织的黑洞，并为这些分散的团队创造更好的空间，让他们直接接触到辛格尔顿和里斯想要发布的战略。

那么他应该从哪里着手呢？

辛格尔顿最初的想法是通过他的领导权威来推行这个新的理念：在得到里斯的许可后，辛格尔顿面向高级IT主管成立了一个读书俱乐部，成员包括他们领导委员会里OMES的10个职能部门的负责人。

当被问到这个问题的时候，辛格尔顿的回答是磊落豪爽的——"是的，我们想让人们用正确的方式思考，而要做到这一点，我们必须向他们展示最终的状态有多么棒。"让参与决策的各部门首脑围着一张桌子坐下是一个很自然的方法。

OMES的读书俱乐部读的第一本书是什么？就是《赋能》。

在大家进行了最初的阅读和讨论之后，辛格尔顿到处走，与手下的主管逐一进行一对一会谈。团队成员非常清楚地记得这些会议，一位女主管回忆道，他的态度轻松适意，不摆什么架子："他会来找我们，然后开始说：'所以……我在想……'"

但显然有一小部分人也不怎么吃这一套——从这些主管的角度来看，这也情有可原。有一个人就说："我当然非常怀疑。这些事情我见得太多了——大道理说得头头是道，但从长远来看什么也改变不了。"

另一个人则更加直率地描述了她和她的同伴在辛格尔顿第一次提出"O&I"理念时的想法："我们认为这简直太浪费时间

了——每天10点到12点开会，而且我们本来就已经有好多会要开了。我们心里都在想：你知道这得耽误我们做多少其他工作的时间和精力吗？"

　　辛格尔顿的领导团队中有相当一部分人也是这样想的：没有人会支持老板的这个主意，大家都得超负荷工作，而且还会怠工。一位主管清楚地解释了这个窘境："我们每个周四都要开变更管理会议，每天9:15都要进行突发事件报告，每个周五都有问题情况更新。而且在每个会议上，我们都只有5分钟的时间来传达有效信息。因此，我们对辛格尔顿的反应是：再多开一个会，我们的工作又能轻松多少呢？"

　　对主管们来说，他们老板说的话似乎是为他们的剩余生产力敲响了丧钟——还要再开另一场会议，在他们有限的时间里再挤出一些来投入OMES的"黑洞"。先说明一下，他们的直觉最终证明是错的，但这件事我们稍后再谈。更重要的是，辛格尔顿起初得到了手下表面上的合作，他们屈服于上级的官威，受到OMES组织规定的制约。

　　但辛格尔顿也只是勉强说服了他们同意来参加会议，于是问题就变成了如何最大限度地利用这段好不容易争取到的时间，设法引起这些主管的兴趣：怎样才能向他的团队证明O&I论坛是个好主意呢？他能设法减轻他们的担忧吗？

　　罗伯特·佩奇，OMES一位年轻的、精力充沛的高级助理，在这方面帮了很大的忙：按照辛格尔顿的指示，佩奇带着一份特别起草的问题清单去找了一个又一个主管，以确定他们具体想要在O&I论坛中看到什么。在进行了这些访问之后，佩奇绘制了一个"文字云",展示了他听到的各位 IT 主管重复提到的不同关键词。

那么佩奇从主管们那里听到的强调最多的是什么?他们想传达的信息似乎是,透明度是我们需要从 O&I 论坛中得到的东西。有了这个,辛格尔顿就知道自己应该怎样将 OMES 的论坛设计得让被他叫来参与的各位都感兴趣,从而通过他们的积极参与来提高其他人的参与热情。

然后,O&I 论坛还需要一个"管理员"——类似于特遣部队里的管理员——来负责设置议程,并将辛格尔顿选定的利益相关者纳入论坛。此外,辛格尔顿也需要这个人有足够的个人能力来鼓励参与者之间的正确行为,同时也减少消极的行为。此外,由于 O&I 论坛的主要目标是透明度,因此这个人还需要有能力充分调动参与者和发言人,让他们完全诚实和坦白地表达自己的工作状态或需要,说明他们本人及其团队在工作中遇到的任何问题是否需要帮助。

辛格尔顿开始进行面试,在他的主管团队推荐的人里面寻找一个全职的论坛管理员:"我们的候选人都很棒、很酷。我们让主管们提名人选……我们想要的是能体现我们核心价值观的人,有行动力,有闯劲儿。"

这时,有一个清晰明确的战略和内部价值意识就可以帮助确定管理员的人选了,这些在协调叙事中就能找到。不过,辛格尔顿的战略意识以及他对 OMES 的 O&I 论坛讨论的愿景,已经足够让他了解自己正在寻找的管理员应该具备哪些个人品质了。

卡里莎·特里浮现在辛格尔顿的脑海中。她曾在俄克拉何马州教育部门担任项目经理，是 OMES 的一个客户。表面上看，她的背景似乎不太理想——她是一个年轻的外来人士，我们却希望她能帮助领导 OMES 的改革，并促进高层管理人员之间的对话。但是，当辛格尔顿和里斯面试她的时候，她同时表现出了坦率和控制力。用辛格尔顿的话说："我们知道她就是我们想找的人。"

特里成了辛格尔顿新找来的管理员，负责论坛的管理工作。尽管她的想法比较乐观，但那些她很快就要尝试直面的人对她的怀疑是显而易见的，开始的时候她十分苦恼。"我对这件事踌躇满志……直到我第一次见到那些主管。一听到他们所有的疑虑，我心想：他们根本就不想来这儿，我怎么才能让他们参与？"

她是由辛格尔顿直接领导的，经过最初几次会议她也积累了一些经验，这些都有助于提高她的自信心。辛格尔顿选定了特里之后，他们开始一起考虑如何运作论坛，首先考虑的是论坛的设计。

辛格尔顿和特里选择用来组织论坛的地方是数据中心地下室的一个龙卷风避难所，与 OMES 的中心——数据银行——只有一墙之隔。

这个地方很合适：开放式的楼层，房间巨大（与特遣部队的态势感知室很像），中间只有零散的混凝土柱子隔开，而且其中有足够的空间安装电视监视器、摄像机和麦克风，以便论坛顺利举行。

这个避难所与论坛的其他方面一样，也是领导者非常慎重地从几个备选方案中挑选出来的。

二楼的会议室怎么样？辛格尔顿说："不行，太像象牙塔了。"

如果每个人都从自己的办公桌拨号进入虚拟会议室，就像开大规模的网络视频会议一样如何？"不行，这样虽然省钱，但特里就更难组织了，而且视觉效果是很重要的。"

因此，组织论坛的地点最后就定在龙卷风避难所。无论何时，只要远程参与者从电脑或电话终端连入虚拟论坛，他们的屏幕上就会出现一个巨大的、几乎空无一人的空间，只有一个U形的桌子摆在中间，后面整整齐齐地摆着几排椅子，OMES的所有高级领导者都坐在椅子上，四周都是厚厚的灰色墙壁。这一点也是有争议的，因为好多OMES的员工（既有主管也有其他参与者）都感觉这种象征意义可能让人想得有点多。而且，这里甚至可能会对O&I的目的产生反作用——从声音效果来看，龙卷风避难所并不是进行交流的理想场所。

但是经过设计，从这里进行指挥的效果是很好的：辛格尔顿和他的团队试图展现出一种实用主义的领导者形象，一个开放式的有着混凝土地面的空间非常适合这种形象。通过电话接入的论坛参与者分散各处，他们接入的地点遍布全州，屏幕上基本没有什么视觉干扰，所以他们的注意力都在论坛的内容上。

每次会议期间，他们的屏幕上唯一能看到的就是发言人分享的幻灯片、发言人讲话的视频、在龙卷风避难所中的OMES高级领导者的视频和一个公共聊天室。

辛格尔顿、特里和佩奇还需要设计论坛的议程，要注意参与者在听会时所表现出的兴趣点（通过佩奇的页面调查取得）：在OMES所有的方面都要有透明度。他们削减主题数量以满足这样的标准：项目聚焦（对客户近期项目的案例回顾）、项目最新报道（每天汇报现有项目的进展情况）以及变更管理最新报道（介绍有什么新资源刚刚或即将并入 OMES），还有升级案例和特事特办（迫切需要解决的紧急问题）。

这些话题的主讲人（从外请的 IT 专家到主管自己）都接受特里的指导以及辛格尔顿的帮助，以求最好地呈现主题。在 2016 年初第一次举行 O&I 论坛之前，特里和辛格尔顿向 OMES 的原主管们提出了以下准则以制定行为标准。

- 要到场

  我们的服务主管除非是在休假，否则必须出席这些简报会。我们的行政支持团队今天花了很多时间消除主管们日程上的冲突。我们也允许有例外的情况，但一旦有人在大家都参会时缺勤就会非常明显，并将削弱会议的重要性。

- 要准时

  我们的 O&I 会议每天上午 10 点开始，迟到会削弱会议的重要性。

- 要积极参与

  O&I 会议中禁止使用手机等设备。如有紧急情况，让你的工作人员到俄克拉何马州企业委员会的 IT 部门来找你。在简报会期间，使用手机等设备将削弱会议的重要性。

- 要做好准备

  随着我们在会议日程和支持流程中变得更加成熟，议程上的每个项目都将随附文档。检查好这些资料，准备好帮助我们的员工取得成功。对于你们团队中正在发生的事情,要确保要么你知道发生了什么,要么你带一个了解情况的团队成员出席会议。没有做好准备或者说出"我需要研究一下这个情况",将削弱会议的重要性。

随着更多员工由于他们个人的项目聚焦加入后来的论坛,也就是说他们最近完成了具有积极意义的IT任务,特里会提前要求发言人确保集中讨论几个关键的问题,包括:

- 项目的时间线
- 关键利益相关者沿这条时间线的行动
- 从项目中吸取的经验教训,以及客户对新产品的后续经验

此外,特里还确保发言人知道哪些类型的行为有助于进行后续讨论,并着眼于建立跨组织的关系,让不同主题的专家之间彼此熟悉起来。

为了做到这一点,她在论坛上和私下里都反复提醒他们,确保他们:

- 口头上强调帮助他们完成这个项目的人
- 公开询问与会者该项目的经验如何应用于其他客户或现有事件

到这时,特里将介入讨论,并试图在项目和论坛其他参与

者的工作之间找到切实的联系，不管他们面对的是什么样的客户。在此期间，辛格尔顿就坐在那里，让特里支配和控制对话的流程，他只是偶尔插几句话，强调作为目标的行为或结果。

按照特里的议程，每个项目聚焦需要 5 分钟的时间，以概述组织中某个团队所面临的特定问题的重要方面，并试着确定该工作如何能够有益于或受益于另一个团队。

与项目聚焦穿插进行的是辛格尔顿和特里认为不需要频繁开展的对话，但对参与者来说，这仍然是非常重要的有关其他主题的讨论。这一类的内容包括对新员工的介绍、对客户反馈调查情况的汇报（根据内部简报，这里面必须"包括好的、差的和极差的"）以及对表现优异的个人员工的表彰。这些活动每两个月进行一次。

为了对论坛上关于项目和问题的现场口头讨论进行补充，辛格尔顿、特里和佩奇还为 OMES 的 O&I 设置了一个公共的在线聊天室，里面有论坛的主要视频资料的文字版。通过远程设备加入的参与者在观看论坛的进展时，他们的屏幕右下角会有一个实时聊天框。

那么所有这些努力的结果如何呢？

结果

OMES 的 O&I 论坛成效明显，整个机构在经营和文化方面都有所改进，这在论坛上体现得最为明显。在我那次访问的一个月后，我在网上观看了 OMES 的 O&I 论坛的在线多机位录制，并注意到了其中一个论坛。

上午10点，OMES龙卷风避难所前方的大屏幕打开了，上面显示的公共聊天室里满是遍布各地的与会者发出的问候：大家早上好！啊，今天星期一！大家早上好啊！我还看到其他一连串的问候语。

"开始了。"特里大声说道，"欢迎大家。早上好，感谢大家拨号接入我们的O&I论坛，首先我们看一下今天的活动项目。"然后她迅速将当天上午的议程概括地介绍了一遍。在龙卷风避难所那灰色混凝土的映衬下，她的坐姿清晰可见，几百名从全州各地接入论坛的OMES工作人员全都看得清清楚楚。

这时，辛格尔顿姿态轻松地坐在特里左边的椅子上，看着他的雇员自主进行实时互动，只在特里说话时问了一个需要澄清的问题。辛格尔顿这样做是为了观察现场，而不是在论坛中站在最前面扮演中心角色，干扰对话的进行。

在同一个论坛随后的发言中，聊天室里突然蹦出来一个问题，提问者是个远程收看论坛的人。龙卷风避难所里的一位IT主管抬头看见了，然后他念出这个问题，打断了发言人："嘿，杰夫这里有一个问题——我们是不是还有47个人没转到IS系统去？"

我解释一下他的话，就是说OMES正试图规范其员工的电子邮件系统，但有些员工还没有转到这个新的系统中来，而杰夫似乎想让大家注意这件事。桌边坐着的每一个人，还有那些坐在前面的人，都抬眼去看聊天室。发言人清了清嗓子，他的声音响了起来："嗯，是的，47个。实际上，自我们开始实行该政策以来，还增加了几个合同工，所以现在的人数可能有52个。"然后聊天室的窗口上出现了另一段对话，这显然来自一个不同部门的人（迈克尔）。

特里一直在专心地监控论坛上的发言和聊天室的情况，她看见之后大声说："好的，看来迈克尔会确保让他的办公室也了解这些情况。谢谢，迈克尔！"杰夫在聊天室里发出另一条消息："谢谢！"

当时我想知道，在引入 O&I 之前，这几个人彼此沟通需要多久才能解决这个问题。我想这可能取决于杰夫、迈克尔和发言人的交情深浅，具体情况我并不了解。如果他们认识的话，我想一个人给另一个人发电子邮件，第二个人再转发给第三个人，也能有效地传达这个后勤工作信息，尽管用这种方法所花的时间可能需要几分钟到几个小时不等。如果这三个人互不相识，那么起信息泵作用的领导者就需要在 OMES 的组织结构中找到相应的单位领导者，把这个简单的问题从一个自成一统的部门传递给另一个部门，过程中还有可能会使这个单纯的问题扭曲成有些刺耳的批评。

与此相反，在论坛中，团队间却可以自由、直接地彼此交流，限制交流速度的只有光速和声速而已，而且团队成员还能从中结下个人友谊，这有助于他们未来更好地进行信息交流和协作。

10 分钟后，最近的一个项目回顾在论坛上进行了共享——其经验教训令人印象深刻，这个项目已经结束了，并且显然得到了极好的结果，其执行团队与组织中的其他人已采取后续行动，现在他们正在向 O&I 进行汇报。

发言人艾安娜显然已经把特里预先发布的指导方针铭记在心，

她不仅讨论了整个组织可以从项目中有何收获，也对帮助他们完成工作的其他团队表示了感谢。

她的发言结束后，聊天室里冒出来许多信息：讲得很好，艾安娜，棒极了！许多网上参会者都夸奖艾安娜表现出色，尽管其中有些人从来都没见过她。艾安娜在龙卷风避难所的U形桌子后面，微笑着回到了一旁她原来的座位上。

远程观看这个论坛，很明显，其参与者已经有了进步，他们被鼓励参与彼此包容的、诚实坦率的交流。一方面原因是特里、佩奇和辛格尔顿努力让他们做好准备以满足O&I的需要，另一方面显然也是社会化学习的结果。OMES的员工看到同伴得到大家的称赞，看到跨部门的信息共享带来的综合效益，于是他们学会了对自己的行为进行相应的调整——艾安娜刚才的表现就是证据。

而且，使用O&I论坛的结果并没有出现虚拟团队的典型缺陷。与组织里不跟其他同事在一起工作，而是在每个客户那里都安置一个进行全职服务的远程IT专家相比，这一点表现得尤为明显。

我和一位专家谈过，她用朴实的语言描述了自己亲身经历的变革。在O&I实施之前，她说，"我觉得自己特别像是个局外人"——从文化上与公司的其他成员疏远，不知道别人需要从她那里了解到什么才能完成他们的工作。

现在，作为论坛的一员又是什么样子的呢？

这位专家说："这真是上帝的恩赐。"

当我试图解释"小团队构成的大团队"模式的好处时，我经常会遇到一个挑战，那就是通过经验来证明团队之间这样一个文化性质的变革如何必然导致实际操作的变革。OMES正在进行的行为以及（按照我的说法）与叙事相关的转变，就是一个很好的示范。

当我询问 OMES 的员工这种叙事的统一如何影响他们的业务活动时，他们提到了几则逸事——其实本质上我想知道的是，这些对 OMES 的"黑洞"有什么影响吗？

幸运的是，辛格尔顿凡事注重量化结果，在 O&I 论坛的影响上也不例外——自论坛推出以来，尽管被扔到 OMES 这里来的事件总数相对稳定，但俄克拉何马州 IT 项目过期未完成的情况已经大大减少了。

OMES 的内部指标有助于证实这一点。

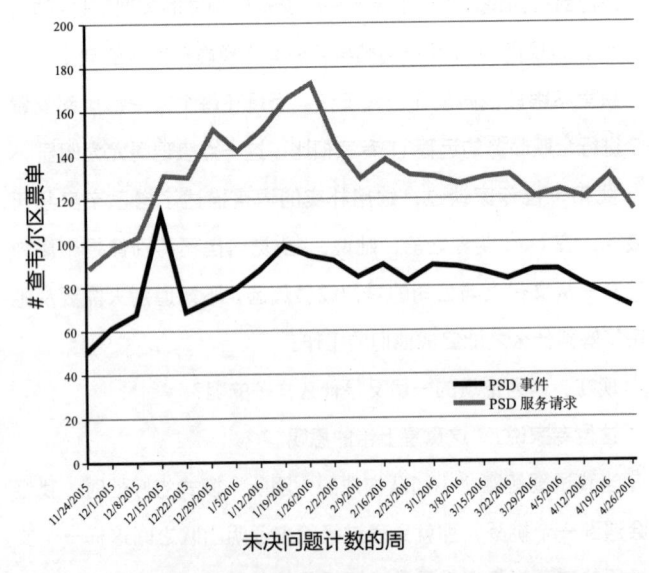

图 4-4　已过服务水平协议解决日期的未决 PSD 单

图 4-4 绘制的是在一个特定的服务团队中，每周统计得到的"超过服务水平协议解决日期（简称 PSD）"的服务请求和事件的数量，也就是说有多少 IT 服务团队已经到达或错过了解决这类问题的最后期限。图中有一条线表示辛格尔顿、特里和佩奇在 2016 年 1 月开始推行 O&I 论坛的时间。

由于有了 O&I 论坛之后，在整个组织中传播"经验教训"的能力远超从前，以及对"牛仔 IT"的压制都对预防未来事件的发生起到了积极的作用，因此甚至在 OMES 引入了许多新客户的情况下，这两个数字都有所下降。此外，每当有事情发生时，它们可以迅速适应并在 O&I 的范围内加以解决，从而缩短了组织对其作出反应的时间。

图 4-4 只是 OMES 拿给我看的其建立在数据基础上的众多成果之一，可惜的是，本书篇幅有限，无法将所有成果全部收录并一一予以说明。

其实，今天 OMES 的领导层除了用语言描述，还经常使用图表和定量的数字来证明他们使用 O&I 的回报。我在参观 OMES 的时候，也参加了一次他们的 O&I，房间的前面就贴了这样一张图表，辛格尔顿兴奋地指着那张表说："看到了吗？大家都看看！"房间里的大多数人都笑了，显然他们预想到会有这种优异的表现。

想当初，辛格尔顿的直接下属还感到担忧，害怕 O&I 最终会成为另外一种耗时费力的额外负担。这并不奇怪，在讨论这些论坛的日程安排（我们将在下一章讨论）时我们经常听到人们类似的怨声载道。

但到目前为止，这些担忧已被扭转。

虽然 OMES 的 O&I 最初设定为两个小时，但在实际操作中论坛大约在 45 分钟内就基本结束了。

以原本就长期存在的变革管理会议为例：会议时间是每周四下午 1 点。多年来，自从他们开始整合其他政府机构的 IT 人员，他们一直举行每周例会通报为这些新客户创建新的 IT 资源的最新情况，包括哪些项目被优先处理，有哪些工作要做，以及与每个项目相关的风险水平。

按照规定，这些变更管理会议要求 OMES 的所有主管全部出席（亲自到场或网上接入）——但实际上，没过多久，能来 3 位主管就算多的了，这很好地说明了，如果得不到行政支持，这些举措往往是徒劳的。

尽管在这些会议上共享的信息十分重要（如果某些新项目执行不正确，可能会导致系统故障），但是 OMES 的高级领导层对出席这些会议毫无兴趣，也感觉不到急迫性，下属自然有样学样。

现在，正如服务质量团队（负责运营变更管理的人员）所欣然承认的那样，会议的内容已经被有机地合并到每日的 O&I 中，因此原来的例会已经无限期地取消了。

至于原因，似乎至少有两个。首先，根据服务质量团队的成员之一所说，"外请 IT 专家"已急剧减少——随着 O&I 所倡导的问题和标准实践开始落地生根，人员"似乎已经开始具备洞察力"，员工在公共场合承认判断失误也开始变得更加没有负担，因为他们知道自己并不会受到不由分说的指责。正是这种行为帮助我们减少了 PSD 事件和延期项目的数量，这一点我们之前已经展示了。

其次更重要的是，从内容上看，O&I 论坛已经发展到包括服务质量团队个别成员提供的最新变更管理：论坛的参与者人数增长，使其成为一个极具诱惑力的平台，让该团队发布其想要谈论的信息。以往团队是每周四发布一次，现在，团队每天都可以向整个组织汇报其最新工作以及谁将受到影响（直接影响或其他影响）。

诚然，论坛提供的新的活动和途径对 OMES 的工作来说是一件幸事，但在某些方面，人们的情绪仍然喜忧参半。据一位 IT 主管说："现在我们可以对任何向我们提出的问题作出回应，每个人都在同一个页面上实时地进行交流。"但是对于旧方式的消失，他们有什么看法呢？服务质量主管约翰·桑托斯似乎感到有点儿悲哀，因为他们再也无法召开变更管理的专门会议了。

另外，辛格尔顿毫无保留意见。他说："长期以来，我们一直在寻找跨团队合作共享和打破部门壁垒的方法。我们总是在谈论这件事，过了一段时间，这些东西就变成了流行语。直到我们找到了特里……直到有了 O&I，我们才有能力实现一些我们一直希望做到的事情。"

但技术也是一个问题，在这方面，即使 OMES 进一步扩大其论坛的出席范围，也仍然有进步的空间。

正如一位热心支持 O&I 的主管所说："那些向我抱怨 O&I 的人抱怨最多的无疑是技术问题。"甚至我作为一名访客，也很清楚原因是什么。每当龙卷风避难所里有人开始一来一回地交谈，或者坐在 U 形桌后面的某个人开始讲话，角落里的聊天框就开始出现各种网上参与者的评论，"听不到""大点儿声""打开你的麦克风"，这些话都很常见。

我的向导、技术人员达斯汀，一针见血地指出为什么这件事在 OMES 这里十分具有讽刺意味。"我们是个技术组织，却无法解决这个技术问题。"

据辛格尔顿说，OMES 连年"预算不足"，这其实都是外部压力造成的。用辛格尔顿的话说："考虑到财务上的限制，我认为我们的 O&I 基础设施配置已经算非常好的了。"我追根究底地问一位引导我参观的人，最后一个"预算充足的年度"是什么时候。他的助手愁眉苦脸地说："也许是在 8 年前？"技术因素是确保 O&I 可扩展、可平稳运行并在用户之间建立有效的个人关系的关键，如果实施不当，它有可能对论坛目的造成损害。

然而，自从我来到俄克拉何马城，辛格尔顿就告诉我，OMES 已经按照计划扩大了经营范围，O&I 的出勤率也令人满意，而近期投资的技术升级将在 2017 年初完成，届时每日出勤的员工总数将达到 150 人，在 OMES 总共 700 名员工中有 46% 的人每周至少参加一次论坛。

当我离开时，辛格尔顿跟我说了一句他经常在 OMES 的数据中心总部说的话："我们就是这样改变政府的。"这个诉求很大，但是在波动的环境中，OMES 的努力让我们看到了希望的曙光。

第5章
运行节奏

长期以来，美式橄榄球运动一直被认为是一种主要由力量决定的运动。前绿湾包装工队教练文斯·隆巴迪一句话道出了美式橄榄球赛的本质："橄榄球不是一项身体接触的运动，而是一项碰撞的运动。跳舞才是身体接触的运动。"

在今天的全美橄榄球联赛中，这一思路在一定程度上被延续了下来。在这一过程中，未来球员的身高、体重和冲刺速度都广泛地被评论员作为重要指标进行详细的讨论，以此衡量他们打击能力的强弱，并由此判断他们的潜力大小。

但是在1899年，来自克利夫兰、与大学橄榄球联赛上备受追捧的海斯曼奖杯同名的约翰·海斯曼，进入了他在奥本大学担任橄榄球队主教练的最后一年。赛季伊始，海斯曼看着手下这批球员的时候,可能有点儿失望,因为他们有可能是他执教生涯中球员体格最不魁梧的一支队伍了。

眼下这个赛季似乎是没什么希望了。但作为一名职业橄榄球人,海斯曼不会那么轻言放弃。相反,他深入地研究了比赛规则。具体来说,他考虑了如何利用自身队伍的相对优势——速度和耐力——来对付他们身材魁梧的对手。

他问自己,如果球员们能够在比赛中做出调整,用上自己的这些优势呢?

定义任何一场橄榄球比赛开场的都是两件事情——比赛的时钟和攻方队员控球移动。每一回合结束,攻方有40秒钟的时间来开下一个球,否则就会由于拖延比赛而被罚犯规。队员通常都会充分利用这40秒钟来喘口气,在边线处与教练沟通,决定下一个回合怎么打——但规则上并没有要求进攻队伍一定要把这些时间全都用上。然而,虽然大多数球队都习惯了传统单调的比赛节奏,但海斯曼看到了打破这个节奏的可能性。

海斯曼认为,如果他的球队尽量减少使用传统的进攻前聚集讨论的战术,而是立即投入下一个回合的比赛,他们就可以打赢1899年的老虎队。他相信,对方那些身材更加魁梧的防守队员会在更短时间内感到疲劳,而体格较小的队员所具有的耐力将成为他们决定性的优势。

海斯曼开始执行最终被称为"快速进攻"的战术。每个回合结束后,奥本大学队遇进攻轮次就会放弃进攻前的聚集讨论,而是直接去争球线开启下一个回合,这样一来,轮次间的休息时间大为缩短,这将迫使防守方迅速冲回自己的位置上去。

结果是戏剧性的,海斯曼本人是这样说的:

> 1899年——我在奥本大学执教的最后一年,那年的奥本大学队是一支伟大的球队。球员的平均体重只有大约72.5公斤,可是他们速度惊人,团队合作天衣无缝。我从来没见过速度那么快的球队。有时候对方球员还没站起身来,他们就站好队形把球打出去了……1899年的奥本大学队是第一个展示了如何进行快速比赛的队伍。

海斯曼的小块头球员是开路先锋,他们打破了橄榄球比赛中计划和执行之间的传统平衡,并迅速从中受益。他们耗尽了比自己更加强壮魁梧的对手的力气,趁对方防守球员体力恢复不过来的空档造成对方越位,使对方因产生受迫性失误而被罚码,并创造出动态的环境,让己方的耐力和适应能力成为比赛获胜的决定性优势。

1899年,奥本大学的球队在赛季中以148∶11的比分远超对手。他们采用一种新的比赛节奏,打破了以往的比赛规则,并根据场上的情况迅速做出调整。

这种概念多年来一直十分流行,从20世纪90年代吉姆·凯利率领布法罗比尔队组织的"凯利枪"式进攻,到2014年佩顿·曼宁用来帮助球队创下的全美橄榄球联赛一场比赛乃至一个赛季触地传球的最高纪录,用的都是这种战术。海斯曼的"快速进攻"战术使球队能够根据队伍对环境的直接感知而在集中控制和分散执行之间找到正确的平衡。

海斯曼的无聚集讨论进攻战术十分类似于特遣部队发现并改善的一种能够真正发挥出内部各团队能力的新的行动节奏。在授权执行的大窗口内，团队自由地对各自面临的情况做出反应，这些窗口由于有了确保整个组织协调一致的O&I论坛的定期同步而得到弥补。

我们的工作节奏允许我们积极主动地支配环境，而不是总处于一个持续做出反应的被动状态。O&I论坛使我们得以接入关键数据、进行战略对话，并创建便于复杂行动的跨界关系。我们的行动节奏在重建协调性和授权分散行动之间达成平衡，使战术单位得以迅速、准确地采取自主行动，其效果远超传统官僚体系的规范。更重要的是，这种步调是我们在"基地"组织的对手即使具有完全分散的模式也无法维持的。

平衡和比例

到目前为止，我们已经讨论了传统的组织模式在信息时代试图与网络进行竞争时所面临的问题。我已经介绍了特遣部队的发展，说明了我们这个组织是如何转变成混合模式的，并解释了为什么其他行业也应该效仿这种做法。我们已经考虑了在组织中让彼此隔离的领导者和团队实现互联的方法，既包括物理空间上的，也包括远程网络上的，并且讨论了协调叙事在克服部门割裂方面的重要性。

当然，所有这一切都引发了下一个关键的考虑因素——在创造共享意识和打开高度分散的决策窗口（在《赋能》一书中被称为"授权执行")之间达成的平衡。我们将其称为组织部门的运行节奏。

虽然海斯曼可能并没有这样描述，但他采用的无聚集讨论战术就类似于一个有效的运行节奏：在他这种新的比赛风格中，实质上是存在授权执行的大窗口的，在此期间球队可以自由解读并处置眼前的情况（采取快速进攻模式），然后当必要时周期性地进行更长时间的同步。

组织内一系列各自独立且预先定好的不同级别的每周例会可能是许多企业使用的最接近这个战术的方法——战术团队开"销售会议"，运营部门领导每两周更新一次部门绩效情况，战略领导则每个季度对整个业务单位的情况进行一次评估。大多数组织都在传统官僚体系中受到限制的节奏下悠然自得，然而就像我们在战场上发现的那样，这种节奏一旦遇到以一种前所未见的方式挑战其行动速度的威胁，可能很快就会被瓦解。

"小团队构成的大团队"管理模式创建了分权和授权，但如果系统中的人员在风险阈值内采取行动，那么他们仍然需要在关键的洞察力和战略意图上定期重新同步。在同步和行动之间找到平衡将成为在"小团队构成的大团队"管理模式中控制风险的两种主要方法之一（另一种方法是建立决策空间，这是我们下一个章节将要讨论的内容）。

建立有效和适当的工作节奏必须是在了解组织外部环境变化以及产生新问题的速度之后得出的结果，而不是在此之前。

在策略与执行之间寻找平衡并不是件新鲜事。有变化的是你应该看一下自己的组织应与之相比的决定性因素的类型。对一个组织来说，只关注其传统的竞争对手已经不够了，还必须要考虑外部环境的流动率，并将其与同等或更高的适应率相匹配，从而达到具有破坏性的程度。

虽然授权执行可以在小团队层面上实现快速行动，但每一次权力下放都伴随着风险的非线性提高，小团队自行做出的决策有可能与整个组织的战略或协调叙事不一致。换句话说，战术层面的失误会导致更大的问题，其后果是累积性的。为了最大限度地缓解这种风险，我们可以通过平衡权力的下放与协调，以及平衡集中控制与自主行动，以得到一种经过深思熟虑的运行节奏。

授权执行的逻辑在一定程度上是从《赋能》一书中发展出来的。这很容易理解：当团队获得关键数据，被邀请进行相关的战略对话，并被鼓励独立地利用关系进行跨界协作时，它们解决问题和采取有效行动的能力就会迅速超过严格的官僚系统内有可能达到的最高速度和品质。

当然，说得过多可能意味着虽然具备完美的叙事和战略上的一致，但相应的行动不够充分——许多组织领导者都承认这种现状有多么令人沮丧。普鲁士将军奥托·冯·俾斯麦说出了这种让人焦躁的心声，他曾经提醒德国国会里那些爱打嘴仗的议员："打到边界上的征服者军队是不会被谁的雄辩阻挡的。"

同样，如果没有适当的事先考虑，人们也很容易走向反面，表现得过于自以为是。统计数学家佩尔西·戴康尼斯认为比过度思考问题更危险的是"陷入一个半生不熟的想法的细枝末节之中，并相信这与在原先的问题上取得进展是一样的"。行动起来可能会让人感觉良好，但是只有热情没有策略，就像过度对话一样，也会对组织的利益造成损害。

一个良好的运行节奏可以让高层领导者确定稳定性与流动性、层次结构与网络连接这些关键要素之间的平衡——以他们选择的节奏，让组织混合模式中的虚线和实线部分联系起来。

运行节奏

对一个想评估其运行节奏的组织来说，首先有一个关键性问题是：我们的环境变化得有多快？然后是第二个问题：在目前的状态下，我们的组织适应变化的速度能有多快？这两者之间的差距就是你们应该调整运行节奏去努力消除的差距。

当从外部进行观察时，一个组织的领导者不应该只盯着那些显而可见的机构竞争对手，因为这些竞争对手一直以来都是战略竞争评估的对象。此外，还要考虑更广泛的体制外因素、新技术推动的市场变革、小的竞争者获得新的市场份额或积累消费者积极反馈的速度、一个相互联系的客户群如何能够超越市场营销的努力或解决他们所关注的问题的能力。这些都是组织需要与之同步的有机关联的各种问题。

当然，任何组织都在努力解决这些问题，特遣部队也不例外。在现场，我们的团队在外部环境中看到了看似孤立的问题，但实际上这些问题是同一个复杂的、相互关联的问题集的单个节点，这个问题集就是分散在我们各个不同操作领域的极端主义网络。正如任何大型组织的一线人员都偏向于认为他们自己所承担的部分是独特的、孤立的一样，我们的团队也受到他们自己部门叙事和过往经验的影响,认为自己眼前的问题或节点是组织的首要任务。在很大程度上,这些偏见导致我们的小团队中存在宗派主义的心态。

但是,高层领导者能够看到小团队之间的彼此争斗,并意识到在小团队层面上取胜并不能带来集体的成功。面对我们日益发展的情报现状,他们经过深思熟虑,开始看到我们面临的威胁所具备的相互关联的性质,意识到敌人在一次孤立的战斗中采取的某一个行动有可能对我们组织的不同战线产生近乎直接的影响。简而言之,我们与之作战的网络结构每天都基于其成员之间的互动、我们正在采取的行动以及无数其他变量而发生着变化。

我们的团队需要同样的相互关联,需要能够在新发现和新数据的基础上迅速采取自主行动,重新调整自己的速度,跟上敌人的网络并与之作战。因此,我们建立了一个以24小时为一个周期的工作节奏,允许在授权执行的窗口和组织内共同意识的重建之间达成最一致的、协调良好的平衡。因此,并不是我们的领导者选择了以24小时为一个周期的节奏,而是我们的环境要求的。

所以,你们在寻找合适的工作节奏时,也应该考虑一下周遭环境的变化速度。

但是,那些没有考虑到共享意识和授权执行的官僚机构,其运行节奏将会受到限制。让我们退后一步,考虑一下正常的官僚结构是如何对一个组织的运行节奏施加限制的,我们只考虑一般情况。

刚性延迟

建立官僚制度的目的是以一种经批准的方式传递信息,并确保(按照客观秩序)遵循官方程序。

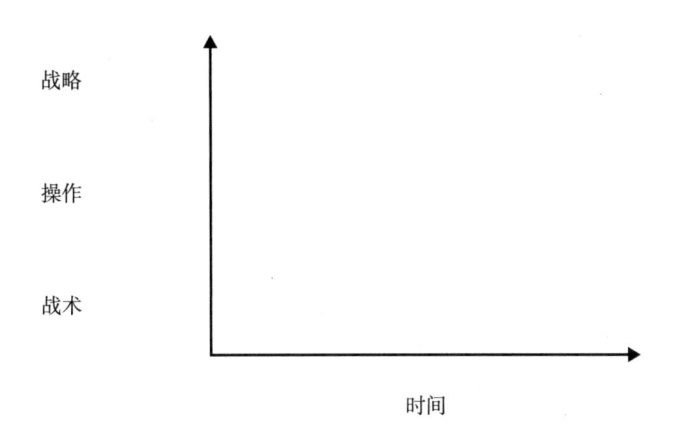

图 5-1 领导层以不同的频率在不同的时间做出决定

图 5-1 中的 y 轴将官僚机构的不同领导级别划分为战术的、操作的和战略的,x 轴则代表时间。按照设计,这些领导层必须以不同的频率在不同的时间做出决定。

比如(军事和商业)战术领导者和团队的决策周期通常比操作或战略层面更短——他们不断地做销售、做客服、响应呼叫或者追捕极端分子。他们的速度可以是千差万别的,这取决于他们手头的具体任务是什么,具体组织又是哪一个——从客服中心令人发狂的节奏,到会计师事务所的严格纪律,再到医院急诊室的随机性质,每个组织在初级水平上的决策节奏都是基于其所属行业自然形成的，也是高频的。投资银行的一名初级分析师，其预期任务是迅速为他们的实线上级组建大量财务模型供其了解并采取相应的行动，特遣部队的地面单位则被希望在短时间内发动多重直接突袭行动。

销售活动是在现场进行的，和潜在的客户一起。军事任务也是在现场执行的，对面就是敌人。手术则发生在医院的手术室里，在病人的身上进行。这些战术领导者和团队在任何一天都要做出无数的增量选择和判断——他们需要搜集新的数据、制定营销方案、为突袭做好准备；他们必须迅速、反复地在小难题中做出选择。

在许多组织中，真正说明问题的就是这些快节奏的行动。因此，组织机构在战术层面做出决策的频率是非常高的，如图 5-2 所示。

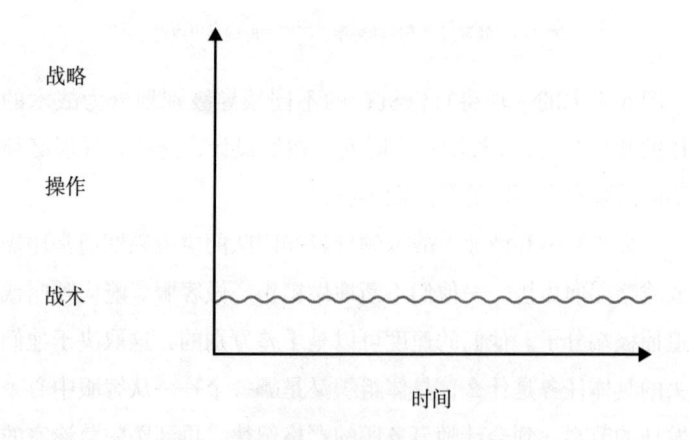

图 5-2　组织机构在战术层面做出决策的频率

这些案例中的个别情境或具体背景并不一定重要,重要的是这些团队或个人主要面对外部环境并需要不断与之互动。

在组织的操作层面上,每往上一级,其协调、行动和决策的频率就比战术层面上略微慢一点儿,但其总体范围通常更广,如图 5-3 所示。当不同团队的信息泵型领导者之间与跨职能部门的领导者开会的时候,组织的这一个层级致力于使组织按照原本官僚设计的方式运行。

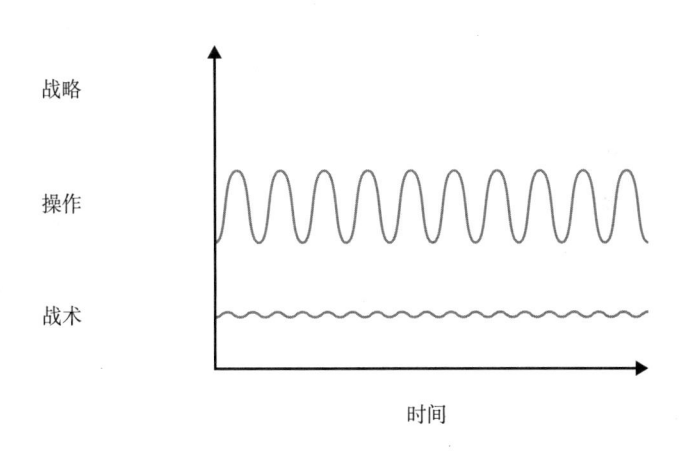

图 5-3 组织机构在操作层面做出决策的频率

这种职位自然压力很大,所以就职者试图在决策中保持中立。在操作层面上,他们每天都出于各种原因受到各种各样的压力:某个关键的战术错误可能归于他们没能有效地传达高层领导者的战略意图;为一个团队提供资源意味着其他人的需要得不到满足;某位高层领导者遇到措手不及的事情意味着他们没有及时将有关信息传递给指挥系统。

因此，他们的决策频率比战术级别低于他们的下级要低，因为他们必须要对来自多个内部利益相关方面的请求进行筛选和协调——无论这些内部利益相关方在等级结构中比他们高还是低。

从这里我们就进入了战略领域。这一领域里都是高管、执行团队、指挥将领。在这里，从理论上讲，他们头脑中进行的不一定是大量的信息泵式的协调，而是需要进行有关长期战略的思考。他们的决策围绕的都是向证券交易委员会备案的财物报表、下属部门或单位的行动、公开披露、季度董事会会议、高管委员会会议和年度股东大会，以及与未来发展而不是与此时此地的压力相关的一系列其他问题。

许多年轻能干的战术领导者当然希望有朝一日这些问题能轮到由自己来操心，前提是他们在瞬息万变的战术工作中表现出色，然后又能同样出色地发挥出中层管理人员的信息泵功能。

因此，传统上战略领导者日常的决策周期在所有官僚层级中是最长的，如图 5-4 所示。

诚然，图 5-4 采取的是一种简单的分类方法，从中能看出组织领导层中不同的决策过程。不过，这张图能帮助我们更加深入地探究在有效的操作节奏中，共享意识和授权执行之间的平衡。

然而，在当今日益复杂的世界上，战略领导层越来越频繁地成为许多艰难决策在经过组织的操作和战术层之后的落脚点。

战略层面的领导者越来越受制于企业中日渐深入的战略评价的现象已经得到了人们的注意——这方面有一个例子，是 2009 年在《经济学人》上发表的一篇评估企业战略管理的文章。文章

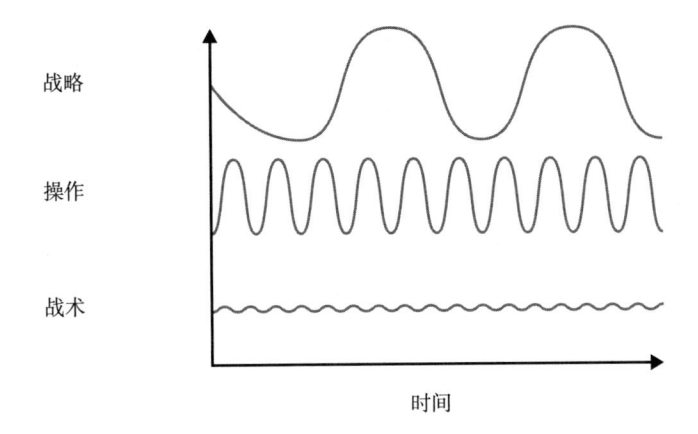

图 5-4　组织机构在战略层面做出决策的频率

认为企业战略的制定已经"演变成一个新的连续的过程，而不是（像以前那样）半年或一年才进行一次，而且参加的只有被精挑细选出来的少数几个人物。"

再重复一次，特遣部队的工作最终走向了一个以 24 小时为一个周期的节奏——这是一个与"基地"组织的变化速度相匹配的节奏。这些每 24 小时出现一次的窗口是通过我们每次 90 分钟的 O&I 论坛界定的，在论坛上我们致力于重建广泛的共享意识，论坛结束之后就是 22.5 个小时的授权执行窗口。

这个周期短而紧凑，自然有些令人生畏，而且对大多数私营企业来说，这实在是太激进了。正如我们在下面的案例研究中所看到的，运动品牌安德玛的供应链将运行节奏调整为最适合该公司的以一周为周期，为各个团队在两次论坛之间进行同步提供了补充的机会。然而，也有一些组织机构就像我们看到的 OMES

一样，更适合每日一个周期的节奏，并能有效地将其保持下去。再重复一次，关键的问题是，要研究环境变化的速度，然后设定你们的运行节奏，使其比周围的干扰速度更快。

让我们回到图5-4，讨论一下传统的官僚决策周期为何会妨碍组织找到做出适当的反应节奏。

假设你是一个大型组织中战术层面的领导者。你手下的团队每天都在现场工作，不断探索周围的环境并对其进行回应，他们工作时决策频率很高，同时他们定期向高一级的组织提出新的见解。

特遣部队中的地面部队也是这样，他们冒险打击极端分子，搜集有关敌人网络当前状况的新情报，并向高级领导层汇报有关极端组织网络状态的实时信息。到外面去，寻找新的情报，回到基地，交上情报，等待许可采取相应行动，然后再到外面去。这个循环不断重复，本质上与民间的许多大型组织如出一辙。

但是，如果外部环境的变化速度突然超过了组织内这种程序性决策流程的速度，会发生什么情况呢？想象一下，你或你的团队发现了一个有价值的情报，并且你相信这个情报与你们组织中的其他团队是相关的。你的直觉告诉你，这是有时效性的，而且你感觉到组织可能需要重新进行调整以对这些最新消息做出反应。那么你会采用什么途径在组织的团队中传播这些信息呢？

如果你也像许多其他组织一样，那么最有可能的可用路径是实线层级结构。当然，从理论上说你可以走进CEO的办公室去找他，或者在整个企业内群发电子邮件。如果你的直觉是正确的，你就会作为一个敏锐的领导者而得到回报。但从实际上来说，如果你搞错了怎么办？你有几次机会可以提醒你的上司，让他听从你的直觉或你的想法？你要是说得不对，他们下次还会听你说话吗？这是否会损害你的声誉？根据《华尔街日报》上一篇文章的说法，常规的组织思维框架十分厌恶绕过自己直属上级的做法，因为"大多数企业仍然认为这是不服从管理的行为"。

更安全的标准做法是找你的顶头上司谈话——他们的工作就是考虑你的观点，然后他们就像你刚才一样，面临着同样的决定，虽然他们的权利范围比你稍微大了那么一点儿。他们同样需要将信息传递给实线领导结构中比他们再高一级的另一位成员那里。与前面提到过的克里斯塔基斯和福勒的"电话树"类似，信息按照这种模式逐级向上传递，同时请求上级做出决定（或就行动做出说明），每一级信息接收者都需要对原始信息进行解释、过滤，再用自己的话将其转述给上一级领导者。

可以想象这些新的数据经过一步步过滤，沿着组织结构图上的实线路径逐级上传，然后再尽可能快地一路传回你这里来。在这个系统中，人们可能会有紧迫感，但即使是出于最好的意图，实线组织结构的限制因素也总是在发挥作用。如果没有一个强有力的、直接与必要的团队或领导者的虚线连接渠道——或者不能澄清一个团队能否独立根据该信息采取行动——组织就必须拘泥于执行官僚模式下的协调、沟通和许可程序。

基于这些稍纵即逝的信息，高层领导者做出的回应要么很难获得，要么即使得到回应，也会把他们拉到一个操作或战术层面的问题上，而远离他们的长期思考和战略规划。两种情况的结果都是负面的。

再想象一下，你们这个团队首先发现了这些问题并将其沿指挥链向上反映。与此同时，你耐心地等待着回应，然后再一次沮丧地眼看着现场的情况开始发生变化。起初那条信息的重要性越来越弱，外部环境发生了变化。你意识到，将你的见解传递到组织层级结构中正确的人那里去，需要花费的时间太多了，在组织的每一个层级上牵扯了太多无关的人。

即使在这个环节中每个人都在尽自己最大的能力，怀着良好的意图来完成工作，这种情况也会发生。在这种情况下，往往谁也没做错，一个坏人也没有。只是因为这种组织结构已经过时了，却试图将已经编好了的剧本应用于一个极为复杂多变的环境而已。

与此同时，你的对手却可能反应更加敏捷，已经发现并利用了稍纵即逝的机会。社交媒体上的帖子火了。让别人捷足先登了。目标的位置换了。上级的批准等到了，机会却已经失去了。也许你执行了下一个步骤，也许你没有，但你知道这已经无关紧要了。你们这个资源雄厚、实力强大的企业动作太慢了；信息的半衰期已经过去了。

从 X_1 到 X_2

在特遣部队驻守伊拉克和阿富汗初期，上述循环经常会重复出现。战术小组会发现并评估一项重要的、可据此采取行动的情报，将其传递给官僚指挥链中的下一个联络人，并等待他们同样如此办理。当收到关于如何根据这些情报采取最佳行动的许可或指示时，他们通常都已经错失良机，无法达到预期的效果了；或者极端分子的网络已经进化,或者目标已经变得不那么可行,或者环境发生了改变,又或者三者都有一点儿。

这种伤脑筋的情况十分常见,而更让人沮丧的是,从战术到战略层面,每个人都在认真做好自己的分内之事。我们的机器各部件运转得都非常好,系统的运行充分达到了设计要求,但是在错综复杂、瞬息万变的环境中,只有这些是不够的。我们必须加快迭代速度——正如今天所有组织都需要的那样。

为了做到这一点,组织必须消除"X_1"(当一个可采取行动的情报由战术小组确定时)和"X_2"(当最终采取行动时)之间的时间差——但传统上在官僚机构中有效地做到这一点是有困难的,具体可以用图 5-5 来表示。

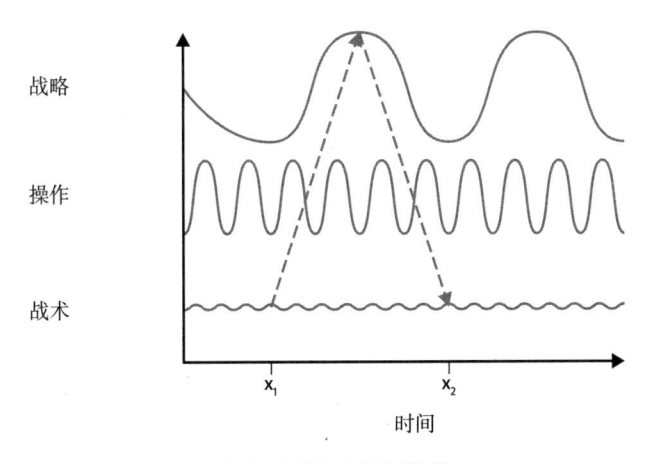

图 5-5　X_1 和 X_2 之间的时间差

比 X_1 和 X_2 之间有形的延迟更糟糕的是,接受行动中的时间差所隐含的机会成本——周围随后本来能得到的额外的情报,因

为如果 X_2 能提前一点儿，就可以在 X_3、X_4 以及其他时刻搜集情报并采取相应的行动。随着情报的半衰期越来越短，时机已成熟却不能采取行动的机会成本也在不断上升。

你们企业里肯定也有类似的情况。想想在看到机会和完成交易之间、在客户投诉和解决问题之间、在新的市场调研和将这些发现整合到产品设计之间的时间差，这样的例子不胜枚举。

如果你认为优化现有的官僚程序就能消除 X_1 和 X_2 之间的差距，那么你就是在一个已经过时的组织流程上加倍下注，其代价是让企业陷入困境。通过已有的规则来解决这个问题，需要加速在层级阶梯上上下移动来传递信息，但采用这种方法有一个收益递减点。

事实上特遣部队一开始也采用了这种方法，而正如任何一个大型组织试图更加适应持续不断的变化时一样，这意味着团队成员减少睡眠时间、干更多的工作，压力过大，无论是人员还是系统本身都无法支撑。如果你们组织沿着这条路走下去，你很快就会发现邮箱爆满、设备和人员近乎崩溃，而你周围的问题还在继续扩大。你会发现，这种方法很快会使人的因素成为限制因素，而且一天 24 小时根本不够用。

仅对实线系统进行优化，只能达到某一个水平，采用混合式方法则可以带来极好的回报。

找到节奏

重新考虑一下我们之前建议组织必须自问的问题——再稍微

深入一点儿——企业的领导层也必须问自己，我们的团队目前从 X_1 到 X_2 最快能达到什么速度？

为重建共享意识而设立的有规律的窗口，就像 O&I 论坛所展示的那样，为层级间的纵向调整、团队间的合作以及跨部门、跨层级的信息交换创造了机会。论坛使各级决策者得以一起行动，消除了时间上的损失。在建立了重新协调之后，各团队被授权从 X_1 直接到 X_2（然后到 X_3 甚至更远），无须重新回到反应过于缓慢的官僚决策循环中去。直到按照组织的运行节奏又到了重新同步的时候为止，团队都有权像这样直接采取行动。

这是一种非常简单的方法，但只有在组织的每个层面都训练有素的情况下才能做到这一点。在这个模式中，组织的高层领导者不再仅仅着眼于依靠官僚实线流程的优化来推动信息的传递——相反，位于 X_1 的信息由发现这个信息的团队在信息共享期间即时与整个组织进行有机共享，从而缩短了到 X_2 的响应时间。

在图 5-6 这个模式中，在共享意识方面，企业的战略领导者必须专注于提供只有他们才能有效提供的服务——重申协调叙事、阐明对组织外部环境发展速度的理解、帮助促进团队间的相互联系、强调和赞扬积极的结果与跨职能部门的关系。

随着时间的推移，伴随着合适的运行节奏所带来的透明度，高级领导者将发现自己在授权执行期间，越来越多地从"救火队员"或信息泵的职责中解脱出来，因为他们将这些问题的决策权下放到了组织中下面的人手里（我们将在第 7 章对此进行详细阐述）。随着共享意识的不断刷新，现场团队可以相互协作，搜集新数据，根据其对战略的理解提出自己的见解，然后一遍又一遍

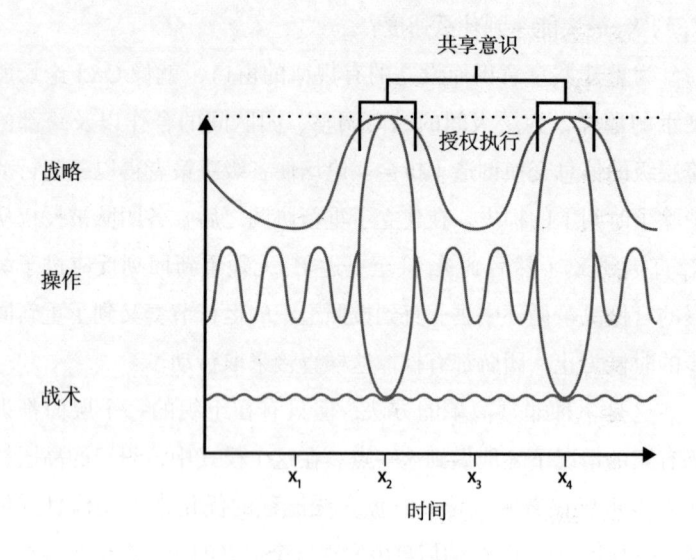

图 5-6　共享意识与授权执行

地重复这些动作。

在授权执行阶段，团队能否迅速从 X_1 到达 X_2 阶段甚至更远，在很大程度上受制于团队自己的审批流程和信息网络，而战略领导在授权执行阶段的作用主要是对行动进行监控，注意团队对环境的影响，维护与外部合作伙伴的关系，以保持并加强企业的信誉。

然而对特遣部队来说，当任何给定的周期结束时，授权执行的窗口都要暂停（或放慢），因为组织需要花点时间在 O&I 论坛中重建共享意识。每天都有一小段时间，这个全球性的组织要重新建立联系，感觉就好像是团结一心的一支小团队围着桌子坐下解决问题一样。

90分钟后,组织将再次放手,让各团队进入授权执行状态,就这样保持着简单而有效的时间分配比例。然而,这和坚持执行医生开出的健康饮食和运动疗法差不多,解决办法看着简单,但说起来容易做起来难。

拉马迪

在我对我们这种24小时为一个周期的运行节奏的真正力量和意图有所了解之前,我的上级领导者早就已经习惯于对我们各方面进行平衡了。我分明记得2006年的那个时刻,当时特遣部队的转型已经进行到一定程度,我清楚地看到了失去平衡的风险。

在我职业生涯的那个时刻,我是我们官僚机器中的一个齿轮,但我依然不甚了解它的整体功能。

我当时是派驻伊拉克的一名作战人员,从事协调工作而不是具体行动。那一天,我正在通过无人机的直播观看我们的一个战术小组实施一次午间突袭,袭击位于巴格达西部城市拉马迪一个人口密集的区域,那里已成为该国极端组织活动的温床。这就是一个X_2的时刻——我们的组织通过O&I论坛建立的联系搜集、分析和传递了相关的线索,现在已由一个行动小队执行了相应的行动。

像这样白天对极端分子的据点发动袭击对我们来说是不寻常的,因为白天能见度太高,目标地区的其他作战人员更容易发觉异常,并对行动做出反应。我们的部队更擅长夜战,白天的作战行动风险会成倍增加。在白天行动的队伍，我们进出都需要特别迅速，因为地面行动中额外增加的时间会使我们部队和当地居民面临的风险提高。这次行动已经接近教科书级别了；我们没有遇到什么障碍，特工到了该回基地的时间了。

当行动小队顺利从目标位置撤退，登上接他们撤离的直升机飞回我们的大院时，我正在观看其现场直播的那架无人机仍然留在原地，它在直升机起飞之后继续观察着目标建筑。它慢慢地在大楼上空盘旋，下面城市街区的居民看不到它的影子，也听不到它的声音。

我坐在好几英里之外，观看着无人机发回的直播，我们小小的作战中心里大多数同事都已经开始干别的事情了，因为现在这个任务似乎已经完成了。似乎该把刚刚发生的事情进行通盘考虑，分析一切已经产生的新数据，并制定下一个轮次的行动计划了。

只有我和我的情报官还一直盯着目标地点那儿有点儿模糊的实时图像。

"看看都有谁会出现，这会很有趣。"我对她说。

"是啊。"她回答道，"这次震动了他们的老巢了。"

极端分子网络的成员常常会在我们行动结束、联军撤离之后前往目标地点，因为他们想要弄清刚刚发生了什么事情，这是可以理解的。我和我的情报官想在行动之后观察的就是他们的这个举动，因为这样我们就知道对手如何处理他们的网络新遭到的破坏。

我凝视着无人机传来的影像，等待有人——任何人——出现。通过无人机的摄像镜头我们可以看到，目标地点异常安静：

这个地方位于拥挤的街区，毫不起眼，布局也很普通。我们俩看得很清楚，这里有一个主楼和两个小一点儿的楼，还有一个现在已经空荡荡的庭院，以及一堵高高的煤砖墙，用来挡住街上行人的视线。

我们继续看着，看到伸长了脖子的行人开始在院子前面狭窄的街道上聚集起来，想知道刚刚发生了什么事情——正如我们所预料的那样。但过了几分钟，我们看到有一辆车从繁忙的街道上穿过，越过人群，开进围墙内空荡荡的庭院里——很快又来了第二辆车，然后是第三辆。没有标记的车辆在院墙内整齐地停了一圈。

我和我的情报官正等着看的就是这个。

然后是一阵忙乱，他们似乎是从上方打开了一扇车门：有3个人迅速地从领头的车上下来，跑进了其中一幢大楼。第二辆车里又下来2个人，这时第四辆车也到了，紧接着第一辆车开走，院子里留下1名乘客，显然是在站岗。

很快又有许多车辆不断地来来去去，我方无人机上的摄像机把这些情况全都拍了下来，并将信号传回到作战中心。汽车停进院里，有人下车，一阵忙乱，然后人们离开——有30分钟的时间，院子里乱成一片。

这是我们的敌人进行网络重组的实时反馈。敌人突然损失了一些关键枢纽和有影响力的部件，他们这个小队正在进行有机重组，弥合刚刚受到的组织破坏。

然而，我们最有默契的人员，即刚刚在这个目标位置完成了任务的战术小队的成员，却正被迫从他们的执行阶段抽出身来，将他们的见解和情报汇总到特遣部队实线结构的官僚机器中去。他们必须逐级汇报、递交情报，并等待我们组织的官僚体系逐步全面地了解此次行动，而不是继续行动，利用个人之间的虚线联系，充分利用授权执行的自由。

我作为这个系统中的信息泵，眼看着环境的实时变化，开始意识到我误解了特遣部队操作节奏的含义。我本以为这就像是橄榄球比赛中海斯曼的对手一样：一个回合的攻防结束，大家全都立即返回场外聚拢听取战术指导。

但是，就当我努力执行这种节奏的时候，我们周围敌人的网络仍在运行，他们迅速进行了调整以适应我们最近的行动。我们最了解情况的战术小队正在飞回基地，沿着冷冰冰的指挥链逐级汇报他们的突袭结果，但我一边看着屏幕，一边意识到他们的见解就在我们眼皮底下一点点失去了时效性。

当我们聚集商议的时候，伊拉克"基地"组织在当地的行动小组就有了充足的几个小时甚至是几天的时间，对我方人员的行动采取应对措施，包括破坏情报、对该地区进行疏散、切断关键人员之间的联系等。在我们这边，本来有可能发生的 X_3 和 X_4 因此就无法出现了，因为伊拉克"基地"组织的网络结构已经调整好了，我们的后续操作已无法对他们造成任何进一步的损害。

就在我看着无人机传回的画面的同时，我们组织试图了解的敌人网络正在变形。在我们的行动小队离开现场 1 小时后，其结构将会变得与之前完全不同。

因此，我一边看着，一边想到：我是在帮助这个小队更快地应对这些威胁，还是因为迫使他们跟我的官僚视角进行协调而拖慢了他们的反应速度？在这个授权执行的窗口，我做出的官僚行为适得其反。

但我在这些授权执行的窗口中所扮演的角色是明确的。我的任务是帮助促进小队层面上的有效行动，而不是让事情慢下来。现在我们的行动小组正在回基地大院的路上，而情况就在我的眼皮底下发生着变化，我想着还能做些什么来帮助他们再组织一次成功的行动。如果答案是"没有"，那么我既然知道这些资源我们这里已经用不上了，又应该如何重新将其进行分配来立即帮助组织的其他部分呢？

我看了看右手边的情报官，摇了摇头。

"他们动作太快了。"我指着眼前屏幕上那些不断成群进出的敌方行动人员说。她点了点头。我没有说出自己的下一个想法。现在，我本人就是问题的一个组成部分。

后来我才意识到，我们的高层领导者已经阐明了解决方案。特遣部队的运行节奏对于如何约束我作为一名实线领导者的行为提供了一个简单的答案：每过 24 个小时，我就负责把情报提到 O&I 这个重要论坛上，在建立共享意识的过程中出一份力。但当授权执行窗口的时候，我的工作是让我们的团队能够自主行动，我可以给他们提供情报和资源，并与相关单位协调，以确保我们团队在行动周期的这个阶段能够自由采取行动。

这个基本要求说起来很简单，但我意识到，它具体执行起来是一种思维定式的改变。我们所有人花了很长时间才意识到这一点，但有些人理解得比其他人要快一些。你在你自己的组织里也会看到类似的情况。作为领导者，与整个组织谈论这个事实将会帮助每个人更快地面对这个现实，而不是独自面对。

需要考虑的问题

- 相比于 5 年前，你的外部环境变化的速度有多快？10 年前呢？
- 假设能够发挥最高效率，你的组织对其所有团队提供的重要新信息做出反应的速度能有多快？能比你周遭环境中有机出现的威胁和机会的速度更快吗？还是仅比传统竞争对手的速度更快呢？
- 当你们组织错过机会的时候，有多少次是已经得到了信息，但是没能及时传递到相应的团队那里呢？

案例研究
安德玛公司

引语

当你阅读以下安德玛公司供应链部门的案例研究时，请注意该公司在各种职能部门管理不同产品生产线的经验是如何通过采用有效的运行节奏得到改进的。

特别要注意这个组织的职能部门如何反复被不同部门出现的 X_1 型事件搞得措手不及，其领导层以往如何通过实线渠道推动解决方案，以及当情况随着公司的迅速发展与成功而达到新的复杂程度时，这种方法又是如何失去效力的。

考虑一下用来满足特定目的的不同论坛是如何创建的。注意相关职能部门的关键人员是如何被带入这个新的周期的，这种转变又如何提高了组织到达 X_2 的反应时间。此外，你还需要了解采用这种新方法后，这些不同部门团队的行为规范和关系是如何开始改变的。

设置

"哇……这就像是被空投到了热带丛林里……没有指南针……也没有 GPS（全球定位系统）……完全不知道方位……然后还要求你找到离开那里的路。"

当这位公司管理人员被要求就其管理一条全球性供应链的挑战进行总结时，他就是这样回答的。他帮助一家价值数十亿美元的公司行使这个职责，该公司的物流必须适应组织外部的复杂性。对管理其主要供应链职员的部门领导吉姆·哈迪来说，这个消息来源见证了这家创业公司是如何在取得成功以及随后的发展过程中调整自己的传统文化和精神的。

这两个人都在一家当今世界闻名的体育装备公司安德玛旗下任职，这家公司高效的物流运作就是运行节奏得以发挥巨大作用的一个例子。

该公司在其经营领域的较高地位掩盖了其草根出身。这一切始于 1996 年，当时马里兰大学橄榄球队的一名后卫凯文·普兰克，自己说自己是"场地上最能出汗的一个"，他打球的时候上衣总是湿漉漉地贴在身上，因为他们的队服是纯棉的，很容易被汗浸透了贴身。普兰克常常因此感到烦恼，然而他注意到在同样的条件下，无论他在球场上出了多少汗，他穿的弹力短裤总能保持干爽。

由此得到启发，普兰克创办了一家专门生产透气的运动内衣的企业。他从开始把样品发给马里兰大学校队的队友，到后来把公司发展成了一家价值数十亿美元的组织。

但随着公司发展到今天的规模，其员工仍然保留着一种创业精神，一种从运动中派生出来的精神，并与公司最初的成功紧密相连。公司里类似于特遣部队的协调叙事依然强劲，即使在其内部和外部富有戏剧性的转型之后仍然如此：在其 2010 年的年度报表中，安德玛宣布公司净收入首次达到 10 亿美元，比上一年增长了 24%。但公司在宣布这一里程碑式的数字时所用的语气并不是夸耀或满足，而是充满了渴望："我们已经干了 14 年了，感觉就像才刚刚开始一样。"

即使是在公司发展壮大之后，普兰克创业初期所强调的即兴应变的坚韧品质——一定要找到出路——仍然是公司所秉持的。安德玛旗下的员工团队及其领导者仍然觉得自己是安德玛最初创业故事的一部分，他们做起事来也始终如一，经常主动应对问题。但公司发展到今天这种全球性的规模，既是优势，也给领导层带来了挑战，这一点在几个人身上表现得尤为明显。

基普·福尔克斯就是其中之一。福尔克斯是安德玛的联合创始人，他在普兰克效力于马里兰大学橄榄球队时也在马里兰大学，曾两度参加全美长曲棍球比赛。他是试穿过普兰克早期内衣的人之一，从第一天开始就与公司风雨同舟，最后担任安德玛公司的首席运营官，总管公司供应链的哈迪的顶头上司就是他。福尔克斯站在安德玛官僚阶层的顶端，各种各样的信息高速公路都通向他这里，从这个战略级别的视角可以清楚看到，各员工团队在行动上是缺乏互联互通的。

2014 年我第一次见到福尔克斯，当时他和另一位安德玛高管正在弗吉尼亚州亚历山大市参加一个领导力论坛。论坛由麦克里斯特尔的团队主办，旨在汇集来自不同背景的领导者，就有关当代组织领导的挑战进行为期一天的讨论。

在讨论进行了很长一段时间之后,我们都从会议室里出来暂时休息一下。我们开车去华盛顿国家广场,想跑跑步,于是我和福尔克斯一起出发了。我们经过了国会山、华盛顿纪念碑和白宫,也谈到了当天早些时候的讨论。

我不熟悉当时安德玛业务上的具体问题,也没有意识到公司供应链部门所承受的压力。但我试图利用我在特遣部队服务的经验来回答福尔克斯接二连三提出的问题:你们部队是如何同步不同部门的时间线的?高层领导者在其中起什么作用?你们是如何把决策权放给年轻领导者的?我俩一起跑着步,他既问到了我的经历,也给我介绍了安德玛公司的情况。

跑了很久后,我们终于慢慢爬着林肯纪念堂的台阶,开始进行整理运动。福尔克斯看着我,说道:"你看,在安德玛的风光背后,我们有良好的产品、人员,我们当初梦想中的一切都有了。我们仍然超级有进取心,这非常棒,但有时也可能是个问题,因为现在我们的规模已经变大了,再想扩大就困难了。我们的企业精神是要找到出路,我们所有的团队都将其谨记在心。"

"我们坚实可靠,但在各团队保持同步和交流的同时,各自找到出路越来越具有挑战性。"他继续说道,"有时间到巴尔的摩来吧,我们可以再多谈一些。"

几周之后的一个清晨,我来到切萨皮克市与海港相邻的安德玛总部门前。这里原来是宝洁公司生产肥皂的地方,园区里的红砖建筑上仍然留着像"迪尔"和"象牙"这样的名字,标志着这以前是生产这些产品的地方。早上 6 点,海滨的田径场上已经满

使命

是员工了。接下来，我看到一群人上完了集体健身课，把拖拉机轮胎当成健身器材翻来翻去，在内部私人教练的指导下锻炼身体。

上午10点左右，我发现自己和福尔克斯一起在一块白板上画来画去，讨论安德玛的物流状况。"我讨厌顾问。"他笑哈哈地开始了我们的讨论，"请别误会，但我不愿意付钱让别人告诉我我已经知道的事情。我得知道你们的团队能帮我们解决一些问题才行。"

这话我没法反驳——因为每个人都是这样想的——我欣赏他直率的性格。我们都同意折中的办法。福尔克斯会给我几周的时间和他的团队在一起参加会议，了解他们的运营情况。他说："然后，再回到这块白板上，跟我解释一下你认为你那种模式能有什么帮助。到那时，咱们两个就可以决定这件事有没有意义了。"

几周后，我们回到那间办公室，面对着一块白板。就像福尔克斯早先说过的那样，安德玛的供应链部门中，各种有关元素显然需要同步。和我们一起在那个房间里讨论的还有退役的美国陆军将领比利·唐·法里斯，他将在接下来的一年里与这些团队一起并肩工作。

在我们所有人的见证下，我承认想要改变现状是十分困难的："没有什么魔术按钮一按就可以立即解决这个问题。这是个领导力的问题，需要你们高级管理人员的积极推动。"

福尔克斯笑了。他对此没有意见。

问题

那么福尔克斯的下属团队出现的问题究竟是什么？随着安德

玛的发展壮大，其产品越来越多样化，企业进入陌生的市场，其貌似协调的叙事——找到出路——逐渐变得不足以引导公司的不同团队在面前出现一系列复杂问题时做出恰当的灵活反应。

这一点在公司的供应链部门中表现得最为明显。据其内部一位资深人士说，公司的这个职能部门是独一无二的，因为它"受到组织各方面的影响：从设计概念，一直到将那件衣服、鞋子或配件从货架上拿下来，去收银机那里结账为止"。该部门是架在产品设计、市场营销、客户服务和销售部门之间的一道独特的桥梁，因此也深受这些部门的不足以及部门间沟通不畅的影响。

21世纪第一个10年初期，整个公司在常规财务方面取得了创纪录的成功。当时供应链部门被公司里的兄弟部门描述为充斥着"烟囱般的"沟通方式，而且"能见度差"。供应链部门的人都不一定有什么过错；主要是组织结构发展得过于迅速，反而导致其自身受到损害。

丹尼·沃德是供应链团队中的一个年轻成员，目前在产品采购部门的高层工作，他清楚地记得以前在这些不同的职能部门之间那种下游和上游相互依赖的弱点。"我们供应链的逻辑是，我们将产品订单交给工厂，为买方提供服务……然后，工厂在接受订单时，会明确提出自己的生产能力有多少……随后在生产过程中，工厂会根据自己的生产速度判断是否需要延迟交货，并给出最新的交付日期。"这些明显具有消极性的X_1型事件常常会在相关职能部门中遭到"时机不对与能见度差"的阻碍。

但有时候，这些突然的发展也可能会有积极作用——比如像沃德说的那样："如果产品大卖——卖得超出预期——那么我们就

使命　　192

必须对市场趋势做出反应,再推出一个新一点儿的、略有不同的设计。"但在消极和积极的环境变化中,有一点是一致的:"时间就是生命。"

一项长期用来评价哈迪的部门是否成功的关键指标是其能否满足产品"交付日期"——产品订单的技术规格或"技术包"必须交付给制造商的最后期限。然而,无论什么时候兄弟部门出现了意料之外的问题——比如设计细节上的延误、产品质量的问题或出现新产品的需求(X_1)——这些问题总是花了太长时间才出现,因此处理得太晚,而且处理方式通常也不能规模化(X_2)。这就好比棒球比赛中的"九局下半",已临近交付日期却在最后关头遇到了麻烦。这种情况很常见,对有关团队来说是非常令人沮丧的。他们确实是在设法"找到出路",但这是不够的——这一点对哈迪战术性更强团队来说尤其令人难堪,但也是十分明确的。

哈迪是一名来自消费品行业的经验丰富的物流专家,而他在安德玛由于供应链部门和其他部门之间越来越严重的、由官僚主义引发的脱节而不断错过交付日期时只能冷眼旁观。每次错过期限造成的后果虽然有限,但加在一起给公司造成的损失是十分惨重的。严格的截止日期变成了灵活的参考方针,但每当哈迪向上级提出这些问题时,他得到的答复都是,"这些变量无法控制"。

然而,物流相关的问题以及由于未能及时交付而导致的延误情况越来越复杂,哈迪发现自己总是需要亲自为自己实线官僚层级上的下属处理这些问题——这大大减少了他为整个部门进行战略方面考虑的时间和精力。

随着时间的推移,X_1 事件的形式变得越来越复杂,公司的发展也加剧了这种情况。就像安德玛公司一位在产品设计和其他部门工作过的管理人员彼得·吉尔摩所说的那样："4年前，我们有好几个生产地都生产不了一件公司销量第一的产品——黑色的科技T恤。"造成这个现实的是安德玛对北美市场的历史关注，但现在国际市场的需求已经开始超过现有的模式，并且已经开始严重依赖与"找到出路"相符的"九局下半"的对策了。这是一个很好的问题，但仍然是个问题。

因此，供应链所面临的核心挑战是需要彻底解决哈迪认为的，安德玛供应链上的任何部门都存在的"节奏和沟通"方面的问题。

哈迪用一个有力的指标来总结几年前供应链所面临的问题的规模，以及他们运行节奏的最终变化对于有效地解决这个问题起到了怎样关键性的作用。他说："2012年，我们公司价值10亿美元……有50%的订单能准时交付。2016年，我们公司价值50亿美元，准时交付的比例至少能达到85%。"

但这不是仅凭运气得到的。要做到这一点，公司需要同时执行几个步骤——其中最重要的是要有一种新的运行节奏。

解决方案

安德玛的供应链部门不仅将举办一系列O&I式的论坛，而且还会设定一个让这些论坛彼此同步的节奏——这也是一个独立的、独特的、用来明确战术领导者和团队决策权的节奏。

2014年我和福尔克斯初次见面之后，他回到安德玛总部的时候，手上拿着的东西后来被哈迪称为"一个30页的活页夹"，里面是对特遣部队的创新以及其团队是如何形成网络的进行的总结。福尔克斯将这个阅读材料发给安德玛公司中在他本人直接领导下的各位实线领导者,让他们思考他们要是把这种方法应用到自己手下的团队中"会是什么样子"——哈迪认为这是含蓄地发出了一个信号,说明改革势在必行,而且已经得到了成功实施所需要的关键性的战略支持。

哈迪并不是没有尝试过创建"共享意识"——这在他的团队里已经存在了——虽然他没用这个名词称呼过这种共享意识。长期以来,供应链每周五举行一次被称为"作战室"的聚会,其间供应链团队的各个成员之间会进行非正式但深入的信息交流。

这实际上始于供应链的前几次迭代,是2012—2013年公司上游/下游危机期间的一个发明。沃德回忆道:"最初的作战室在我们处于危机状态的时候持续开展了大约6~8个月。"那段时间过去之后,人们认识到有必要定期举行简报会,"列出需要执行的、跨职能的、与几个不同伙伴合作的行动计划"。来自整个职能部门的领导层代表共同出席一个电话会议,哈迪和他的团队可以在会上讨论他们全球运营领域中新出现的问题。

这些作战室当然也是论坛——其基本思想与特遣部队O&I论坛十分相似——但是它们的规模要小得多,而且是非正式的,也没有参与人员的视频资料。沃德记得当时就是"在4楼简单地布置了一下,用的基本上都是后面角落里那间会议室,从来没人在那里开过会"。会议规模很小,参与者出席会议特别不正式,地点也不怎么固定。尽管如此,这些作战室都以重点汇报人为中心,为讨论问题创造了空间,并鼓励论坛外网络的形成。

听得出沃德非常喜欢那个时期作战室的非正式性,在那里,一小组代表聚集起来,"将他们的幻灯片打印出来",在需要的时候自行聚在一起。在这些早期的作战室里,紧迫的问题会通过定性和定量的对话来解决,他们的进展则采用"绘制红、黄、绿信号灯的方法"来描述。

但是,限制这些早期论坛的是能从每个论坛中形成的共享意识的规模——虽然这些论坛的与会者彼此之间确实有着密切的联系,但随着时间的推移,安德玛供应链部门新的需求得到解决,不够正式这一点已经有所改变了。其他部门影响着公司的物流业务,它们对影响供应链按时交付能力的外部和内部变化也有十分重要的看法,但是,它们和其高级决策者没有出现在第一代的作战室论坛上。缺少涉及供应链业务的其他部门高管的声音自然容易导致这些部门与供应链部门互不信任,并增加了这些部门相互指责的可能性。

哈迪读完了福尔克斯拿来的那本活页夹,他看到了一个对安德玛如今已遍布全球的供应链进行充分优化的机会——这个目标他当时已经努力追求了三年半了。他将活页夹还给福尔克斯的时候,在页边空白处写出了一套如何最终以供应链为核心在安德玛不同的职能部门间建立沟通与合作的计划。

原来的作战室并未作废,安德玛供应链内部的人员仍然可以使用这个工具,互相交流彼此的最佳实践。但是,为了提供真正的跨职能部门的信息共享和协作,需要一个类似的空间让所有其近期决策对供应链有长期影响的职能部门都能达到同样的最终状态。

这个新的论坛可以扩展到将来自设计、营销和销售部门的成员包括在内，被命名为"赢在货架上"论坛。哈迪回忆说，论坛的目的是确保"正确的产品、正确的地点、正确的成本、正确的时间"。目标是简单明确的，但必须将其他部门团结起来才能实现目标，福尔克斯在战略层面的认可确保了这一点，此外就是对于找到出路的共同要求。

安德玛公司一边继续使用作战室，一边逐步引入"赢在货架上"论坛。各团队定期安排空间，以一种特定的节奏建立共享意识和授权执行。每周五，作战室继续举办，"赢在货架上"论坛则于每周三举行。每次作战室会议时间为60分钟，"赢在货架上"论坛的时间则严格定为2个小时，这也说明后一个论坛的参与度和讨论度都有所提升。

那么这个节奏是如何决定的？

哈迪理想的最终结果是形成遍布公司各部门的一系列积极和透明的虚线网络，在有可能对供应链造成代价高昂的影响的问题表现出来的很久之前就能预测，从而以最快的速度应对安德玛外部环境的变化。哈迪需要在尊重每个部门特定的运行节奏和市场复杂性的同时找到平衡，因此论坛定为每周举办一次，作为外部环境变化的速度和期望参与者利益之间的折中方案。

哈迪让他的CoS（办公室主任）充当"赢在货架上"论坛的管理员，最终负责管理论坛上的对话，并确保论坛本身旨在激发参与者之间的正确行为。每次论坛开始时管理员都会发布指示，重新列出参与的规则，并严格规定在论坛期间之外"线下"授权执行的条件。其中，最重要的是类似下面这样的指示：

- 寻找机会与其他人交流来解决问题。
- 了解你自己的数据,并提供适当的分析。
- 你要是不知道,也不要瞎猜,最好告诉团队你会跟进正确的答案。

哈迪的 CoS 还花时间仔细将论坛按照主题进行了划分,"赢在货架上"论坛不仅包括对不同团队近期决策的说明、对区域性事务更新以及"6 个月滚动日历亮点",也留出一个部分专门讨论"特殊主题"——出席论坛的多个部门均认为值得讨论的具有特定的价值或规模的问题。

意料之中的是,这项工作一开始进展缓慢——哈迪的 CoS 记得自己当时与法里斯一起坐在安德玛的组织结构图前面,"弄清公司不同部门的主要领导者都是谁",并打算邀请他们的一些团队参与进来。慢慢地,这些人接受了邀请,后来来自产品设计和销售团队的参与者也加入了进来。这是福尔克斯的领导力和哈迪团队的毅力共同作用的结果。

论坛中的讨论在不同职能部门之间进行,透明度和坦率交流也得以实现,但其并非总能起到积极作用。由于各部门存在强烈的个性和由来已久的人际间积怨,因此有些消极的行为准则必须得到解决。哈迪记得在"赢在货架上"论坛中,有一次大家讨论的是由于另一个职能部门的延误造成的未能按期交货。哈迪的耐心经受了严峻的考验,他对与会者咆哮道:"你们什么时候才能不对最后期限表现得这么惊讶啊?"

论坛结束后,他和法里斯一起反省他这次发脾气。他说:

"我这回可教训了那家伙了,是吧?"法里斯点了点头:"是的,确实是这样。但是,你要是继续打这样的胜仗,就会输掉这场战争。你觉得其他人看到你这样对待那个诚实面对自己团队问题的家伙,以后还会有什么透明度吗?"

哈迪把这个教训记在了心里。建立论坛是一回事,在论坛中举例说明正确的行为则是另一回事,而这是必须要做的,以免错误的行为成为各职能部门约定俗成的做法。

但是,这些行为上的障碍最终得到了解决,而且透明度带来的是彼此理解:用哈迪的话说,他对于不同部门同事的内部流程和面临的压力慢慢变得"不是同情,而是共情"。他们经过缓慢的调节,耐心地进行非情绪化的问责,帮助参与者在论坛中促进真正有意义的讨论,最终推动其建立共享意识。

然而,如果安德玛的供应链部门想要更好地进行整合,那么其不是需要通过论坛本身,而是需要通过外部团队的网络化来实现。关键的问题是如何通过团队的网络来平衡在这些空间中创建的战略意识以及类似的行动策略。

如前所述,哈迪的 CoS 确保在每场"赢在货架上"论坛上提供的简报中都强调"希望参与者进行网络互动",因此议程也是这样安排的。渐渐地,网络互动开始形成,这不仅是由于与会者在论坛内部进行对话,也是他们线下合作行为的结果——其最终结果详见下文的"结果"部分。

同时,有些问题是这些团队之间的网络无法自行解决的。团队的授权执行空间得到鼓励和尊重,但是有些问题仍然过于复杂或与战略相关,因此跨职能部门的网络光靠自己是解决不了这些问题的。

因此，为了对授权执行的空间进行补充，哈迪创建了"决策论坛"。供应链的决策论坛定于每周四举行，论坛允许该部门内部的团队提出时间特别紧的任务或其最近遇到的自己权限之外的争端。

然而，建立空间让哈迪继续为供应链的战术团队做出决策明显是有风险的。采用决策论坛可能会剥夺这些低阶管理人员授权执行的权力，从而使供应链改革的目的无法实现。但供应链的领导层已经意识到了这种危险，今天他们将决策论坛当作一种手段，其目的不是对安德玛的物流团队决策施加更大的控制，而是加强低级别的领导者通过网络自主进行的决策。

供应链中的一名高级职员说，决策论坛的好处是多方面的：不仅他的老板通过为最高层决策建立规范化的节奏而提高了效率，而且"对那些向哈迪汇报的副总裁和高级副总裁来说，他们觉得自己有了权力，并开始明白那些决策是必须由他们做出的。这使其他所有事情的效率都提高了"。

结果

安德玛供应链部门的积极变化有几个促成因素，所有这些因素都源自各种论坛的实践以及这些论坛彼此之间通过一种运行节奏而形成的间隔。由于各部门之间的沟通变得更加顺畅，因此供应链满足交付日期和应对突发危机的能力都得到了提高。低级别的团队及其领导者对于希望他们做出的分散决策有了更好的把握；

安德玛的组织精神则可以借由一种新的结构得到扩展。

这种改善是具体的、可量化的，证据就在安德玛交付日期指标的变化中。哈迪对于安德玛科技系列货物交付能力的提高程度已经滚瓜烂熟——"从 50% 提高到了 85%"。这个数字很可能是他的最爱之一。

但最能引起他共鸣的还是供应链部门成员亲口所说的话。"我不记得上次供应链与产品团队有关交付日期的争吵是什么时候的事了。"哈迪说道，并且指出，不同的职能部门对于这些数字的重要性和遵循它们的"责任感和意识"都有了提高，这给了组织一个需要实现的共同目标。"它被视为最后期限。"哈迪的 CoS 证实了这种对于预期的变化，并指出这些定期的纵向沟通创造了"一种我们尚不习惯的责任性"。

这是由于供应链的操作团队和战术团队对他们在执行授权阶段的预期行为有了明确的认识。

哈迪记得他看到情况这样发展："过去，人们会把数据带到论坛上，然后他们会等着其他人做出决定，就比如像我这样的人。"作为领导者，哈迪一直掌握着安德玛供应链部门所有的决策权——虽然各团队一直都参加作战室会议，但它们与其他职能部门之间缺乏联系，因此做出决定或与安德玛组织结构图上的其他部门进行沟通的事情都必须依靠他来办。

"赢在货架上"论坛创建了一个新的空间，在各部门间培养了共享意识，让他们了解进行分散决策的必要性，并进一步澄清了哪些决策必须在决策论坛上进行。哈迪注意到情况逐渐发生了变化："从当时到今天，不同的是现在下级人员把他们的决策带到作战室和'赢在货架上'论坛，以便让人们了解他们做出的决策及其对其他人的影响。"

同时，他的决策论坛也变得越来越清晰，其原因是形成了网络，大家都能主动地解决问题，并说清他们已经做了哪些事情，而不是只提供数据并请求许可。

因此，哈迪又有时间做自己该做的事情了。与 OMES 的主管类似，哈迪发现自己现在不再整天忙着为手下的团队解决战术问题并为他们做出决策了。通过像作战室、"赢在货架上"论坛和决策论坛，对团队和下级领导者授权的规模和期望不断得到重申，允许他们做出这些决定，而不是让哈迪充当信息泵超负荷运转。从在加拿大一个新的配送中心纠正 IT 系统的问题，到以创纪录的时间在韩国签订一个第三方物流协议，这种授权在运营方面取得成效的事例有很多。

然而，这些做法说明存在着一个问题，那就是在安德玛的供应链部门中设定的这种操作节奏，在面对安德玛长期以来"找到出路"的伪协调叙事时能否奏效。这个共同的信条是整个单位认同感的核心，它强调创业和创新的价值，当事情发生时设法解决比什么都重要。自早期公司在巴尔的摩成立以来，公司上下都对此习以为常，这使公司得以迅速打入新的市场，并咄咄逼人地击败竞争对手。如果一个缜密的运行节奏与这种原则背道而驰，那么叙事和文化冲突的可能性就会增加。

但吉尔摩没看到有这些风险。事实上，他认为在创建论坛时如果能平衡好，情况就会与此相反："我认为这可以帮助安德玛更好地实现其目的——安德玛很快就会成为一家价值百亿美元的全球性企业，它无法继续按照原来大获成功的模式继续运营。"在吉尔摩看来，按照运行节奏精心组织论坛并不会限制、规范或严格定义供应链团队的工作方法，而是为其提供了一个平台，可以提高公司按照其创始人最初的精神——协调叙事——行事的能力。

"我们公司与我见过的其他公司截然不同。"吉尔摩继续说道，"与团队相比，我们的许多竞争对手都更加重视明星人物，但安德玛一直是一个非常接地气的地方，到现在也仍然是这样。员工不只是同事，他们也是队友。他们在一起不是开会，而是像美式橄榄球队在进攻之前那样聚集商议。"

公司的供应链部门已展现出更大的能力来推广这种一致性的叙述，并为作战室的参与者提供了一个更加强大的体系——"赢在货架上"论坛及决策论坛。这个体系扩大的不只是规模，其还在遍布全球的团队中推广文化与叙事。

这些因素结合在一起，使供应链在出现不可避免的意外危机时有能力迅速应对，并能为利益相关者提高按期交付的能力。有许多记录在案的实例说明，在供应链中，发现新的环境变化（X_1）以及就此采取相应行动（X_2）的速度比在先前的官僚系统中要快得多。

有个大家津津乐道的故事涉及一个"高端产品"，当这个产品的制造过程已经接近尾声并且已经开始建立库存时，公司突然发现该产品的性能有问题。据说供应链的反应是"下次'赢在货架上'论坛要讨论一下这个问题"。"所有关键领导者都在那里，我们能够立即采取行动解决这个问题。结果，一周之内我们就按照论坛上制定的策略把这个事情解决好了。要是放在过去，我们需要花上几周的时间才能做出如何应对这场危机的决定。"讲故事的人这样说。

还有一个类似的例子，在2015年上半年的时候，世界上最大的商业港口之一、年货物吞吐量近1.8亿吨的洛杉矶港发生了大规模罢工，眼看就要关门大吉了。对安德玛和整个服装行业来说，这是一场真正的灾难，因为其在北美市场的大量产品运输将被无限期推迟。

安德玛的团队事先对这次罢工几乎一无所知。但它们知道有些关键合同即将到期，而劳资谈判进行得也不顺利，所以它们准备在洛杉矶港出问题时自动做出反应。在短时间内，安德玛物流团队重新配置了公司的大部分全球性物流渠道，将路线改为经由温哥华、新泽西和纽约，从而缓解了罢工的冲击，给客户留下了适应性强的印象。这一举动体现在账本上是什么结果呢？"我们省下了数百万美元。"哈迪估计，而公司其他主要的竞争对手似乎都被这次罢工困住了。

从那以后，安德玛又遇到许多新的挑战，正如任何一家成长型企业一样。截至2017年年初，华尔街分析师和外界旁观者都公开表示，安德玛对市场趋势的解读是错误的，这家公司正竭力维持与核心消费者群体的联系。但安德玛有个特点，它就像斗败的狗，被逼得走投无路时是会咬人的。公司一直面临各种挑战，有一个不容置疑的事实是，该公司不断努力找到出路，已经不止一次地给市场带来惊喜。

在最近风起云涌的市场上，供应链的运行节奏及其努力完成任务的作风使其下属团队能够始终如一地达成哈迪制定的简单明了的目标，即"正确的产品、正确的地点、正确的成本、正确的时间"。

正如特遣部队在战场上的经历那样，一个统一的团队如果遵循缜密的沟通与决策方式，就能够在战争的迷雾中取胜，并展现出很少有竞争者能够与之匹敌的韧性。

第6章
决策空间

科普界的偶像卡尔·萨根曾经说过："所有的探索都带有一定的风险。"同样地，在任何放松控制的情况下，"小团队构成的大团队"模式所推行的权力下放要求组织领导者前期对下属团队要有信心，后期就会有回报。

运行节奏可将授权的执行阶段与共享意识的指定空间相结合，因此其是组织用来控制"小团队构成的大团队"决策风险的两种主要方法之一。

在授权执行的任何阶段，都必须由那些距离问题最近的人采取着眼于行动而做出的决策。但是，正如一个水分子需要由两个氢原子和一个氧原子组成一样，为了创造期望中的授权执行结果，进行适当程度的调整是至关重要的。"小团队构成的大团队"模式的几个组成部分是至关重要的考虑因素，包括创建协调一致的叙事、建立沟通论坛，和以适当的运行节奏推进共享意识。但是，如果组织的一线团队不能或不愿在授权执行的窗口中进行自主行动，那么这些要素即便组合在一起也是毫无价值的。

因此，最后一个问题就是要尽可能明确地表达清楚，任何一支特定的团队需要采取什么样的自主行动、承担什么样的责任、受到什么样的限制。在这种模型中，周期性的重新同步是控制风险的第一个方法，而对决策空间深思熟虑的应用提供了第二个控制杠杆。

简单地说，决策空间是一个组织中的个人领导者或团队在授权执行期间负责行动，以及在共享意识重建过程中对讨论的广度和深度负责。这就相当于高层领导者发话说，这是我给你的权威和决策权。要创造性地对其加以利用来完成我们的使命。我们已经向你提供了保持共享意识所必需的沟通结构与运行节奏，还将为你决策空间之外的行为提供建议；而你的工作是在授权执行期间作为一个相互关联的团队采取行动，并充分利用你的决策空间。

一件很容易做到的事是在一个论坛上说，"大家注意，我们正在进入一个授权执行的阶段，所以现在就按照你们刚刚听到的一切行动起来吧"，但是要把这种情绪转化为自主行动的文化会困难得多。组织中的个人需要了解在分别行动期间究竟允许他们做些什么，他们必须感到自己真正有义务去进行这种活动。

犹豫与偏差

据我的经验，在授权执行阶段有可能产生两种形式相反的决策行为——犹豫与偏差。人们可以将犹豫看作不愿采取行动，原因是害怕有可能操作失误或逾越自己的权力范围。

与此相反，偏差则是犹豫不决的决策者害怕出现的。它超出了组织的常规，其结果有可能是正面的（有实际的创新或改进），也有可能是负面的（对组织造成损害）。

奇怪的是，在团队的网络中，犹豫和偏差是可以同时出现的。任何一个刚得到决策权的人都有可能出现这两种情况中的一种，但犹豫可能更常见一些。

18世纪的爱尔兰政治哲学家埃德蒙·伯克在他的专题论文《论当前不满情绪的根源》中有一句话广为人知，经常被人引用，但也常被人误解。他是这样说的："当坏人联合起来的时候，好人也必须联合起来，否则他们会相继倒下。而在可悲的斗争中，这种牺牲是没有人同情的。"

政治学者戴维·布罗姆维奇轻蔑地指出伯克这句话如何被流行文化曲解成了今天更加知名的版本："邪恶取胜的唯一必要条件是好人什么也不做。"根据布罗姆维奇的说法，"从这个讹误的版本中提炼出来的情绪是浮夸的、伪善的，而且显然是错误的。"

但我们如果对这句话进行进一步修改，就能捕捉到获得自主决策权的团队中犹豫不决、无法充分行使其权威的危险：组织失败的唯一必要条件是知情并得到授权的个人疏忽他们扩大的责任。

心理学家巴里·施瓦茨在他2004年出版的著作《选择的悖

论——用心理学解读人的经济行为》中指出，当一个人被给予更多选择的时候，这些选择很容易造成过大的负担并降低决策者的整体表现。

随着可选项数量的增加，就像在我们的消费文化中一样，这种由多样性带来的自主性、控制性和解放性是强大的和积极的。但是，随着选择的数量不断增加，有大量选项可选的消极方面开始出现。随着选择的数量进一步增加，消极因素也会逐步升级，直到我们变得不堪重负。到这个时候，选择带来的不再是自由，而是阻碍。

对决策者来说，有更多的路径选择自然会激发他们进一步研究的欲望，并产生一种对最终结果担负更大责任的感觉——当他们需要在短时间内做出多项决定时，这种感觉很容易变得复杂。施瓦茨用一个消费者市场的例子写道："为了解决从200个品牌的谷类食品或5 000种共同基金中进行选择的问题，我们首先必须解决的问题是从1万个网站中做出选择以了解市场。"

可以理解，被赋予太多的选择或决定空间会导致一个人在解决问题时犹豫不决。同样，将决策权和共享意识给予下属团队也会产生这种让人犹豫不决的结果，即使是应团队的要求给予他们的。我经常这样告诉一群商业领袖："每个人都想要被授权，直到他们真正获得授权为止。"

即使得到了充足的信息与必要的决策权支持，真正的授权也可能让人感到孤独。获得授权的领导者和团队不再有官僚主义的借口可以依靠，大多数人直到这种借口消失时才意识到他们所依靠的是一种奢侈品。

在你们的组织中，许多团队可能虽然深受官僚主义折磨，并经常对此抱怨不休，但同时也会下意识地习惯于由自己的实线领导对相关信息进行过滤和归纳。当然，官僚主义对系统中的个人来说是令人沮丧的，但是他们即使抱怨，也有一种安全感，因为他们可以等着中央指令系统的信息泵来发出指令并为结果负责。

在复杂的环境中，这种安全阀必须去掉，但团队必须清楚地知道自己什么时候可以自主决定，什么时候必须得到顶头上司的许可，否则他们面对O&I论坛中的大量信息，是无法将其与自己的本职工作进行适当结合的。因此，如果团队没有清楚地了解自己有什么权力，其界限到哪里为止的话，那么共享意识自然会导致信息过载。

一篇于2012年发表在《金融时报》上的文章准确地描述了公司在确保员工所接触信息的质量和数量之间取得平衡的必要性——埃森哲分析公司的一位主管称，企业"创建多个商业情报仪表盘来满足少数高管的需求"，这种向决策者过度提供信息的做法有非常高的风险。

在军事和国家安全领域，当代的挑战是相似的。正如一位前情报分析师在提到有关现代情报搜集和分析的普遍问题时所说："一条条信息从天而降，再加上分析师手中原来就有的那一大堆……就像玩拼图却没有成品图片可供借鉴，也没有边缘上的碎图片，而且并不是所有的碎片都能用在拼图上。"

面对这样一堆杂乱无章的"拼图"，如果领导者不熟悉自己的决策空间,那么他很可能会迅速被信息淹没,理不出头绪。这时如果再加上很大的分散决策空间(在授权执行的窗口期间),有些领导者就会由于这种信息过载而感到情绪低落、压力重重、犹豫不决,无法充分行使他们新得到的权力。

犹豫不决在很大程度上是出于个人对安全感的需求,这就是为什么员工往往不愿意完全接受权力下放。他们不想得到太多授权,不知道该从哪里着手,而且当他们不可避免地犯下错误时,他们也不愿意为此负责。

2004年,克劳斯·朗弗雷德和内塔·莫伊在《应用心理学杂志》上撰文指出了这一点,他们在文中评估了自主性与绩效之间的关系。他们指出,违反常识的是,"有人认为,自治可能是一种微妙的控制方式,因为在这种情况下,员工需要更加可靠,他们要对自己的表现负责……因此,如果自治超出了个人希望承担责任的范围,那么这样的自治会导致负面结果。"

但如果大家普遍不愿采取独立的行动,那么这很快就会导致分散决策无法产生预期的影响。在当今迅速变化的环境下,为了保险起见而等待许可会错过转瞬即逝的机会或威胁。在过度谨慎的文化中,你的团队可能拥有来自整个组织的深刻见解,但仍然只关注自己的优先事项,心照不宣地拒绝解决其他部门的问题。

特遣部队的做法不是消除责任,而是通过建立透明的沟通模式和精心设计的运行节奏来增强采取自主行动的责任。组织的高层领导者建立了模式,但最终的责任落在行动与战术层面的团队身上,需要他们主动地相互联系和协作。我们的领导者每天都在提醒我们这一点,他们不断地重申,犹豫不决的行为是没有任何借口的。

但犹豫只是一种需要当心的行为类型，领导者还应该了解另一种与此相反的决策行为类型：偏差。

重要的是，任何意义上的犹豫都是不可取的，但某些类型的偏差有可能非常有价值。

西蒙·斯涅克的著作《团队领导最后吃饭：建立牢固"安全圈"实现团队效能10倍增长》中就有一个令人信服的例子，说明了偏差的积极影响。书中，斯涅克详细描述了一个争分夺秒的情景：一架飞往佛罗里达的商业航班的客舱开始冒烟，飞行员立即请求地面控制人员清理航线及跑道以便紧急着陆。但根据FAA（美国联邦航空管理局）的规定，飞行中的飞机彼此距离必须大于5英里（约8千米）——而当时还有另外一架飞机也在准备降落，而且已经下降至距故障飞机只有2 000英尺（约0.6千米）的高度了。

这显然是个大难题，考验着航空管制员对迅速变化的情况做出判断的能力。他应该迟迟不采取行动，坚持照章办事，并要求飞机继续盘旋，等着下方的飞机先降落吗？还是应该根据有限的信息，打破常规，按照自己的判断执行呢？

他选择了后者。

航空管制员立即对飞行员提出的降落请求做出了回应："KH209，右转15度下降……"他用无线电呼叫另外那架飞机的飞行员，并清楚地说明了情况。"AG1446，有一架飞机在你的上方。对方飞行员已宣布进入紧急状态。他将在你右前方大约两英里的高空下降。"

在违反规定的情况下，航空管制员成功地引导飞机安全着陆。他在 2013 年的那一天做出的决定可能拯救了数百人的性命，却违背了作为航空管制人员所应遵循的决策路线。如果他采取的是"请求许可"的常规做法，谁知道是否会酿成更大的悲剧呢？

这种类型的独立决策就是领导者希望他们的员工做出来的。当然，愿意在组织中动摇传统界限和规范的决策者并不是一个新现象。这类人在 20 世纪末被社会科学贴上叛逆者的标签，他们就是我们身边那些倾向于不顾正式的原则或公认的规范——先于现代性出现的一种关键的行为现象，只求找到新的解决方案的人。

在以前的组织领导规范下，这些人可能会被视为麻烦人物（从技术上讲，他们确实是）。但是，正如我们特遣部队的领导者在呈现出一个积极的、超出常规的解决方案或面对一个打破边界的高绩效团队时经常说的那样："如果打破规矩确实起了作用，那就没打破规矩。"

这样的人很少满足于现状，他们对于组织的不断进步是至关重要的。"正向偏差"一词是 POS（积极组织研究）领域的基础，研究人员对此进行了大量探索。POS 专家格雷琴·施普赖策和斯科特·索南沙因将其定义为"以光荣的方式背离参照组规范的故意行为"。我认为，他们用"光荣"一词，指的是这些行为虽然是非传统的，但也是尊重企业的战略意图与协调叙事的。

理查德·帕斯卡尔、杰里·斯特宁和莫妮科·斯特宁在他们的著作《正向偏差的力量：不靠谱的创新者如何解决世界上最棘手的问题》一书中阐述了正向偏差的问题："这个概念很简单——寻找那些成功克服困难的离群之人。"他们写道，正向偏差"是建立在这样的前提之上的：在一个团体中，至少有一个人和其他人使用相同的资源，却解决了困扰他人的问题"，他采取的往往是同伴没有想到的非传统的方式。重要的是，这个人的做法得到的结果是"以一种正向的方式偏离常规"。

作者举出具体的例子说明这类的行为：他们发现一些贫困父母有正向偏差行为。他们非常规的做法（如让孩子少吃多餐）经推广之后，"在越南的22个省份使儿童营养不良的现象减少了65%~80%"。类似地，制药公司基因泰克的销售人员在对保健专业人员进行抗哮喘药物治疗培训时的自发行动，使"市场渗透略有改善"，尽管他们的上级担心这超出了他们既定的职责范围。

这就是采取"小团队构成的大团队"管理模式的战略领导者通常希望他们的员工展现出来的行为——对历史上组织受到限制的操作规范不断地一点点突破。积极的叛逆者对任何企业来说都是至关重要的资产，他们在"小团队构成的大团队"模式中被赋予权力进行判断并从虚线网络中形成新的见解，以解决一系列时间紧迫的复杂问题。当然，沟通结构的透明度使这些新发现能够迅速得到高层领导者的认可，并被与组织中的其他人分享。

这样的模式肯定也存在于你自己的组织中。但在大多数尝试分散决策的实践中，团队及其领导者往往不清楚组织中有哪些规则和规范是允许挑战的，又有哪些是必须始终尊重的。

帕斯卡尔、杰里·斯特宁和莫妮科·斯特宁指出："'偏差'行为的'正向'方面，旁观者都看在眼里。"当你在你们单位考虑如何判断偏差行为正向与否的时候，这一点是至关重要的。组织中并不是所有的领导者都能具有像那位空中交通管制员一样的判断力。因此,结果可能是新得到授权的决策者产生了负向的偏差,这种例子在实际生活中比比皆是,其结局往往带有悲剧色彩。

例如欧洲最大的银行之一法国兴业银行在2008年遭受的巨额亏损,那年整个金融界都饱受不良决策的困扰。法国兴业银行的一名初级衍生品交易员杰罗姆·科维尔,专门从事套利交易——当两个证券应当价格相同但暂时不同时,买入价低者,卖出价高者,然后等待二者价格趋同,以赚取其间的价格差距。

然而,科维尔发现了绕过法国兴业银行的风险软件,只进行一半交易的方法,那就是用不存在的空头仓位抵销多头仓位。结果他押上的是风险更高的赌注,而不是像看起来那样进行了更加安全的交易。由于银行的交易员之间几乎没有透明度,因此没人注意到他这种偏差行为。当科维尔的行为终于被人发现,一切真相大白时,由于他的行为,法国兴业银行已损失了72亿美元。

因此,偏差行为是一把双刃剑。与这类行为相关的挑战在于识别出正向偏差与负向偏差之间的区别,然后采取相应对策,或是促进正向偏差,或是减轻负向偏差。

这是我在特遣部队的层级结构中站到更高级的位置时学到的一个很好的教训。

疏忽

"所以……你们为什么没动起来呢?"电话另一端传来熟悉的声音,这声音听起来很平静,但那轻快的南方口音语气中带有一种让人觉察得到的失望。在我顶头上司的声音里,有一种新的感觉。

那是我副官之旅的 18 个月之前，我担任一个行动级别的职位，负责协调位于伊拉克西部安巴省那一大片地区的直接行动。我们是设在伊拉克的几个类似的专门机构之一，每个机构都负责监督其领域范围内不同部门的多个单位的行动。

对我来说，这是一个需要全力以赴的位置，是我第一次担任需要对我们组织的真正运作有更深了解的领导角色。接到这个电话的时候，我才在这个岗位上干了几周。我的思维一直在犹豫着"向下向内"——努力地集中在官僚体系中我的直属下级团队身上，尽力优化其行动；当时我还没有意识到，我离与我们的整体协调叙事一致的"向上向外"地观察网络还远得很，而这些网络正在成为我们最复杂行动的真正驱动因素，并且通过这些网络，我们不同部门之间的横向合作得以实现。

我和很多人一样，虽然升了职，但仍然专注于自己以前的工作，尽管此时我已经承担了新的职责和权力。我继续为我们的战术团队提供便利，努力争取必要的资源来让团队完成自己的任务，并把注意力集中在我们直接的责任区域上。我隐约意识到特遣部队中其他同级单位和领导者的优先事项，但还是漠然地忽略了它们。

虽然我当时还没有意识到这一点，但我并没有做出我们组织所需的必要行为。我利用了特遣部队管理模式提供给我的自主权，但在将其收益回馈给他人时既犹豫又不负责任。

从表面上看，我的工作方法对我身边的人来说似乎效果都不错，我单位里的团队似乎对每天晚上组织的运作方式都很满意。

在这个职位上干了几周之后,我的信心开始上升——这时候适当受点儿打击是件好事。

那天晚上我听到的声音来自史蒂夫,他是一位优秀的军官,比我年长3岁,当时我已经认识他好几年了。他负责监督特遣部队在伊拉克各地的多个下级单位的运作,包括我所在的单位。作为他的下级军官,我每天都要向他汇报。但他也是一位导师,在我们的交流中他给了我许多特别好的建议。他声音中明显的失望唤醒了我。

那天晚上,史蒂夫一如既往,一直在密切关注着特遣部队在伊拉克各地发起的不同行动。就像特遣部队中的大多数人一样,他也能看到在我们组织结构图的边边角角位置上的人员在战场上发生(或未发生)的所有事情——这是如今技术支持的战场和我们定期 O&I 论坛的功劳。他的经验和能力,加上我们运作模式的透明度,使他能够将资源重新按需分配给战场上的其他人。

那天晚上,他的声音在电话里听起来与以往我们彼此互致问候电话时大不相同。我意识到他生气了。

"我们为什么没动起来?嗯,这边没什么动静。"我回答着史蒂夫尖锐的提问,仍然不知道他为什么这么气恼。

我知道他问的是为什么我们的团队当时都没有出去行动,但这是由于针对我们的优先目标缺乏可执行的情报,上次在 O&I 论坛中我们对这一点是达成共识的。像他一样,我也可以看到伊拉克其他地方有大量的活动,我认为这更值得他关注。我们这个部门的战斗空间当然覆盖了大片领土,但是在那个时间点上,伊拉克境内还有一些其他单位比我们更加活跃。

我的这些同级单位都在各自负责的区域采用和我们一样的方法行动：他们列出一份在自己负责的区域内活动的武装分子和恐怖分子的名单，了解在他们的这些网络中谁特别有影响力，并据此努力破坏这些网络。

我们的运行节奏决定了在我们的指挥下采取的这些破坏行动的节奏——每周7天，每天24小时。将我们的团队连在一起的行动节奏，只会因为天气的偶然性、资源的短缺或偶尔行动信息有所缺乏而放慢下来。史蒂夫打电话的那天夜里在我们这个地区的团队中出现的就是这种情况，当天也是缺乏可执行的情报。在我们这个地区，"基地"组织的主要人员都没什么动静，所以我们的战术小队也无事可做。

"嗯，如果你不打算行动，那就说明你没有密切关注我们的战斗中正在发生什么事情。"史蒂夫回答说。他对我若有若无的气恼很快就变成了明显的失望。

后来我才知道，史蒂夫当时认为我故意忽略了他之前在我们组织的网络上向其他人传达的一条关键信息。当我们交谈的时候，他发觉我对此一无所知后，才略微平静了一点儿。

他提醒我，"基地"组织网络中的一个目标人物已经从另一个团队的行动区域消失了。最近有人发现这个目标人物的表弟进入了我们单位的战斗区域：他们偶尔会一起行动，但他表弟本人只是个微不足道的小角色。史蒂夫问我是否了解这一信息。

"是的，我知道这个人，但是他不在我们的优先名单上。"我解释道，"他和我们追踪的任何一个特工小组都没有联系。而且他的表弟是个无名小卒。"

我觉得史蒂夫弄错了。他提到的那个人与我们这里的战斗毫无关系。没有迹象表明他曾到过我们这个地区，而他的表弟基本上就不重要。以我短浅的眼光来看，这个人并不是我们团队优先关注的目标。

我的错误很快就被纠正了，电话响了起来，我的想法得到了回应。

"首先，你错了，我马上就会告诉你原因。但是其次，你已经知道他对别人来说很重要。既然他到了你的附近，现在他就是你的优先事项。"史蒂夫说，"富塞尔，你想想吧，我们一直在谈的不就是这回事吗？除非你能考虑到其他团队的需要，否则我们是打不赢的。"

这是我接受指导的时刻。

我意识到，与伊拉克其他地方忙乱的行动相比，史蒂夫更加关注的是我们的停滞不前，以至于他觉得有必要和我谈谈，让我意识到自己的问题所在。今晚我就是他的具体问题。由于我们在这一刻的不作为，他不得不从只监督不插手的监督模式转变成要插手的直接指导模式。

史蒂夫接着解释了我对这个人的重要程度理解有误的第一个原因：诚然，这个人不是个战士；他没有担任正式的领导职位，没有独特的技能，也没有在宣传视频中的感召力。但他认识的人多，他是个典型的枢纽式人物，能够推动他所联系的那些人表现出最好的一面。

在一个快节奏的网络环境中，我们很难将焦点聚集到像他这样的人身上，而且他的行为在正式文件上可能显得无足轻重。然而，他在伊拉克各地四处活动，这就是一个早期的迹象，预示着其他一些以前没有联系的行动者将联合发动更大规模的袭击。他独自一人的时候，并不能影响我们的行动，但如果让他有机会与其他同谋互动，他就能催化出巨大的破坏。

现在，他有可能已经进入了我们的作战区域。

这是我错过的背景资料，因为我一直专注于向下、向内，眼里看到的只有我自己的实线指挥链上的事情。尽管我也接触过其他团队的想法及其优先事项，尽管我现在的职位已与往日不同，但我仍然专注于自己的团队所面临的局部威胁。

从别处来了一个人，他既不是战士，又不是头领，也不是造炸弹的？另一个部门有人怀疑，他可能和他的表弟在一起，而这个表弟本人只是个无名小卒？我肯定看不出这里面有什么关联，更不用说付诸行动了。

但史蒂夫是我了解并尊重的领导者，他对我的指导强调了我们混合模式中的领导者需要采取的思维方式。我的工作是考虑到我们整个大单位的优先事项，并据此采取行动。

史蒂夫讲完其中利害之后，我急于纠正自己的错误。

"明白了。我们这就采取行动。"我匆忙地对着电话说了这两句话，然后准备放下听筒，同时已经在考虑我们需要采取的行动了。还没等电话挂断，我又听到史蒂夫的声音从我手中已经拿远了的听筒中传来。"嘿，等等。"他说。

我停下挂电话的手，再次把听筒贴在耳朵上。

他说："听着，所有的情报都在你手上。你如果没有情报，就告诉我你需要什么。把情报联系起来，做出决策，然后执行。"

你手里有权，应该用上。在我这里，我可以解释战略重点，确保我们都在讨论并分享情报。然后就轮到你来负责把所有情报理出头绪并采取行动了。"

我把我们之间的这次互动当成一次警告。我理论上明白了，但实践上还不完全懂。

决策空间与找到正向偏差

总的来说，决策空间是组织内关键领导和团队明确沟通好的决策方式。当一个组织中所有的领导者和决策者都拥有广泛的决策空间时，无论是犹豫的还是偏差的行为，普通员工都能对其进行识别和调整。

历史上，当组织结构相似的军队或企业相遇时，在战场或商场上就能反映出它们各自的结构和努力。这种方法提供了一种相对直截了当的集中指挥方式。彼此对立的双方领导者遥遥相对，各自占山为王、统观大局并指挥手下行动。这就好比是下一盘棋：高手双方都能看出对手的下一步棋打算下在哪里、意欲何为，分析双方场上的位置变化所带来的机会，并相应地调整自己的力量。

如图 6-1 所示，这种作战方法被称为"对称作战"，这种战争形式由高级领导者制定战略，将其传达到组织的执行部门，对决策空间的限制只容许出现完成工作所需的最小偏差。授予额外的权力会导致高级领导者对整盘棋局的掌控出现不确定性增加的风险。通过实线上下级来传达简单、短期的指令是一个更便于管理的选择：锁定主要目标。摆脱左右两翼的队伍。在新目标处等待新的指令。

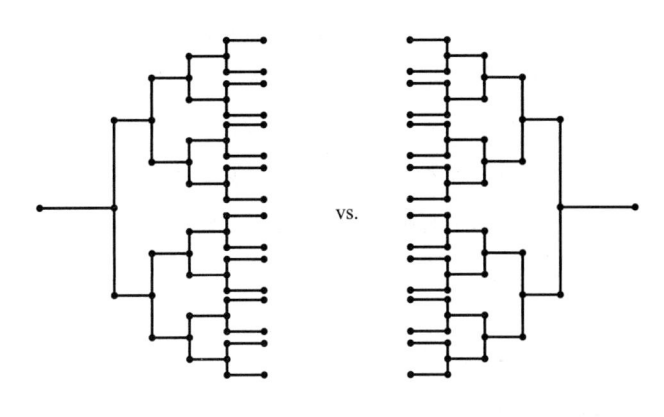

图6-1 对称作战

但是，当今许多组织的最大威胁并不是以传统方式构成的，而是网络化的，其速度快且不断变化。传统模式的集中控制跟不上它们的步伐，组织的决策方法也必须进行相应的调整。

"小团队构成的大团队"混合模式使组织的前线小分队能够对外部环境中网络化的各种威胁迅速做出反应——绕过先前劳累过度的信息泵型领导者，并降低三五成群的小型团队和领导者之间的隔阂程度。

但在实践中，只有当系统中的个人在遇到新的外部发展时做出正确的行为和表现出主动性时，这种方法才会于组织有益。战略领导者可以设计与实施必要的做法来创建"小团队构成的大团队"模式，如本书所述，包括创建和传达协调叙事、构建O&I论坛与设定运行节奏，但是除非该组织的普通成员充分利用提供给他们的机会，否则这些措施的效用是有限的。

如图 6-2 所示，与前面所描述的对称作战中那样的直线指挥相反，今天的团队需要的是在方向大致确定的前提下有足够宽阔的大道供其驰骋。"小团队构成的大团队"混合模式告诉各单位的不是采取这些步骤来完成 X，而是给你这些权限和约束，由你来完成 X。团队或领导者不能独立打破约束，而是要将相关权力持有者以（他们认为）有必要的任何创造性的方式结合起来，其目的都是向 X 前进。

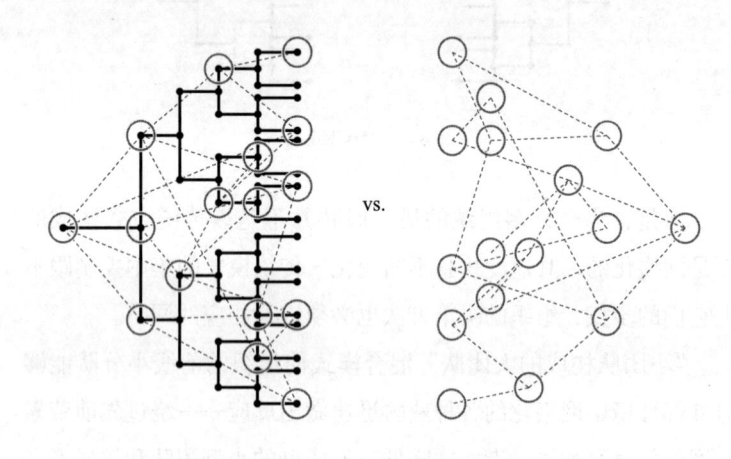

图 6-2 "小团队构成的大团队"混合模式

在特遣部队内部，高层领导者通过赋予各团队和负责人的职责，在他们之间划定决策空间，并将加在他们身上的限制明确传达给他们。每当一个由个人或团队构成的网络遇到外部环境中的一个问题，要求他们"打破"其中一个约束时，他们就需要向自己的直接上级报备，上级在授权执行期间可以批准或拒绝他们的请求。

这大大扩大了我们的团队施展身手的范围——他们不再受限于他们告诉我要做什么、我该如何实现这一目标等问题。相反，他们问的是：考虑到我们的决策权和我们组织的战略方向，在可能的范围内会发生什么？在我们具有透明度的系统中，开始鼓励以这种方式思考，因此偏差和犹豫的行为一旦发生，很快就会凸显出来。

在管理学家唐纳德·苏尔和凯思琳·艾森哈特于 2015 年出版的《简单的规则——如何在复杂的世界上茁壮成长》一书中，他们建议在复杂的外部环境中使用易于理解的决策指导方针。他们的主要论点是，随着复杂性的增加，组织倾向于创建越来越复杂的解决方案，既难以推广，也难以重复。另外，"简单的规则"创建了一个易于扩展且便于理解的框架来进行内部操作。用苏尔和艾森哈特的话说，这些规则适用于决策者："因为他们专注于决策的关键方面，而忽略了外围的考虑。"

我们推荐的划分决策空间的方法遵循了类似的逻辑——特别是苏尔和艾森哈特关于"边界规则"的建议，这有助于决策者通过清楚地传达必须满足哪些条件才能采取行动来缩小行动方案的范围。创建决策空间，就相当于承认单靠共享意识，在授权执行阶段能提供的信息与联络是有限的。

此外，决策空间必须一直是可变的。这种变化应该取决于特定团队或其领导者已证明的能力以及环境的变化。在特遣部队中，已证明的能力、表现出的正直及良好的关系管理将转化为团队更广阔的决策空间。

当然，新的团队或领导者应该被置于更严格的操作约束之下。这可能会让他们松一口气，因为他们必须向直接上级汇报的次数远超那些更有经验的同事。当领导者在他们的决策空间中表现出更大的能力，并进一步争取更多自主权时，他们随后得到的奖赏是对他们的约束进一步减少。

如图 6-3 所示，对企业领导者来说，有几种展示和交流决策空间的方法可供选择。例如，在麦克里斯特尔团队与一家价值数十亿美元的消费品公司合作的案例中，高层领导团队发现，给产品供应部门的领导者一人发一块决策空间桌垫让他们放在办公桌上，是阐明不同领导者各自情况的最好方法。

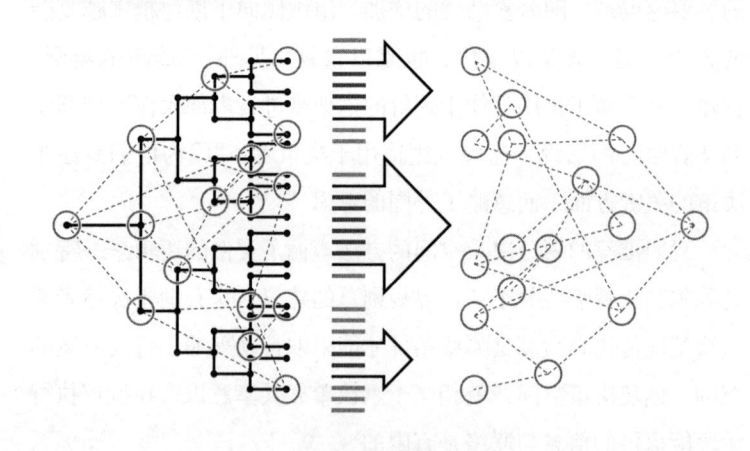

图 6-3　领导者展示和交流决策空间的方法

相反，特遣部队的决策空间则是另一种情况。特辑部队通过领导者传统的直接口头强调以及来自同级同行的社会压力进行沟通。这两种方法（以及其他介于这两个例子之间的情况）成功的关键是所有的决策空间都极为清晰可见，无论是对决策空间的主体，还是对那些从其工作的直接职能看居于次要地位的人来说都是如此。

但是，回到犹豫和偏差行为上来说，决策空间的创造可以鼓励那些天生犹豫不决的人，让他们充分、独立地行使自己的权力，同时也会限制那些偏差行为有可能超出可接受的风险水平的者。再加上 O&I 论坛的透明度，领导者能够以远超过仅靠官僚机构所能达到的速度来见证和学习彼此的经验。几乎所有的领导者在第一次接受非传统的、充裕的自主权时，自然会发现他们新得到的自由有些令人生畏。

像我这样的领导者，起初不怎么愿意在开放给自己的权力范围内行动，于是仍然采用过时的方法——与上级协商并请求许可。我们会问，我打算找个研究情报的搭档，让他看看我们拦截的情报，这样行吗？你可能会听到他们询问，我能和市场研究人员一起看看我们对销售的预测吗？这是领导者拥抱真正的授权时自然产生的犹豫。在领导者真正准备接受自己的权力并承担相应的风险之前，他们需要明白，这不仅是说说而已。

但采用一种透明的混合模式，就会有多方面的指导和社会压力，阻止领导者本能地放弃自己的决策权，并在整个企业中强化积极的行为。因此，组织的整体信息量可得到指数级的增长。

这类情况既有直接发生的，也有间接产生的。例如，我从史蒂夫那里得到的指导就是直接的。但是，其他领导者所表现出来的行为是我需要向他们学习和效仿的，这是在我们彼此沟通无碍的组织结构下，我每天都能看到的。我和无数其他人每天都能看到什么样的做法是"正确的",于是我们也按照这个标准行事。

这些做法的全部目的是奉行正向偏差者的个性类型——一个了解并尊重自己的决策空间,并愿意打破边界、挑战这个系统的领导者。

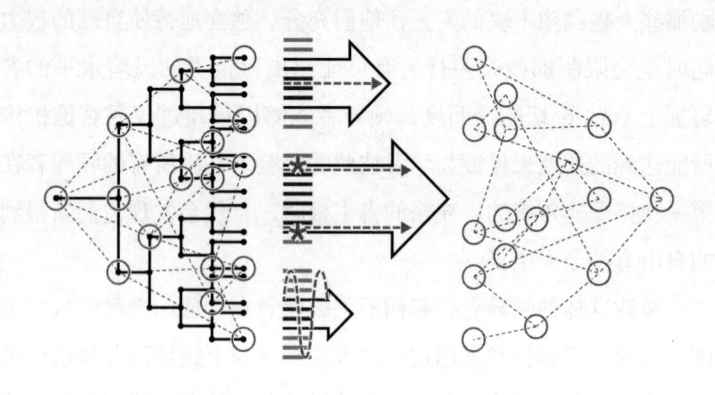

图 6-4　决策空间中三种不同类型的领导者

如图 6-4 所示,不可避免的是,并不是每一个领导者都会在这种模式中成为一名正向偏差者。任何实行"小团队构成的团队"管理模式的组织都会发现自己的员工中有各种不同性格类型的人,既有挑战自己决策空间限制的正向偏差者(由图 6-4 中间的箭头表示),又有对于使用自己已经获得的所有自主权犹豫不决的人(由图 6-4 顶端的箭头表示),也有经常超出自己决策空间的负向偏差者(由图 6-4 底部的箭头表示)。犹豫不决的领导者和负向偏差者对组织的运行效能来说都是阻力和风险,如果他们想在这个不那么固定的系统中生存,他们就需要更多个别关照以及决策空间的可变性。

这个时候，一个明确的运行节奏的优点就体现出来了——在这里，彼此沟通的结构可以确保相关的环境发展是得到共享的、通盘考虑的，而且正向的行为得到突出和加强，负向的偏差或犹豫行为则被实时根除。我们的节奏不是一个季度或一年进行一次回顾，而是保证我们整个企业每天都能对领导者的举动有所了解。

在我们的队伍中识别出正向偏差者，是特遣部队决策空间分配最重要的成果。这些正向偏差的领导者会不断测试自己决策空间的界限：他们了解游戏规则，也愿意遵守这些规则，但他们也会不断寻求更好的游戏方式。他们掌握了战斗的复杂性，在他们权力的边界上行走自如。

组织需要很好地识别和保护这些领导者，但在传统的组织结构图中他们是很难被识别的，因为年轻领导者的自主权通常都受到很大的限制。官僚机构的建立就是为了约束甚至是惩罚那些正向偏差者。而"小团队构成的大团队"管理模式将这个传统抛在脑后，强调并奖励那些最好和最有适应性的领导者的努力。

推动边界

在史蒂夫将我唤醒的那通电话的一个月后，我在自己的队伍里目睹了一次正向偏差的行为。

"他们在干什么？"我听到我的行动事务助理这样问道。在我们的联合作战中心，他就坐在我身旁的座位上。

我一直专注于协调另外两个正准备启动的任务。我从笔记本电脑上抬起头来，随着他的视线看向挂在联合作战中心前面墙上的那些屏幕。其中一个屏幕上显示的是一架无人机传回的现场视频直播画面，画面上有一支由6辆斯瑞克装甲车组成的车队，这些车辆是北大西洋公约组织各部队的运兵车。

笨重的装甲车队正在移动，似乎是朝着幼发拉底河的方向——很可能驶向我们部队经常使用的一座水泥桥。这座桥是我们的部队进入拉马迪的几个入口之一，这座城市当时正处于暴力冲突的顶峰，因此后来在整个冲突过程中都臭名昭著。

我认出了那些斯瑞克装甲车。它们隶属于归我们指挥的一支陆军游骑兵团，是我们实线组织结构图中的一个附属单位。在我和我的行动事务助理看来，他们已经按捺不住，急于求战。

游骑兵的选拔过程与特遣部队其他部门人员的选拔一样，是十分艰苦的。美国陆军设在佐治亚州本宁堡的游骑兵学校的课程是一个传说，其淘汰率约为50%。经历了千辛万苦，最终成功加入游骑兵团的士兵会在他们的左肩上佩戴一个写着"游骑兵"的小标志，表明他们加入了这个精英部队。就像海豹突击队的金色"三叉戟"和陆军特种部队的绿色"贝雷帽"一样，这种有形的图腾是一种部门叙事的象征。将图腾佩戴在身上的人，也会将部门叙事铭记于心。

但是，自特遣部队成立以来，诸如协调叙事、论坛和运行节奏等做法已使我们各部门的运作和文化结合起来，我们有了同一个使命的心态。这确保了忠诚于本单位的感觉继续存在，但并不会因此而剥夺或破坏我们各团队所珍视的相互作用或共同目标。这使我（作为一名海豹突击队员）能够有效地管理来自游骑兵团、海豹突击队及其他部队不同文化背景的成员所参与的行动，就像海豹突击队在战场上也同样受到陆军部队领导者的管理一样。我们尊重部门荣誉，但完成任务是第一位的。

我以前曾负责协调游骑兵部队在整个安巴省的行动，多次见过同样的斯瑞克装甲车队进城。在过去的几周里，驾驶车队的游骑兵部队在城里各个地方夜以继日地采取高强度的行动。他们表现出了一种与他人建立联系的能力和意愿，这使他们得到了相对广阔的决策空间。

城市的郊区相对处于控制之下，但是，正如他们显然打算要做的那样，过桥进城则意味着进入一个完全不同的危险领域，这可能会牵涉我们的许多其他单位。最近，我们麾下几乎每个进入拉马迪密集的城市丛林的车队都遭到了袭击——有的是简易爆炸装置袭击，有的是小型枪战，也有的是两者结合。

我们看着那支斯瑞克装甲车队稳步驶向城里，我转向我的行动事务助理，试图将自己看到的事情弄清楚。

"他们有空中掩护吗？"我一边问他，一边用手指着前面的屏幕。我刚才在处理几件别的事情，以为自己错过了这个关键的细节。

"还没有。"他回答道，"我打给巴拉德，看看他能否给他们找些空中掩护。"

这是个问题。在没有空中支援的情况下进入拉马迪是超出这个团队决策空间之外的行动。这条禁令是该团队的"边界规则"之一——采取行动时必须遵守这个要求。

像我们的组织所拥有的许多其他资源一样，类似攻击型直升机或固定翼战斗机这种空中支援在这样繁忙的夜晚总是供不应求。

在必要的时候，这些资源可以为行动团队提供许多额外的火力。比如这支游骑兵过桥的时候，肯定会与极端分子进行某种程度上的激战，因此如果没有空中火力支援就派出人去（即使派出的是像这次一样的团队），那就太冒险了。

对这些游骑兵部队决策空间的约束就好比我们的实线领导者说，尽可能快地行动起来对抗敌人，但是我们已经评估了这种情况下的风险，认为你行动时需要额外的火力支援。这条规则不得违反。规定了这项限制，我们的领导层就可以控制团队可能出现的、会给整个集体带来非线性后果的负向偏差行为，并且（当团队向领导层请求空中支援时）时刻掌握游骑兵部队的活动情况。

因此，我们的实线领导者不需要花费太多精力向下向内关注下属团队的工作。相反，当团队开始需要打破既定的约束时，它们会主动汇报的。

然而，我当时并没有收到游骑兵部队没有空中支援就采取行动的请求。这很不寻常——我知道对方领导者是我们最有经验的指挥官之一，他为自己的团队赢得了很大的自主决策空间。但现在，他显然打算漠视为数不多的那几条约束他行动的限制之一——与法国兴业银行那个恶劣的交易员科维尔一样，这位军官似乎也有可能因为急于完成自己的任务而付出代价；他要打破规则，不考虑自己的行为会对整个组织造成什么样的风险。

更糟糕的是，他需要的不是我作为一个行动层面的领导者可以直接控制的东西：空中支援是一种集中化的资产，我必须代表我们的团队向我的实线上级请求派遣。我无法理解这个游骑兵军官为什么会带队采取这样的行动。

"给他们提供空中掩护方面有什么新情况吗?"我问我的行动事务助理,希望我们的上级已经对我们一分钟前刚刚提出的请求做出了反应。

"还没有。显然,空军火力被困在巴格达了。"他回答道,"我们无法估计他们什么时候能到这里来。"

我站在那里,伸手去拿耳机和步话机。我当时认为,准是在我们指挥链的沟通上出现了失误,那位游骑兵军官误以为自己的行动已经有空中支援了。我必须赶快叫他掉头回来,否则他带着队伍在这个危机四伏的城市里孤军奋战,很快就会被打得抬不起头来。

但就在我手里拿着步话机正要呼叫他的时候,整个斯瑞克装甲车队突然停了下来。我把拇指从步话机的呼叫按钮上收了回来,盯着屏幕。无人机上摄像机的光圈动了动,现在我可以看清他是在哪里让车队停下来的。领头的那辆斯瑞克装甲车距离桥头只有几米远。车队停在了拉马迪城区的边缘。

我手里拿着的步话机响了起来:"请求空中支援。"这是那位游骑兵军官,他正从他的斯瑞克装甲车上进行呼叫。鉴于当时的情况,我一反常态地笑了起来。

并没有什么误解,现场指挥员没有不顾自己的决策空间——他只是最大限度地利用了自己的权限。他的团队为数不多的几项限制之一是,没有空中支援他们不能进城——但没什么限制他与分析师团队讨论、将情况介绍给他的游骑兵手下、登车、驾车穿过几千米相对安全的地带来到桥边,然后就在危险的城市以外停下来请求上级派直升机来。

他的队伍已经来到他们决策空间最边缘的地方，坚定地推动着我们的官僚边界。这名军官在自己的权限范围内尽了最大的努力，尽可能快地推动他希望采取的下一步行动，同时也向我们的系统发出了一个明确的信息，即我们就是这次行动的限制因素。

"好的，我会再次呼叫巴拉德。"我对行动事务助理说道，一边拿起了放在我面前桌子上的保密电话。我想看看能否让上级加急处理刚才已经提出的空中支援请求。

几周前给我打气的陆军军官史蒂夫接起了电话。

"我有一个排在拉马迪城外准备行动。能给我们派人进行空中掩护吗？"我问。

"是的，我看见了。"史蒂夫笑道，他从巴拉德也一直在看着同样的画面，"明白。我们很快就会派直升机过去。"

他停顿了一下，我能听到他在和周围的人讲话，毫无疑问，史蒂夫肯定能让游骑兵部队得到他们需要的东西。他回到通话上来："直升机正飞向你们的方向。它们会在4分钟后到达拉马迪。晚安。"

我们迅速呼叫地面部队，向他们确认他们很快就能得到所需要的掩护。5分钟后，他们车队的最后一辆斯瑞克装甲车进入拉马迪城内的对方控制区，他们的任务执行得很顺利。

在这名游骑兵军官驻守的剩余时间内，要求空中掩护这个限制是永远也不会从他的决策空间中移除的，但他用创造性的方法最大限度地利用了自己的决策空间，这有助于让同类团队看到这种行为的重要性。

再往前进一步，其他团队也会效仿他的行为——通过O&I

论坛上的网络对话和综合分析，他们的做法成了"最佳实践"，所有的团队都学着像他们那样在得到执行任务需要的所有掩护火力支持之前，提前将车辆准备好，并向城市的方向开进，迫使我们在操作层面上努力让他们需要的掩护支持迅速就位。在我们组织的官僚领导下，所有人都必须尽可能迅速地行动起来，在我们与武装分子玩的没完没了的猫捉老鼠游戏中，尽可能缩短反应时间。

这正是施普赖策和索南沙因提出的正向偏差的完美示范。游骑兵军官偏离了规范，但他尊重我们的战略意图与协调叙事，同时也挑战了给他的限制。此外，这对我们组织中的其他领导者随后做出的行为也将产生连锁反应。最后，那天晚上发生的事件以及后来采取的这种行为给我们的实线官僚领导层提出了一个问题：以后我们应该放松限制，给我们的战术单位更多自主权吗？

控制决策空间可以让领导者降低额外的风险，但最好的领导者也有能力走到他们自主权的最边缘——然后推动边界，争取更多自主权。这些正向的偏差行为和他们的高绩效团队是对我们系统持续进行的压力测试，通过挑战每个有关人员，让他们行动得更快、做得更多，并且永远不让规则或传统思维扼杀我们解决复杂问题的能力。

但不可避免的是，决策空间也有其局限性——过了某个界限，自主权就无法进一步扩大了，此时必须寻求高级领导者的干预。当团队遇到一个非常敏感的环境情报时，一个授权执行的阶段就有可能需要中断了。然而，如果管理得当，决策空间就是混合型组织的顶点，它能对风险进行最终的控制，并授权团队在你控制的范围内快速移动。

如果你们已经建立了协调叙事,创造了有效的运行节奏,建立了"深井"间的相互联系和自主空间,那么你们就可以处理复杂的环境了。

但是如何推广这个模式呢?它能如何影响你们全球性组织的其他部分,跨越千山万水在你们之间架起桥梁,或进入你无法控制的业务单位?或者,就像在特遣部队中这样,如果在一场复杂的战斗中有其他独立的组织是你们关键的合作伙伴该怎么办?在这种情况下,你可能会考虑派遣使者来传播有关你的使命的消息。

需要考虑的问题

◆ 在你们的组织错过的机会中,有多少次某支团队本来是知道该怎么办的,但它必须向上级汇报,明确组织是否允许它采取行动?

◆ 组织里的人真正了解他们有权做出哪些决定吗?至于你的关键领导者,你如何确定他们的权威和限制并与他们沟通,也就是说,你如何创造决策空间?

◆ 你觉得你们组织中存在犹豫不决者和正向偏差者吗?哪些领导者或领导者群体最能体现这些行为准则?

◆ 你现在有能力在你们组织中识别并利用正向偏差吗?如何使用 O&I 论坛和互联技术来帮助简化这个过程?

案例研究

医学之星公司

引语

当你读到下面对医学之星公司在决策空间上的细致应用所做的深入研究时,请首先注意该组织是如何开始这一行动的。当时,该公司极大地扩展了精挑细选出来的战术层面上的一小群领导者的决策空间,以便让他们在组织中更好地采取主动行动。

此外,请注意这些被授权的领导者如何与其他外部利益相关方一起自由交流,耐心地跨越传统的官僚主义结构,从而更好地进行沟通。

最后,请密切关注医学之星公司是如何识别阻碍组织中决策权力下放的不良特性的。还请注意,分散决策的实施是如何允许出现正向偏差行为,从而产生可量化的结果和业务上的改进的。

设置

2010年3月23日，在经历了似乎是没完没了的、意见分裂的公开和立法辩论之后，时任美国总统巴拉克·奥巴马签署了《平价医疗法案》，由此美国已经令人眼花缭乱的医疗保健行业又产生了一系列异常复杂的变化。政界左右两派都有许多人反对这项新的法案，有时他们表现夸张，到今天也仍然如此。

许多右翼人士认为，这项法案是政府对医疗保健的一种空前的、含蓄的、邪恶的干涉，有些人将其形容为"纯粹的收入再分配游戏"；而左翼人士批评《平价医疗法案》未能提供达成全民医保的公众"统一支付计划"，因此尚有数百万美国人不能从中受惠。

对公众而言，这项法律最引人注目和备受争议的特点包括有关个人授权、国家托管的医疗保险交易所以及所谓的担保保险问题（这使得保险公司无法拒绝承保具有"预先存在的条件"的申请人）的规定。

但对得克萨斯州一家急救医疗服务组织（EMS）的高级主管马特·扎瓦茨基和美国各地许多其他的急救医疗服务人员来说，更值得他们注意的一个法律上的细节似乎没有得到公众更加广泛的关注。在扎瓦茨基的工作单位，这个被忽视的立法细节——我们很快就会对其进行研究——将会带来一个改革和提高业务的巨大机会，其中包括重新设计其战术级护理团队的职责。

2016年秋季，我受邀在达拉斯给一群医疗保健专业人员做报告。很快，我就来到AT&T体育场包厢后面的一个私人俱乐部里准备进行演讲。那是一个周二的早晨，体育场里空空如也，但对像我这样一个从小在餐桌上讨论着达拉斯牛仔队和匹兹堡钢人队的橄榄球赛事消息长大的人来说，这仍然是一个激动人心的时刻。

演讲结束后，我在观众席上坐下，正以为自己已对得克萨斯州的医疗保健有所了解的时候，令我十分惊讶的是，马特走上台说："好吧，我来告诉你我们是如何实施'小团队构成的大团队'管理模式的。"然后，他开始用令人难以置信的数据来说明商业案例，讲他是如何利用我们在这本书中所分享的原则的。

扎瓦茨基任职的企业是医学之星，该公司成立于1986年，是个地方政府机构，当时它的名称是得克萨斯州沃斯堡市地区救护车管理局，到今天它仍然是该地区唯一的一家急救医疗服务组织。医学之星在财务上自负盈亏，不享受来自公众的税收补贴，而是依靠从服务对象那里得到的、员工称之为"希望"支付的收入——其资金来源遵循"公共事业模式"，无论医学之星从医疗服务中获得多少回报，它都完全投入支付成本和购买其团队在现场使用的新设备上去。

2016年末，当我绕着该组织占地约7 896平方米的总部四处走动时，我反复听到其内部人士提出的一个说法。医学之星的员工使用一句六字箴言描述其传统的司法限制："你呼叫，我拉走。"

短短几个字说明了他们有限的职责范围，概括了过去对该组织核心人员的所有预期：一线护理和急救人员。按照2010年之前的急救医疗服务组织规定，医学之星员工的职责相对有限：响应紧急呼叫，把那些需要治疗的病人送到当地的急诊室，就这样周而复始。

"你呼叫，我拉走。"

虽然现在这个角色仍然由医学之星的员工来担任，但在那以后该组织又创建了另外一个独特的、更具实验性的角色。

问题

为什么医学之星（当然是有限的）服务的报酬在传统上是"希望"而不是预计会有多少？这个问题的答案与美国极其分散和复杂的医疗体系所面临的日益增加的压力有关，这一点扎瓦茨基和他在医学之星的同事以及当地以营利为目的的医院都深有体会。

1996—2006 年，美国人看急诊的频率增加了 32%，这反映了在美国通常没有保险的低收入人群将急诊作为医疗保健安全网的主流趋势。这种模式显然是由许多因素共同作用的结果，这些因素包括美国某些地区医生长期短缺、看急诊"先治疗，后付费"的性质以及医疗保险费用的普遍上升。

此外，慢性疾病如充血性心力衰竭（CHF）、糖尿病、肺气肿、肥胖、慢性阻塞性肺疾病（COPD）的患者蜂拥而至，说明人们常常不将急诊室真正当作进行急救的场所，而是在这里做些通常在初级医疗条件下进行的治疗。2010 年兰德公司的一项研究估计，所有在急诊室就诊的患者中，有 14%~27% 进行的是非紧急护理，还有其他人认为这一数字高达近 40%。

在这种趋势下，再加上许多患者无力支付全部治疗费用，急救医疗服务组织的基本财务能力令人怀疑——不仅是为进入急诊室的患者提供必要治疗的医疗系统，而且包括像医学之星这样试图通过收费将患者安全送至医院和诊所的急救医疗服务机构都不能幸免。

用扎瓦茨基的话来说，医学之星"不做钱包活检"——在沃斯堡的大约 100 万居民中，只要有一个人拨打了 911，他们就会出动，如果有必要的话，就将病人送去急诊室，无论他们有无支付能力。情况一直如此，直到《平价医疗法案》签署成为法律。

还记得吗？在《平价医疗法案》中有一项条款没能引起公众的注意，但对医疗保健系统和像医学之星这样的急救医疗服务组织来说是相当值得注意的。这条法律被称为"3025 条款"，它极大地改变了医学之星及其同行的财务激励机制。《平价医疗法案》的"3025 条款"对 1935 年的社会保障法进行了修改，授权联邦医疗保险和医疗补助监管机构将他们的支付模式重新调整到美国的医疗系统中，围绕对患者的健康有利而不是其经历的治疗次数进行支付。

因此，这些机构开始制订激励计划，以控制医疗保险和医疗补助计划如何向医院支付费用：现在，如果某个系统的某种慢性病患者重新入院率高，联邦当局将按比例扣缴联邦医疗保险和医疗补助款项给该系统。患者还是会支付治疗费用的，但现在医院系统将由于其重新入院而产生不小的经济损失——即使患者能够全额支付医疗费用。

随着 2010 年《平价医疗法案》的通过，患者和急救医疗服务组织以及私人医疗保健系统的激励机制突然一致了起来：患者长期健康状况下降或停滞，将对所有相关人员的财务状况产生负面影响。他们现在有了财政激励措施，以确保真正以病人为中心、以价值为基础的护理，而不是用一种以事件为中心的方法来尽可能增加病人的就诊程序。

对扎瓦茨基的团队来说，这是一个可喜的变化——正如医学之星的首席执行官道格拉斯·胡滕所说："理性地说，我们现在当然愿意有一种模式能让病人的利益与我们系统的利益相一致。"

同样，当地的卫生保健系统也有理由更愿意与医学之星合作。戴维·劳埃德医生在医学之星的这些合作系统之一的北得克萨斯专业医师协会担任医疗主任，他很赞成像这种单位一样以营利为目的的机构的新运作理念："对医疗机构来说，给患者看病最昂贵的方式就是让他们看急诊，而且这对他们的治疗来说往往并不是最佳的选择。"

现在有了"3025条款"的规定，以前互不相干的利益各方现在都有理由共享信息、无私合作，以共同解决当地底层人口的健康问题——现在的问题是，医学之星公司如何才能帮助他们充分利用这个机会。

解决方案

答案是扩大医学之星战术层面管理人员的决策空间。他们处理决策空间的方法并不完全是我们所概述的那种，但是医学之星在其团队中授予和鼓励分散决策的原则正是如何管理决策空间的极好例子。

自从这些举措开始执行，谢恩·安塞尔就一直处于第一线。

在沃斯堡市中心一家医院的停车场上，我坐在他那辆装备着医疗设备并带有医学之星品牌标识的SUV（运动型多用途汽车）

里，问他工作中经常看到的那些慢性病患者都是什么情况。那天我听到几个词——"空中飞人"、"奖励计划成员"和"超级用户"，说的都是像他的病人那样的人，我很想听听安塞尔对自己的职责是什么想法。

身材修长的安塞尔是从路易斯安那州梅泰里市移居过来的，他代表了医学之星领导层对该行业未来的看法。作为医学之星优秀的移动医疗救护人员（MHP）之一，安塞尔代表的是医疗急救护理人员传统责任的重大革新。与以前那种"你呼叫，我拉走"的做法形成对照的是，医学之星公司内部有一个新的说法来概括移动医疗救护人员的责任："我们是临床医生，不是技术人员。"

移动医疗救护人员是医学之星所谓"移动医疗计划"的一个重要核心。该计划指的是一系列旨在于高危病人出现紧急情况之前就积极识别并解决其医疗问题的项目。这些项目是在 2009 年，当《平价医疗法案》在国会中层层渗透、等待批准时由扎瓦茨基发起的，为的是确保沃斯堡地区病情最重的慢性病患者在非紧急情况下能在该接受治疗的地方得到适当的治疗——最好是在家里或初级保健场所，而不是去看昂贵的、通常也是不必要的急诊。

这些项目名目各异，从"9-1-1 护士分诊"，到"EMS 忠诚"，身处最前沿的都是像安塞尔一样的移动医疗救护人员，他们在沃斯堡地区向慢性病患者、老年人或其他易患疾病的人提供综合、自主的初级医疗服务。

当一名患者开始在沃斯堡的十几个医疗保健系统中频繁入院时，他们的移动医疗计划服务者开始注意到这一点。按照扎瓦茨基的说法，这些项目主要依靠"推荐"，受益者都是那些经常去其合作系统中看急诊且往往缺乏支付能力的患者。当这些人被推荐过来时，医学之星的一名移动医疗救护人员将去医院与该患者及其护理人员会面，并将患者纳入一个项目。

与传统护理人员相比，医学之星留给这些移动医疗救护人员的决策空间非常大。他们像医生一样，可以在家庭环境中给病人提供初级保健治疗和处方药，自主与不同外部组织的初级医护人员共事，并且通常会与病人面对面地进行长时间的交流。

最初不仅移动医疗救护人员和患者之间，而且移动医疗救护人员和患者在合作医疗保健系统中的初级医护人员之间也建立了联系，然后像安塞尔这样的移动医疗救护人员就会定期去这些患者的家里登门拜访。在患者家里，他们会在需要的时候提供初级护理，寻找并处理初级医护人员在该患者身上发现的健康问题的根源——那些在急救室里不一定能发现的问题根源。

安塞尔说："我们仔细查看患者的家庭环境，试图找出导致问题发生的原因——有没有什么容易绊倒的地方？地毯有没有铺得不平的地方？走廊里有没有垃圾？有没有烟雾和一氧化碳探测器？周围有没有宠物皮屑？灯坏没坏？他们吃什么样的食物或者他们吃得够不够多？他们服用的是什么药，是由不同的医生开的药吗？药品的标签清楚吗？"

移动医疗救护人员随后会在公共环境中会见患者的初级医护人员，看看他们发现并尝试解决过患者的什么问题。

到目前为止情况还算不错，但是最初医学之星是如何设立这个岗位，并选出安塞尔这样的人来从事这个工作的呢？这显然是非常困难的，正如扎瓦茨基总结的那样：

当我们最初试行该项目时，我们很难让医护人员加入……我们以前从来没有这样做过，他们也不一定相信这会起作用。因此，我们必须对报名者进行物质激励。我们给他们提供相当可观的加薪，我们主动支付他们的培训费用，甚至让他们带薪参加培训。但是即使采取了所有这些奖励措施，我们也只说服了 8 名医护人员承担这个工作。

医学之星目前拥有近 500 名员工，所以很难想象 2009 年这个进行了大力资助的项目的参与度会这么低——但再仔细想想，这也不足为奇。我们前面也说过，潜在的权力下放最初可能会吓住那些追逐权力的人。然而最早的几批移动医疗救护人员中就有安塞尔。德西雷·帕坦也是其中一员，他后来在医学之星当了主管。

面对巨大的责任领域，新当上移动医疗救护人员的医学之星员工具体在哪方面困难最大，每个人的情况各不相同：对安塞尔和帕坦来说，两个人都觉得自己新角色的"社会性"方面特别难掌握。

帕坦和安塞尔都参加了 2009 年医学之星第二届移动医疗救护班的培训，他们分别指出，尽管和他们一同接受培训的同事普遍具有较高的临床专业水平，但那些"就是不能以一种有利于友好环境的方式来表达事物"的人在适应这种新的、通常是非临床的角色时表现得最为艰难。

我请他们有话直说，于是帕坦解释道："作为一名管理人员，我现在已经知道，你根本就不可能教会某些非临床人员这个工作所要求的那种性格——相信我，我们都试过了。"在医学之星组织起来的最初的那一批移动医疗救护人员中，有些人退出了，原因就是需要他们改变自己的行为方式，去平衡他们与患者之间的自主互动与社会交往的细微之处，有效地与每个病例的初级医护人员网络进行有效沟通，并在经常面对令人沮丧的行为的情况下保持耐心。

帕坦描述说一些移动医疗救护人员有"同情心疲劳"的倾向，这反过来导致他们表现不合格。这表现在许多方面，并且在其他移动医疗救护人员眼中十分明显。帕坦认为这种疲劳的症状是对接触初级医护人员不上心或不去跟进病人的情况。这种犹豫着不敢充分行使权力的行为一旦出现，就难以忽视。

对安塞尔来说，他的一些同伴缺乏适应性的行为是以不同的方式出现的。他记得有个移动医疗救护人员在值班时不知出于何种原因"切断车辆的GPS"，因此失踪了很长时间。在这种情况下，为这个人提供的技术资源有助于其他人识别这种行为。在另一个案例中，安塞尔回忆说："一名移动医疗救护人员不能一视同仁，有时过度关注某些患者，对其投注的感情与自己的职责不符。"

与这些早期的负向偏差或犹豫行为的例子相反，其他移动医疗救护人员表现出对于系统的正向偏差行为。像安塞尔这样的成员学会了以一种积极、合理的方式来检测他们决策空间的界限。安塞尔说，在这一点上，他作为一名移动医疗救护人员的自主权是"无限的……如果我确实需要别的东西，只要给医生打个电话，他们就会告诉我们可不可以。"

安塞尔的意思是，虽然移动医疗救护人员可以在传统医护人员的权限范围之外处理药物和治疗问题，但他们的授权仍有局限性。每当有经验的移动医疗救护人员遇到超出自己权限范围以外的事情，他们需要迅速向患者的初级医护人员咨询或向医学之星公司的上级医疗主管反映情况。如果得到许可——多半是可以得到的——移动医疗救护人员就可以现场解决问题，替双方节约时间，降低成本，就像安塞尔说的那样，"甚至不用离开患者的住处。"

同样，当一位像安塞尔这样的移动医疗救护人员看到一位患者的慢性疾病恶化或注意到患者新的病情，那么这位移动医疗救护人员可以直接与患者的初级医护人员联系，或者从他们那里了解患者以前的情况，或者让他们一起想办法解决患者的问题。

但偶尔他们也得不到医生的治疗许可。移动医疗救护人员会因为受到这些阻碍而感到沮丧，特别是当他们此前已被该医生或其他医生允许超越他们的决策空间行事时更是如此。

安塞尔说："我们给不同的医生打电话提出同样的要求，却有可能得到不同的答案……所以这非常恼人，因为我是在努力做些对病人最好、对我们的系统也最好的事情。但是今天上面某个人告诉我说可以这么做，明天我却会因为做了和昨天同样的事情而惹上麻烦？"

但是面对这些挑战，安塞尔和其他像他一样的人已经了解到，他们可以利用哪些方法来获得进行某种治疗所需要的许可。

"如果我打电话询问有关呼吸机的事情，"安塞尔说，"如果出现了什么问题，我已经学会了去找'X医生'问个清楚。"在这些互动中，有时候当"治疗方案不起作用时"，移动医疗救护人员有权"找医生商谈,看看我们能不能想出一些在患者家里可以做的事情"——如此,移动医疗救护人员的决策空间受到医学之星权力部门的制约与控制。医学之星得以在降低成本的同时提高医疗护理的速度和准确性,但它也利用决策空间来控制系统中的风险。

通过与各种高危患者的积极互动,并得到更多的信任,以在新的权威领域采取行动,医学之星系统中的移动医疗救护人员(在理论上)可以学会解决整个沃斯堡地区医疗系统中的问题。

那么,这些举措是如何具体实现的呢?

结果

在医学之星的移动医疗保健计划开始7年后,当在电话中谈到该计划的成果时,有一件事扎瓦茨基说得很清楚:"在所有的急救医疗服务中,人们花钱治病主要看3个方面的结果,医学之星公司本身也一直是从这3个方面要求自己的,那就是保健系统的利用率、患者的健康状况和患者的整体满意度。"

医学之星旗下的项目——首要的是对移动医疗救护人员的授权——对这些关键指标是有帮助的。

自2013年以来,475名"超级用户"患者已将移动医疗救护人员纳入他们的初级保健网络,由此这些患者对其健康状况的平均认知(包括自觉疼痛、焦虑和移动性)提高了32.2%,其间这些患者看急诊的次数减少了1 917次。进行这种授权的第二个收获是,预防性医疗避免了"超级用户"患者462人次的住院治疗。

当然，随之而来的是成本问题——鉴于《平价医疗法案》的影响和移动医疗救护人员工作职能的先发性质，与医学之星合作的外部医疗保健服务允许移动医疗救护人员使用它们的医生、病人和数据，那么它们又如何从中受益呢？移动医疗保健计划的推出，意在通过减少"超级用户"对其系统的依赖来降低这些私有组织的成本，因此这个问题这是一个重要的考虑因素。

总的来说，这 475 例患者虽然人数不多，但他们经常看急诊，因此如今由于医学之星的移动医疗救护人员的努力，在这些患者身上已经替医学之星的当地合作机构省下了接近 880 万美元的费用。这些合作机构将省下的部分资金分配给非营利的医学之星，使后者确保这个循环得以维持，而移动医疗救护人员可以在出现问题之前继续主动地解决问题。

我们已经说过，当 2009 年医学之星开始推行这个项目时，他们只招募到 8 名已经训练有素的公司员工担任移动医疗救护工作。而且即便是这 8 个人，他们也是看在公司许诺要给他们涨工资、进行免费培训和带薪进修的份儿上才同意的。

很快到了 2011 年，年中新增了 2 个移动医疗救护职位。尽管医学之星现在已经不再提供免费培训和带薪进修了，但仍有 20 多位候选人报名申请这两个职位。

人们想法的变化可能在很大程度上与安塞尔等经验丰富的移动医疗救护人员一直努力工作，并向医学之星的其他领导者展示自己的工作成果有关："任何人都可以来和我们一起工作——没有任何限制。事实上，我这里刚招了几个早就对这个职位感兴趣的兼职护理人员。他们明确地说自己对这个职位感兴趣已经好几年了，而我们刚开始招聘兼职移动医疗救护人员，他们会提出申请的。"

这说明，患者和想当移动医疗救护人员的人对这些职位的热情已经超过了岗位需求，移动医疗救护人员与纳入计划的患者人数的进一步增加将显著取决于扩展方面的考虑。然而，安塞尔这样的移动医疗救护人员成功的公共性实践，以及由医学之星的战略领导者强化的这种分散决策的重要性，意味着对这种自主性的热情可能会进一步增加。

而在沃斯堡之外，可能还会出现更多的需求增长。自医学之星的移动医疗保健行动开始以来，该组织已经接待了来自美国42个州和6个其他国家的190多个医疗代表团，这些代表团都试图汲取沃斯堡地区的经验教训，并将其应用于自己的社区医疗服务。

像许多其他的移动医疗救护人员一样，安塞尔也接待了一些这种外来的代表团，向其传授经验。我们坐在他的SUV车里，驱车穿过沃斯堡市中心，在路上，他向我讲起自己最近如何带着两名南非医护人员和他一起值班，以及他如何愉快地向他们展示自己作为一名移动医疗救护人员在常规护理之外还能够做些什么。

下车之前，我问安塞尔，他认为对移动医疗救护人员来说，外人还有哪些方面需要了解。他想了一会儿，将太阳镜轻轻地放在额头上，然后回答道："大多数人都知道我们做的是什么工作。在急救护理方面，医学这部分他们是了解的，他们知道有些患者病得很重。但在移动医疗救护方面，他们还不是很了解我们所有的项目，他们不清楚自己为什么会到那里去，也不怎么理解我们的工作方式。"

我想我明白他的意思，也许说到底这项工作天生就有一种本能的行为因素，再加上一种必要的高层次思维，因此是很难完成的。有智慧的领导者能看出谁具备哪个层次的决策所需要的个性和高层次的思维，并据此设定其决策空间的边界。

第7章
联络人

"我需要和麦克里斯特尔谈谈。"电话中的声音没有一丝犹豫，"我是迈克·D。"

我接起巴拉德态势感知室里胶合板办公桌上响起的保密电话，做了自我介绍，接着就听到一个充满自信的声音唐突地提出这个要求。当时是2007年年底，我刚当上麦克里斯特尔的副官没几周。我觉得这个电话有点儿奇怪。

我想了想对方的请求：直接把电话交给我们的指挥官。也许这是个恶作剧？或者欺负我是新手？也许是对我的测试？

"等一下。"我说。我假装自信地把电话切到静音，很快找到一个更有经验的同事帮忙："有位迈克·D要找麦克里斯特尔，该怎么办？"

"如果这是一个玩笑,你可千万别和他们一伙。"我心里想。

我的这位参谋同事面无表情地迅速答道:"哦,当然,他是我们的一个联络人。他们打电话的时候,都是直接找最高领导。我一会儿再解释,赶快去找老板。"

我仍然不确定该怎么办,但还是听从指导,走进态势感知室,打断了麦克里斯特尔和其他几位特遣部队高级成员正在进行的讨论。

我走向他们身边,清了清嗓子:"打扰一下,长官。"麦克里斯特尔突然停了下来,扬起眉来看着我,什么也没说。

"有个迈克·D打进来的紧急电话。"我继续说道,显然有点缺乏信心。很明显,我不知道迈克·D是谁,也不知道是不是应该直接把他的电话接过来。

但麦克里斯特尔听了之后朝我点了点头,拿起了身前的电话,接通了几秒钟前我刚接到的那个保密电话。

"迈克,有什么情况?"他停了一会儿,听对方讲话,"等等,我打开免提,让态势感知室里的其他人也听听……谢谢你这么早就告诉我们。"他把电话的免提打开,然后对屋里的人说,

"嘿,大家注意,这是迈克·D的电话,他需要让我们了解一下他那边大使馆里正在发生的事情。"态势感知室前面桌旁的其他高级领导者都从他们的笔记本电脑上抬起头来,侧耳倾听。

我认为,无论这位"迈克·D"是谁,他显然都是个重要人物,足以迅速引起我们最高级别人员的注意。

我坐在态势感知室的后排,也跟着一起听。这是我不想错过的。

利用联络人

组织的运行节奏决定了企业内部团队的行动节奏，而决策空间给了他们自主性。

但是组织的外部利益相关者和关键合作伙伴呢？组织内的团队所经历的协调困难在更广泛的范围内也适用。那么外部利益相关者应该如何接触到组织的协调叙事并参与协作解决问题呢？类似地，在大型企业中，全球分布的区域团队或其业务单位又如何呢？如果你将"小团队构成的大团队"管理模式应用于垂直的业务单位，你又该如何更好地与整个企业中的同事联系呢？

下面我们将探讨在不同的职能部门和外部组织之间如何存在着官僚主义的障碍，以及如何通过精心选择联络人来减少这些障碍。你会看到，这些人都是各自组织信任的成员，他们可以促进不同群体之间的信任、合作和理解。他们是组织文化的载体，熟悉组织的协调叙事和战略定位，被授权促进整个部门或组织的相互联系。

我们已经说了，在复杂的环境中不可能准确地预测每个组织可能面临的每一个偶发事件或问题——从定义上说，如果因果关系可以被预测，那么你所在的就不是一个复杂的环境。在我们战术团队的微观层面上，这个说法是正确的，在整个特遣部队及其兄弟组织之间的宏观尺度上也是如此。

对特遣部队来说，外部利益相关者包括关键情报和执法机构、政治当局以及其他独具司法管辖区、资源和能力的军区。当然，每个组织都可以按照自己认为合适的方式自由运行。有些仍然坚持官僚作风，而另一些更倾向于扁平化或网络化的方式。

不管怎样，我们都是自主管理的，我们需要联系的主要合作伙伴都不受特遣部队所进行的组织转变的影响，就像我们也不会由于他们的领导和决策结构发生任何改变而受到影响一样。我们都彼此尊重，但没有哪个组织的成员真正需要受制于其他组织中的战略领导者基于职位的权威。

然而，我们各自的问题之间通常存在因果关系。虽然自由的信息流动与合作可以通过我们内部的战术团队建立的社会网络来实现，但在这些坚定独立的组织之间建立相互联系对我们大家的成功来说既是挑战又是关键。

在私营企业里，挑战是相似的——如果一个大企业内的部门本身已经采用了协调叙事、集中办公、O&I论坛及一套运行节奏，却遇到了需要与组织的生产部门、物流团队或相邻区域协调配合引起的一系列问题该怎么办？

以安德玛的供应链部门为例，其运营不仅依赖于公司的战略领导，而且也依赖于市场营销、产品设计和销售等多个兄弟部门。如果这些兄弟部门不积极配合供应链部门的举措，那么"赢在货架上"论坛的作用就会受到严重的限制，但哈迪是没有权力强行要求它们配合的。他当然不能命令周围这些官僚单位的利益相关者为他自己的部门正在进行的改革添砖加瓦。在这种情况下，即使是礼貌的邀请，别人也会有压力。这很正常，因为专注于自身内部的团队不希望由别人来告诉他们自己的事情。请他们进行变革很容易会被理解为对其当前表现的批评。

这并不是说这种认知偏差是不合理的。我们已经说过，韦伯式的官僚机构使奉行不同叙事的团队很容易有一种"我们是我们，他们是他们"的心态——之所以会产生这种心态，都是由于过去的负面经历，包括试图跨越官僚主义的鸿沟时所遭遇的挫折。

只需要一次不成功的合作、一个领导者在会议上不恰当的评论、内部对于资源的竞争或者是办公室里传出的谣言，就会对部门的关系造成这样永久性的破坏。在军事上和在商业文化上一样，文化上迥然不同的部门很容易由于很久以前的些微恩怨而彼此世代为敌。

只要有过一次不良互动，领导者心里就会留下根深蒂固的印象，并且在未来试图跨部门合作解决问题时犹豫着不敢信任对方或与其合作，从而对行动造成影响。心理学家阿莫斯·特沃斯基和丹尼尔·卡尼曼总结得好，他们将这种匆忙进行本能判断的倾向称为妄下结论的探试法，意思是我们采用的使我们周围的世界更容易解释的快捷方式或规则。

特沃斯基和卡尼曼都在耶路撒冷获得心理学学士学位，又在美国获得博士学位。在他们都回到希伯来大学任教之后，他们开始了一项后来极大地影响了对人类判断和认知偏见的研究的专业合作。1974年，他们共同撰写了一篇题为《不确定性下的判断——探试法与偏见》的文章，文中详细阐述了认知探试法的概念。

> 人们依靠数量有限的探试法原则，将评估概率并预测价值的复杂任务简化为更加简单的判断活动。一般来说，这种探试法是很有用的，但它有时会导致严重的系统化的错误。

第7章 联络人

我们都通过这些探试来解释我们周围浩瀚的世界。我们天生就会根据我们已经听说过或经历过的（无论是正面的还是负面的）有关某个群体或机构（如车辆管理局）的事情来臆测与之互动的结果。我们开始接触车辆管理局时心情不好，也许不是因为某一次不好的回忆，而是因为社会不断地提醒你，你在那里的经验将会很可怕。

哈迪在最初试图让安德玛的设计、销售和营销团队加入"赢在货架上"论坛的时候就遇到了这个问题。同样，对特遣部队来说，要得到兄弟军事指挥机构或民间情报机构的真正配合也是一项挑战。这与其说是对变化本身有看法，还不如说是因为不愿意让一个以前与之有过争端的同级组织、单位或职能部门告诉自己事情应该怎么办。

那么这种本能地犹豫着不肯合作的现象如何才能在企业的不同部门中得到克服呢？或者对特遣部队来说，如何顺利得到其关键的外部合作伙伴的合作呢？

在这种情况下，领导者有两种解决途径：一种是实线的、官僚主义的方法，另一种是虚线的方法。

先说第一个实线的方法。高级领导者可以利用他们在官僚体系中的地位，对行动的推进施加压力，争取在充满抗拒的下属部门之间实现更加自由的交流与合作。就安德玛公司来说，哈迪最初也是从企业的实线上级那里得到的授权，具体来说就是福尔克斯位高权重，使合作和参与成为工作的优先重点。

这样一来，哈迪才有能力说服各部门的这些影响者，让他们相信供应链部门的新举措是有好处的。他最终能够赢得他们的全心信任，但也只有在部门间正面的互动体验超过了以前留下的负面伤痕之后才能做到这一点。特沃斯基和卡尼曼可能会认为这是一种积极的判断探试法——本能地认为未来这些部门和领导者之间的合作会有收益。在特遣部队，我们的领导者经常提醒我们，我们需要每次都主动走出第一步以建立信任，因为有多年的负面记忆需要克服。

然而，由于这种换取合作的默认方法相当直观，你会发现，这种解决方案虽然是必要的，但还不够充分。通过官僚体系施加压力，以确保实现真正的、长期的合作，这种方法本身是有缺陷的，因为没人喜欢被告知要与他人友好相处。因此，在这种情况下，无论出于何种原因，如果压力消除了，合作就很可能会减少。

这就像父母强迫兄弟姐妹之间彼此分享一样，当下可能十分有效，但同时也有可能会加强那些参与分享的人的消极判断。未来没有了父母的干预，他们彼此合作的可能性会降低，除非他们看到此事的结果对自己有利，并开始主动掌握这个过程。

而且如果压力是唯一的驱动力，那么任何早期的失误都将被用作反对变革的证据。只要有一次负面的结果，反对者就有理由回到他们共同的实线领导者那里，跟领导者说看看刚刚发生了什么。这不是个好主意。原本就有的负面探试得到了加强。而且，当然，早期的错误是不可避免的。

建立多重虚线联系以补充官僚指导，是组织融入这种变革的第二个关键组成部分。特遣部队的解决办法是通过构建联络人网络以跨越边界建立强大而真实的关系。通过官僚体系施加压力而在复杂问题上达成合作，这能起到一定的作用，但联络人提供了一个完全不同的连接渠道，一个人与人之间的个人网络，负责建立跨界的、独立实体之间的虚线关系。

这为连接的双重方法创造了机会。一个企业的领导者可以坚持直接和关键伙伴进行真诚的沟通，而联络人的位置可以创建并维护基于信任的关系、保护沟通渠道并确保信息共享的透明度。

对一个团队新的业务需求来说，最好的使者和倡导者很可能是需要这些业务的个人，而不是遥远的、单纯传递信息的实线领导者。通过这种方式向外部利益相关者传达的意图是准确的，但更重要的是，它不像官僚主义强制执行那样没有人性，不考虑实际情况，只顾强力执行。

联络人网络使特遣部队的战略领导者得以从原本犹豫不决的外部合作伙伴那里赢得信任与合作。在我担任麦克里斯特尔副手的这一年里，我目睹了许多这样的外部讨论，看到最初的对话如何在特遣部队的协调叙事中构建起来，同时也与我们各单位切实的共同优先事项紧密结合在一起。

当各国大使开始新一轮任命时，他们将本国政府元首签署的正式委任书交给东道国的国家元首。这是对该大使作为其国家代表的正式认可。

同样，麦克里斯特尔对特遣部队联络人的认可加强了联络人对我们高层领导者的影响力，并得到了他们更多的支持。后来，我又目睹了数次麦克里斯特尔和各合作机构不同高层领导之间类似的讨论。这些对我们组织核心叙述的解释经常是这样的。

我们显然有一个共同的、坚定的竞争对手，这个对手与我们的组织不同，它是网络化的，因此其动作快得令人难以置信。

我们特遣部队现在正试图建立一种像你们一样基于个人和组织间关系的新模式——我们希望与你们的组织联系得更加紧密。取得成功需要利用我们双方的优势，分享彼此的见解和对问题细致入微的理解，并尊重彼此的立场。

为合作顺利，我们想向你们派出一个最得力的人作为联络人。希望我们的联络人能够为你们所用，让你们可以分享我们所做的任何事情，向你们提供我们最及时的情报，并找到让我们帮助你们的组织实现目标的方法。

这种诚实、谦逊的关系重置通常配合着引入一名授权的联络人，或者适时加强已经与伙伴组织合作的联络人的重要性。

在特遣部队的模式中，联络人都是我们组织中经验丰富的成员，他们被派驻在我们的合作伙伴那里，融入其企业。这个逻辑与特遣部队内部战术团队之间的跨界联系人类似。联络人有助于降低相互平行的关键组织之间的分离程度，使我们的合作伙伴能够更好地共享信息。

联络人与跨界联系人之间的主要区别在于，联络人是一个正式的角色，他们填补了一个官方的职位，其办公地点通常脱离原来的团队，其职责范围更广泛、更明确。联络人代表的是整个组织，而不只是一个部门单位。这些代表直接对我们组织的高层领导者负责，并不断与东道主企业的领导团队互动。

简单地说，他们打来的电话由我们的高层领导者接，这就是为什么迈克·D知道他可以打断我们领导者的活动日程的原因。他的任务是成为特遣部队战略领导者和他的东道主组织之间进行直接交流的渠道。如果对方遇到危机，需要他的帮助，他需要证明自己能够立即直接联系我们的高层领导者，免得让人担心协调叙事似乎无法真正实现。

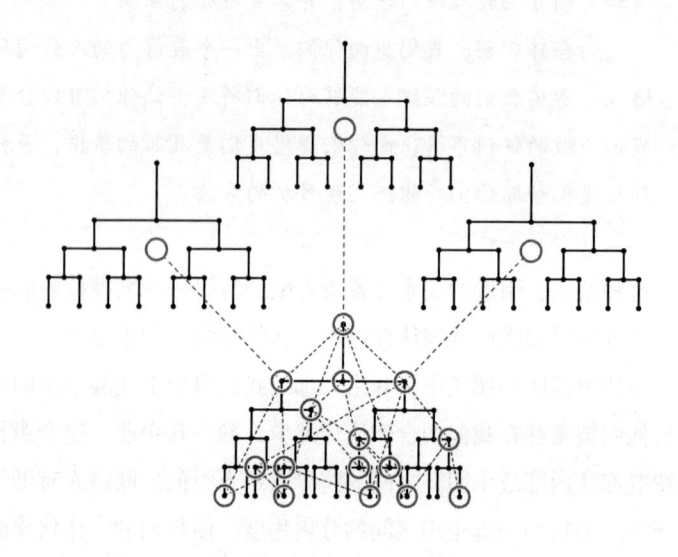

图 7-1 联络人

从理论上讲，联络人就是我们外部合作伙伴主要的虚线关系提供者，如图 7-1 所示。他们将我们的混合式组织结构与外部合作伙伴的关键领导层联系起来，而不需要改变那些合作伙伴自己的组织运作方式。

联络人在被分配到这个工作之前，已经在我们自己的组织中成了值得信赖的人物，因此他们很容易得到外部合作伙伴的信任、理解和配合。这反过来又使这些合作伙伴更有可能对特遣部队中需要他们投入的工作做出贡献，比如参与 O&I 论坛和在授权执行阶段与我们的团队合作，而我们的团队会根据合作伙伴的需要提供帮助。

通过帮助建立这些关系，联络人可以使我们的团队得到在战场上完成任务所需要的资源——这个经验也可以用于应对民间组织面临的挑战。

错位玩具岛

在特遣部队改革以前，军队里早就有联络官这个概念。许多有关如何在任何组织中利用联络官的经验可以从历史上经常出现的次优利用中总结出来。但是当你考虑创建一个类似的模式时，要记住一个简单的法则：除非从候选人中选择的联络人能代表你们的高级领导者，否则联络人的效用是有限的，甚至可能会适得其反。

2003 年初，在伊拉克战争开始之前，我受命担任海豹突击队的联络人——当时我还没有加入特遣部队——被派驻在一支陆军特种部队的总部，当时他们正准备在伊拉克的西部沙漠开展军事行动。

我就是在那里第一次听到"枪声"，见证了一场延续至今的军事冲突的开端。我当时的任职经验告诉我，对联络人的草率选择和部署会如何限制这个职位所带来的益处。

2003年我担任联络官被派驻陆军特种部队的经验是当时大多数部队联络官的典型情况，也反映了传统上对这个角色的期望很低。并不是哪个人做得不好，只是在当时那种过时的体系下，历史上对交换官员的要求很低。当战场上遇到牵扯到一个组织的不同部门或不同单位的工业时代的问题时，设置联络人的目的只是在行动时避免冲突。但是，复杂世界相互关联的本质显著改变了这一点，这是我们在2003年时还没有学到的教训。

深夜时分，我到达一个黑暗、偏远的机场，四处张望着，看看有没有人来接我。意识到没人来接之后，我搭乘一辆顺风车，驶向基地中灯火最明亮的地方，我认为最好是从这个地方开始。

一个小时后，我终于找对了地方，但是，由于没有他们总部的通行证，我来到了办证的那张桌前。在那里，我遇到一位年轻的文职人员，他波澜不惊地告诉我："你不是本周到。你下周到。"

那一刻我不由得想象自己正被卷入约瑟夫·海勒笔下《第二十二条军规》中那愚蠢的官僚主义旋涡。丹尼卡医生是小说中我最喜欢的人物之一，他在自己"正式"乘坐的飞机在战斗中坠毁前改动了自己的战斗飞行记录。当他的中队接到他死亡的消息时，他正和大家坐在一起，活得好好的，现在却被称为"中队的新死者，而他明明就在那里，所有迹象都表明这是一个更加棘手的管理问题。"海勒在第二次世界大战中担任投弹手的经历为他写作的这部文学经典提供了素材，我抵达基地时遇到困扰的情景肯定会使这位作家脸上露出会心的笑容。

最终我向办证的人证明我实际上已经到了，办好了新的身份证明，然后走向我的东道主部队的联合作战中心——一个有着阶梯状座位的巨大的竞技场。在这一排排的座椅上，至少有 200 个人在努力工作。我感觉就像是开学第一天，新来的孩子进了餐厅。在他们忙碌的头顶上方，我看到在每一圈椅子上都高高地挂着一块标牌，上面用大大的印刷体写着房间的哪个部分是哪个职能小组的主权领地。

司令部位于房间前面的中央位置，而作战、空中支援和火力支援都在司令部的外圈，因为在战场上移动速度最快的部分必须与组织的高级领导层保持最密切的沟通。然后，在更高的位置，距离房间前面较远的地方，是通信、后勤和人事等对任务执行来说时间要求没那么高的职能部门。

在看明白这些之后，我终于发现了我的新工位——在房间的右后角。藏在角落里，在呼呼作响的打印机和一片繁忙景象的咖啡站旁边，是我一直在寻找的标牌：联络人。与房间中央和行动有关的部门隔开，在后勤规划和人力资源部门的办公桌后面，我找到了我的小工作站，那是在巨大空间里众多其他职能团队之间的一个小斑点。我在寥寥可数的其他几个分析家和士兵身边坐下，他们看上去和我一样格格不入。

我的旅程开始了。我开始在这个错位玩具岛上安顿下来。从理论上说，我是为了促进信任和沟通到这里来的，但我无论是在具体工位还是在象征意义上，都远远被排除在有可能增加任何实际价值的位置之外了。

我的日常工作是被动地交换平凡的、作用有限的信息，并且这份工作将持续 6 个月。随着时间的推移，我将融入其他工作人员,并成为他们计划团队的一名积极成员。从理解全面入侵如何执行,到看到一组非常成熟的军事人员如何工作,这些经验是非常宝贵的。但我作为一个领导者,这些好处对我来说是次要的。提到委派给我的职位,我在帮助我的原组织和东道主组织之间创建任何可操作的协同效应方面并没有什么价值。

在选择和准备中存在的问题

从我最初做这个工作的经验中,我们可以得到什么关于联络人的最佳用法的教训呢?

首先,第一个教训是选择合适人选的重要性——候选人应在他们自己单位的高层领导中有良好的关系、有影响力,这样他就能从自己担任联络人的东道主单位的外部利益相关者那里得到尊重,并向其提供真正的见解。接受联络人的合作伙伴需要相信派来的这个联络人与他自己的领导层关系很近,了解领导层的想法,并有权代表领导层讲话。

当我 2003 年上任的时候,这些条件我一样也不具备。派我担任这个职位,是由于我在海豹突击队刚刚结束了一轮为期两年的战术级别小队长轮换,碰巧该换岗了。我是一个自由特工,等待被安排一个行动层面的职位,在实线组织结构图上没有固定下来,不属于哪个团队。然而,正是由于我当时没有固定职位,所以我成了一名派驻海外的人选,充当海豹突击队一个分队的联络人,成为最初进入伊拉克部队的一分子。

我和海豹突击队这支部队绑定在一起,虽然我是这个部队的成员，但我与领导层没有正式的联系，也从来没有和任何一个人员密切合作过。

但我很兴奋——我知道，参谋岗位很可能是我在军队全面进入之前被部署到伊拉克的最佳机会，而我当时正好没有责任在身，这让我很容易被委派给另一个组织。

第二个教训来自每个组织的领导者都对这份工作缺乏明确界定，重视不足：需要给予联络人适当分量的真正的责任。传统上，联络人在军队中是没有权力的，他们肩负的义务和责任非常少，这在很大程度上是因为人们一直认为这个角色是极其事务性的。

担任这些联络人角色的照例是些没什么影响力的人物，他们（无意中，偶尔也会有意地）在组织之间传达出一种微妙的信息：我们会让大家彼此了解，但我们对深入合作或同步努力并不真正感兴趣。这会导致东道主组织降低对联络人的期望，进而限制他们有效工作的能力。

由此形成了一种负面的判断探试，进而使该职位的功能受到更多的约束。唯一有可能打破这个循环的是从我方实线领导者那里发出强烈的、清晰的表示，表明他们正在更加认真地对待这个角色，他们的意图不仅仅是交流信息，而且要让合作组织真正获得更多的利益。

但是，如果这是设立这些职位的意图，我仍然不适合做这项工作。我在原部队中没有很好的背景，与我们的高级实线领导层没有直接的联系，在我们团队中的虚线影响力不值一提，而且也没有什么重要的实战经验。

换句话说，我是第一次学习这一切，而作为一名使者，除了专心致志和职业道德,我几乎没有什么能提供给我的东道主机构的东西。我从这次经历中获益匪浅,远远超过由于让我在对方总部工作而给他们带来的好处。我不是迈克·D。

更糟糕的是,我在为担任这个联络人角色所准备的工作上叠加了另外一个任务,我将其称为耳语指导,这是当我离开海豹突击队调任其他岗位时,当时的老战友给我的建议,要我记得维护我们部队的利益。当我走出大门的时候,他们对我提起的这个话题有些微妙,但毫无疑问,在战场上也会有人和联络人进行类似的谈话。

当然,我正式的角色是大体上保证我的东道主部队和原部队的行动不会彼此冲突,而且特遣部队即将执行的任何重要任务,我都要向原部队的领导者进行相关的简要汇报。但是考虑到横亘在这两个部队之间的是几百千米荒芜的沙漠,这样的冲突是不可能的。

我更微妙的职责是我每天都会与之联络的特种部队大院里的行动事务员总结给我听的。在我离开之前,这位军官把我带到他的办公桌旁,让我第一次了解到我的直接领导者对这个角色的其他期望。他带着一种似笑非笑的表情说道:"看,你有点儿像是我们潜伏在他们那里的间谍。这是惯例,没什么不好的,让我们随时了解他们在想些什么就行了。"

当然,他也告诉我,我应该按照自己的职责行事……但这也只是个善意的提醒,告诉我还有些什么也很重要:要为我的原部队做好耳目,而不只是充当信息共享的渠道。

他接着说:"尽量给我们提供点儿什么情况。他们的气氛怎么样？他们有什么正在计划的行动还没有和其他任何人说过的吗？有关他们活动的情报，我们有什么遗漏的吗？诸如此类的事情。这是常规做法，对我们也很有帮助。"

我希望能说自己当时就有先见之明，了解这次互动代表着什么，但当时进行了这场对话实际上是让我感到安慰的。因为他的话里重申了，即使身在另一个单位，我也还是原单位的一分子，我是被派到那里去为我自己团队的叙事服务并代表我的部队行动的。他语气中几乎有一种歉意——抱歉你必须离开，去和其他单位的人一起工作。在那一刻，作为一个缺乏经验的年轻领导者，我是很感激的。与特遣部队里最终形成的那种更加大方、备受关注、不局限于某个部门的联络人角色形成鲜明对比的是，在我早期的经验中并不包括培育新的关系、帮助他人，或为了建立信任主动迈出第一步。有限的官方指导确保了每个单位的耳语指导可以使这些联络人无法起到预期的作用。

因此，在这次早期的部署中，我有点儿像是个"被洗脑的傀儡"：不一定要在那里架起桥梁、在官僚机构之间实现交流并建立以信任为基础的关系——所有这些几年后我在巴格达工作时在整个特遣部队中都能亲眼看到。相反，我在那里工作是为了让我的原单位——海豹突击队——受益，并按照驱动我们团队的共同叙事行动。在我的心里，我不是想着我们如何去帮助他人，而总是回想着刻在我原驻地办公室的门框上面的那个问题。

今天你赢得自己的三叉戟了吗？

当然，历史上有无数优秀的联络人关系为战斗增加了重要价值的例子，但我认为其中大部分都只是幸运而已，并不是由于具备一个执行良好的支持结构。

我的经验与军队中联络人角色的历史规范相一致，这是一种同级官僚机构相互联系的不完善的方法，因为对候选人设置的标准很低，而且这个职位没有任何真正的正式权力或责任。

这个旅程最终进行得很顺利。结果无论如何都不能算是负面的，这是我职业生涯中最好的学习经验之一。我结交了很好的新朋友，并且对军队特别是特种部队有了更深入的了解和欣赏。但是，除了个人成长外，作为一个传统的联络人，我在这个职位上肯定不会像后来特遣部队的联络官那样有能力对一场复杂的战斗造成指数级的影响。

改变

在我意识到这个转变的很久之前，特遣部队的战略领导层已开始主动改变对联络人工作的期望，并积极在其层级结构中的下属实线部门中传达这些新的要求——与各部队之前存在的我自己曾亲身经历过的那种开放式的定义形成对照。

进行这个改变的基础是承诺，联络人的原单位会主动迈出重建关系和深化信任的第一步——这个角色突然直接与特遣部队的普遍协调叙事挂上了钩。

$$可信度 = 诚信 + 已证明的能力 + 关系$$

同行组织眼中的可信度是我们所需要的，为了实现这一点，我们需要我们的联络人来展示诚信、能力，以及专注于与这些利益相关者建立积极的、非交易性的关系。这会对被选择担任这些角色的个人产生二阶效应，因为我们的战略领导层开始传达对这一角色的高度期望，并让这种意识遍布所有负责为外部伙伴组织选择联络人的下属部门。

有两种特质成为选择联络人的关键，那就是他们在原单位的影响力水平和他们的个人性格类型。考虑类似模式的组织也应该从这些变量开始。

联络人的位置上很快就填满了中高级军官——那些在官僚组织结构图上位于行动和战略领导层之间的人。他们战场经验丰富，熟悉特遣部队实线官僚体系和虚线网络关系的功能，并由于他们已在战斗中得到证明的能力受到同事的尊重。联络人所需要的素质类似于巴拉巴西所说的轮毂式人物，他说"轮毂式人物在系统中的任意两个节点之间创建较短路径"。

在他们职业生涯似乎正当顶峰时，这些人将离开特遣部队的战斗前线，进入另一个看似遥远的单位。一旦到了那里，他们的工作就是建立并维护困难重重的、基于信任的关系，从而使对等组织之间的信息共享成为可能。

在各职能部门和单位，现在各派系均被要求提供他们最好的成员，安置在其他单位，以谋求未知的投资回报。这自然是我们的战略领导层向下属推行的艰难的第一步。

在这些圈子里，人们互相开的玩笑很快就变成了"在战场上好好干，你最终会穿着运动衣待在某个地方的办公室里"。这个笑话里虽然隐含着一种愤怒的暗流,但证明了我们高级领导层的意图。领导者若能表现出敏锐的战场意识,加上了解我们的混合模式如何运行,再加上天生有能力建立关系,那么他就会穿西装打领带,在情报机构的总部、一个遥远的大使馆或地球上其他一些非标准的环境下工作。

对许多人来说,这当然不是一个容易接受的转变——对接受部署的联络人或他们的原单位来说都是这样。尽管我们的高级领导层传达了他们的意图,但没有人愿意放弃用他们最好的人才来填补看似遥远的位置,特别是随着战争强度的增加,情况更是如此。而且,也几乎没有表现出色的人员愿意离开他们熟悉的、亲切的原单位,而选择这种孤身在外的工作。

除了这些,这一转变背后的逻辑对大多数人来说似乎也并没有多少意义:把我们经验最丰富的人才从组织的各个角落里挖出来怎么就能帮助我们赢得这场战争呢?如果说有什么意义的话,那就是有些人似乎认为情况恰好相反。

帮助平息这种风险,杜绝不服从命令并持续受到单位层面叙事的耳语指导这一现象的事实是,麦克里斯特尔本人将亲自负责批准并考虑任命新的联络人。这不仅有助于确保选出的个人具有恰当的个人素质,而且(自然地)迫使负责提名新候选人的单位领导者密切注意他们为这项工作提出的人选。

在我担任麦克里斯特尔的副官期间,我偶尔会接到一个下属单位受命提名联络人的电话。我这个副官的职位对他们来说是一个安全的参考,因为我虽然在官僚机构的组织结构图上没有正式的权威,但仍然可以提供一些关于候选人应具备哪些素质的见解。

这些对话的核心总是围绕着同样的主题：真的需要我们派出最好的成员之一吗？我们派个正好有空的人不行吗？我们这里很忙，也不知道这个人会和谁一起工作，我们希望尽量减少这对我们自身运作的影响。

这些人都很有才华，也很赞赏特遣部队的协调叙事，但他们仍然本能地想要留住顶尖的人才，这是可以理解的。

我给他们的回答总是大致相同："我看到的情况是这样的。"我会这样说："这些人将成为我们整个组织中最有影响力的人之一。他们担任的这个职位可以进入主要机构、大使和将军的办公室，并成为直通特遣部队的通信线路。这些领导者都已经学会相信我们派出的是最有见识、能力最强的成员，因此派错一次联络人就会损害我们的信誉、破坏双方的关系、延缓我们的行动。"

告诉他们这些标准是希望降低我们领导者之间的分离程度，并为那些曾经敌对的、互不信任的部队铺设积极的探试之路。虽然这种逻辑并不一定就是我们领导者当时心中所想的，但必须提醒下属部门，希望他们推出的人选需要具备什么样的水准和分量。

我经常听到的回应是一声叹息——说明对方不情不愿地发现，对于这个要求我们的实线领导层确实是认真对待的。不过，这并不意味着他们在选出谁来的问题上就不需要任何进一步的指导了。

后来，当我这个工作的任期只剩几个月的时候，我接到了一个类似的电话，打电话的是我以前在海豹突击队时的一位老上级。他希望弄清要求他为一个联络人职位提供的人选应该是哪种类型的。

"底线是什么？"他在保密电话中对我说，"我该如何看待这件事呢？"

"这很简单，长官。"我坐在拥挤的巴拉德态势感知室外面我那个小小的座位上回答道，"如果你看到他们离开时心里很舍不得，如果他们凌晨两点给你打电话时你能听出他们的声音，你就知道这是合适的人选了。"

他停了一会儿。"好的，明白了。"他说。他没什么别的话要问了。

我又说："长官，这些人的影响力之大是我一年前从来没想到过的。无论你派谁来，这个人都会迅速掌握组织的运作情况，就像速成了一个博士学位一样，从长远来看，这对你们很有好处。"

这些人必须是别人了解和信任的人。他们上的是真正的战场。他们要动作迅速，每时每刻都代表着我们最高级别的领导者。要是他们与原单位没有关联的话，那么他们对东道主组织就不会有任何意义或用处。

这些人会有很大的权威，他们不仅了解我们的伙伴组织如何跟我们合作并分享信息，也可以亲自替他们操作。

这就引出了联络人应有的一种新的品质，即刻意挑选具备这种人格类型的候选人。对一个正在考虑采用类似模式的组织来说，这一点极为重要。

组织心理学家亚当·格兰特在他2013年的著作《沃顿商学院最受欢迎的成功课》中提出，社会上和劳动力市场上所有人的人格类型可以分为三类：给予者、索取者和平衡者。这些不同类型个体的细微差别在其命名中体现得并不明显，索取者"在人际互动中总是向有利于自己的方向倾斜，把自己的利益置于他人的需要之前",给予者"在互动中会向另一个方向倾斜,他们更愿意付出,不那么计较得失",而平衡者只与其他人进行你来我往的互动。

根据格兰特等人的研究,在职业成功的阶梯上,最顶端和最底端的往往都是给予者,他们在工作场所很容易被索取者利用,然而在这些情况下,真正的给予者当面对最初不利的关系时,通常会找到创造性的方式继续对他人展现过分的慷慨。

我们支持联络人的论点也是基于类似的逻辑。理想情况下,组织与外部利益相关者之间的信使应介于格兰特所说的平衡者与给予者之间。

如果认为特遣部队的这些关系是不计得失的,那就太天真了,因为显然我们的组织希望有机会享用其他官僚组织内部的人力或物力资源,我们的领导层也希望从他们试图建立的关系中得到某种程度的互惠互利。

然而,通过选择在各自领域享有无私和卓越声誉的人担任联络人,并鼓励他们不断在正式的组织关系中继续这种行为,那么曾经敌对和僵化的关系就可以逐渐被塑造成互惠互利的关系。

事实上,这些个人品质也正是使联络人在原单位有影响力的原因——使他们与周围的同僚联系起来的,就是因为他们慷慨并且愿意付出额外的努力。通过依靠实线网络的不同层次来识别官僚机构中这些拥有许多虚线关系的个人,并利用他们将这些候选人与利己主义的瓶颈型影响者区分开来,就可以选出理想的备选联络人。这就是他们很难放弃,也是他们的作用这么大的原因。

但是一旦他们就位,组织的战略领导怎样才能最好地支持和利用这些人呢?

能够接触战略领导者并得到其认可

  在与麦克里斯特尔共事的那一年时间过半的时候,有一次我坐在一辆破旧不堪、凹痕遍布的 SUV 后座上。我们开车从巴格达城外的着陆区穿过联军守卫的伊拉克首都的"绿色地带",我在思考麦克里斯特尔和其他领导者这一次需要采取的下一步行动。

  特遣部队的这位指挥官坐在乘客座位上,和坐在方向盘后面的我们的一个队友讨论着当天的日程安排。这个队友像当地人一样驾轻就熟地开车穿过黑漆漆的街道,之前特遣部队的直升机在城外的一个简易机场降落时,他一直在车旁等待。

  他是我们组织内一位备受尊敬的成员,以前有过许多宝贵的战场经验,特遣部队里许多人都认识他,但是在今晚这个事件中,他是特遣部队驻 MNC-I(伊拉克多国联合部队)的联络人。MNC-I 是一个外部军事指挥单位,总部设在伊拉克首都。他是一位经验丰富的美国陆军中校,代表着那些被安置在联络人位置上的人的类型和品质——他是一个给予者,在原单位也是一个有影响力的人物。他和另一名联络员将会在接下来的一年里轮流担任这个关键的职位,随时都有一个人在前线部署,另一个人在美国。

  我们坐在那辆车上的时候,特遣部队的战术单位正处于一个授权执行的窗口——我们的 O&I 论坛几个小时之前已经结束了,所以现在各团队正在自主地根据统一的战略和叙事各自调动、彼此联络、展开行动。

因此，我们的战略领导者也可以心无旁骛地处理与我们的兄弟组织的外部关系。此行的重点是处理我们与伊拉克战争的主要军事领导 MNC-I 之间的关系，同时也对我们派到他们那里的联络人表示支持，维护他们的声誉、支援他们的行动。

和特遣部队派到世界各地的不同组织中的其他所有联络员一样，给我们开车的这个军官履行了我们组织的两个关键职能。

首先，他是我们连接 MNC-I 的一条至关重要的生命线，加强了双方之间的信任：如果与特遣部队有关的任何活动影响了驻伊联军常规部队的行动，这个军官都会告知特遣部队和 MNC-I 双方的高级领导团队，反之亦然。他确保这两个组织的任何行动都不会把对方搞得措手不及，而是积极主动地抓住机会让双方实现协作或信息共享，而且最重要的是，他对其身处的东道主组织的部门规范非常熟悉，足以从他们的角度来解读我们的行动，反之亦然。

在与对方会面之前，如果是一名优秀的联络人（这位军官肯定是的），像这样开着车的时候，他会对麦克里斯特尔说："哎，老板，我们进行 X 行动的时候，他们真的很生气。他们不理解，因为他们是这样想的……而这件事在这个方面与他们的看法有矛盾。"联络人能这样做，说明他掌握了这两个组织的沟通方式，而且他能迅速地在双方之间来回传达消息，在准确性和有效性上，电话树式的官僚机构都是无法与之相比的。

然后，由于麦克里斯特尔刚刚通过近期的一次行动或事件了解了东道主组织的观点，因此他在联络人的陪同下开始与我们的合作伙伴谈话时就可以说："好吧，我们来谈谈 X 那件事。我已经和我们的联络人进行了长谈,听他说了你们对那次行动的看法,这我完全理解。他让我了解了你们的观点,所以我明白为什么那次行动会造成局势紧张。我们要达成的是 Y 和 Z……这就是原因。现在我们更加理解你们对这类行动的看法了,我向你保证今后一定会把我们的决定告诉你们,在我们采取任何行动之前,你都会提前知道的。不等形成燎原之势,星星之火就被扑灭了。"

再重复一次,只有经验丰富的组织成员才能成为我们和最重要的伙伴之间真正有效的联络人。另外,只有充分了解我们的复杂战场的联络人,才能在我们遍布世界各地的最高级领导者之间提供这种脉络化的信息。这就是我们的组织开始如此重视对他们精挑细选的原因,也是为什么——像这次拜访一样——我们的战略领导者花这么多时间与他们直接接触。

作战行动已经持续了一夜,但特遣部队的最高领导者有意识地专门与这位联络官逐一详细讨论,相信这是最重要的事情。这种对于优先级别的理解也在共享意识阶段向我们的战术团队发出了一个经过深思熟虑的信息:你们在战场上冲锋陷阵,我们则处理好支持你们所需要的关系。

在某些情况下,一个联络人会在展开工作几周之后回来转转,抱怨我们的组织有多么不同,建立关系有多么困难,希望原单位能有人说:"可不是,他们特别难搞!"相反,我们领导者的反应则非常直接,也是始终如一的:"派你到那里去不是让你告诉我们他们很难共事的。你得让他们喜欢你,成为他们团队中值得信任的一分子。别自以为是,好好干吧。"

这个信息很简单,但对联络人网络的广泛成功至关重要。只有与东道主组织建立了以信任为基础的关系，联络人才能履行该职位的第二个重要职能，也才有价值：与遍布其他组织的其余联络人互动。

我们在世界各地部署的联络人有数十名，他们都被安置在各自的伙伴组织中。这些人每个都必须与自己的原单位组织及某个指挥系统相连，同时他们自己彼此也需要跨越不同的官僚机构形成一个网络，如图7-2所示。因此，这些人能够在需要时以无与伦比的速度让许多外部组织的领导者同步了解正在发生的变化。

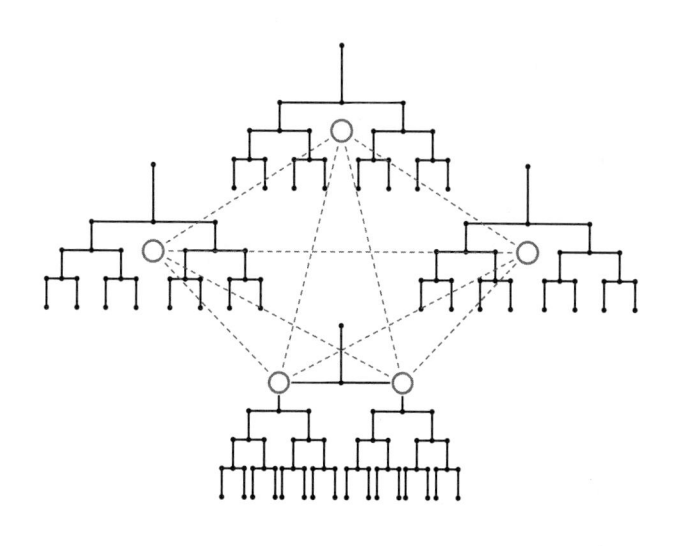

图 7-2 联络人网络

对即将到来的可能会影响到常规联军部队行动的预警，联络人需要迅速传达到 MNC-I 的高级领导层。一个从阿富汗的常规部队获取的、具有很强时效性的情报，可能会与非洲的某种威胁有所关联,联络人应该立即通知那里的大使馆。五角大楼即将出台的方针决策可能影响世界各地情报机构的行动。所有这些都是重要的事态发展,可以通过更广泛的联络人网络得到迅速传播并跨越官僚机构之间遥远的距离融入整个情报体系。

在特遣部队各部门互联的网络之外,有了这个消息灵通、联系广泛的虚线联系人网络,这个任务是可以完成的。最好的联络官会坐在那里听完东道主组织的讨论,然后巧妙地接近他们的领导者,并对他们说:"我能帮你们的计划人员和 X 部门的某某人取得联系吗?他们对你们所谈论的事情有深刻的见解……"因此,随着时间的推移,会有越来越多的合作组织都十分乐意敞开大门欢迎麦克里斯特尔的联络人也就不足为奇了,因为他们知道联络人有附加价值。

回到巴格达的绿色地带,这些人的好处非常明显——就像特遣部队的指挥官对他们的信任十分明显一样,因此他们的用处更大。

"关于这件事我们还有什么应该考虑的吗?"我坐在汽车后座上,听见麦克里斯特尔这样问,"目前他们对特遣部队的行动节奏还适应吗?我们的节奏确实挺快的。"

他想知道 MNC-I 的领导者是否由于我们在战场上执行任务速度过快而感到焦虑。由于特遣部队采用"小团队构成的大团队"模式运行,因此每个月都执行数百次分散任务,这个速度是前所未有的。因此,我们的领导者已经学会了寻找那些说明我们与外部组织之间的关系由于其领导层和我们之间缺乏有效的沟通而变得过于紧张的早期指标。

对我们虚线关系的损害并不少见，也不能完全避免，但是特遣部队的领导者总是很注意迅速修补关系，小心翼翼地不使之被磨蚀到陷入永久仇恨的地步。联络人常驻在这些官僚机构中，就能帮助预测什么时候事情可能已接近危险的边缘。

"他们还行，长官。"我们的联络人答道，"我们施加的压力迫使这里的伊拉克'基地'组织保持低调，所以当地民间组织活动的空间也比几周前大了一些。情况可能会有所改变，但是现在从他们的角度来看我们的节奏是很棒的。等到有些当地民兵的情况变得稳定一些，我猜他们会希望我们这边能稍微后退一步。"

我们的车停了下来，这里以前是侯赛因的宫殿，如今是MNC-I的总部所在地。麦克里斯特尔和我们的联络官下了车。我也下了车，递给他们每人一份简报，为会见MNC-I的高级领导者及其幕僚做好准备。

我们从宏伟的大理石入口进了门，我适时离开他们的身边，去找我自己在这里的一个熟人。他们两人穿过大厅朝一个会议室的方向走去，我知道他们将在那里忙上30分钟。

我有半个小时的时间可以自由支配，我跟楼里的几个熟人打了招呼，然后在这栋楼里胶合板隔间的海洋里穿行。我找到一个空着的地方，把一根安全的以太网网线连上我的笔记本电脑。

我坐在那里看着电子邮件涌入我的收件箱，然后登录我们组织的内部门户网站，看到我们的网络聊天室出现在屏幕上。通过这种互联技术，我可以监控我们组织中的战术团队在这个授权执行阶段的实时行动，而此时我们的高级领导者正在这里巩固我们与MNC-I的关系。

我们的联络结构正在幕后运作,联络人传递信息、协调领导者并以一种个人的同时也是非常有效的方式推动决策的制定和执行。组织不是建筑物同时或资产的集合;它们集合的是个人,这些人则利用这些工具达到共同的目的。在组织中发现合适的人选、给他们授权,并在他们和关键的外部合作伙伴之间建立联系,这是一个秘密武器,是一个简单而有效的方法,可以在不破坏现有结构的情况下打破壁垒并利用网络的力量。

如果我们利用得当,联络人将有助于一个成功的混合型组织结构扩展其影响范围。他们是跨区域或跨商业单位传递你们的叙事的文化载体,他们是你们派到主要合作伙伴那里的大使。联络人可以拉着这些合作伙伴加入你们的协调叙事,让你们与他们的团队互相联系起来,并成为信息经济中的给予者。最终,这将既帮助你们,也帮助他们赢得"战争",并在复杂的环境中成长壮大。

世界正在变得复杂。在这次巴格达之旅中,我们发现在我们的外部环境中又有新的情况开始出现。我们的团队此刻正在调整,我们的组织需要比我们的工作节奏所规定的更快进行重新调整。

需要考虑的问题

◆ 你们组织的各个部分如何从跨越其传统的等级或地理界限建立联系的联络人关系中受益?
◆ 你们组织所依赖的哪些伙伴关系可能会从类似的模式中受益呢?
◆ 你会采取什么样的步骤来选择这些人,你的组织又将如何鼓励或促进他们更好地履行其职能呢?

案例研究
EASTDIL SECURED 公司

引语

在特遣部队里,像迈克·D 和我们安置在 MNC-I 总部的那个人,这样的联络人是用来将不同的外部机构与我们自己联系起来的。但这个原则也适用于联系一家全球性企业的各个部分。如你所见,Eastdil Secured 公司根据曾在特遣部队当过突击队员的员工沃克·戈勒姆的经验,在其不同地区之间和产品专业团队之间建立了类似的关系网络。通过建立和利用一个类似 O&I 的论坛,Eastdil Secured 公司创建了一个空间,让信息跨越边界的有机交换成为可能,其联络网则成为组织的神经系统。

你在读到 Eastdil Secured 如何利用联络人推动互联互通时,考虑一下这些人是如何像他们的战略领导早就渴望的那样被挑选出来,被用来放大该组织的文化初衷和战略的各个方面,并被培训成为未来的公司领导者的。

此外你还要注意，为了在整个组织结构中对数据和信息有更加全面的了解，联络人制度是如何与本书中所讨论的包容性的交流论坛等其他实践相结合的。

最后，你会注意到 Eastdil Secured 公司的联络人是如何通过自己的社交网络在他们之间传播"最佳实践"，从而不断提高其原有功能的。

设置

"现在我知道你为什么喜欢这些人了。"当我们和 Eastdil Secured 公司的高级领导者待在一起的时候，我的妻子霍莉说道，"他们和海豹突击队的人很像，就是穿得好点儿。"她笑了，抿了一口酒，凝视着华盛顿特区市中心的天际线。我们当时正在他们公司领导举办的鸡尾酒会上做客，她无数次听我谈到过 Eastdil Secured 公司团队的成员，所以我很高兴她终于能见到其中一些人。她说得对，这是一个高度专注、纪律严明的团队，他们本性是争强好胜的，但当他们在社会环境中聚在一起时，他们就会紧密团结在一起。这是一个特殊的组织，她的描述是准确的。

据其内部人士透露，Eastdil Secured 公司一直拥有一种稳定、精英和协作的独特企业文化，这种特质在房地产投资银行行业中是非常罕见的。自 1967 年本·兰伯特创立该公司以来，这些指导原则一直贯穿于其众多产品和特定区域的团队中。自从兰伯特创办了 Eastdil Secured，他就打算让这个公司在该领域的竞争对手中独树一帜。

迈尔斯·西奥多是亚特兰大 Eastdil Secured 公司一位年轻的零售专家,自从他自另一家金融服务公司跳槽过来后,他就清清楚楚地感觉到了这种区别。"我们以前从未使用过'网络化组织'这个术语……但我们一直为自己比房地产资本市场的其他人更加稳定、更容易合作、更团结一致而感到自豪。"他说,"相比之下,其他人在这个领域里有一种经纪人的心态,他们的脑袋比较尖。"

如果西奥多必须解释清楚他所说的"脑袋比较尖"是什么意思,他会怎么说呢?他简明扼要地回答,就是在职能团队或领导者之间有一种嫉妒的文化,一种"这些都是我的蛋糕"的思维模式。"同伴之间的信息共享和协作都很有限。"

西奥多的观点反映了公司内广泛的共识,即自上而下的战略强调团队之间的紧密联系,这一直是 Eastdil Secured 公司的规范。据公司酒店部门常驻伦敦的官员王素凌回忆,"各办公室之间的关系一直非常密切",因为公司的高层领导一直都很强调这一点。

公司的总经理斯蒂芬·范·杜森指出,公司一直设有"共同薪酬结构与合并奖金池",这就是一个具体的例子。范·杜森称这种效应为有经济激励的"协作动机",这与 Eastdil Secured 公司领导层一直推崇的价值观是一致的。范·杜森继续解释:"但是这个行业的标准是'自己打猎自己吃',其又由于采用一种以佣金为基础的制度而得到了加强。"这对高绩效员工之间的信任和协作关系来说并不是一个良好的基础。

简而言之,Eastdil Secured 公司长期存在着一种相当于协调叙事的精神,这种精神始于兰伯特建立的基本原则,其结果是共同努力成就客户、结构长期稳定,以及公司上下对数据的慷慨共享。

然而，在 2008 年全球金融危机爆发之前和之后的几年里，传统上以北美为重点的这家公司的外部环境发生了巨大的变化。一切尘埃落定之后，对仍然屹立不倒的玩家来说，国际扩张的机会相当充足——特别是在亚洲、欧洲和中东等非传统市场。

许多人的共同努力帮助公司避免被这个新的、资源丰富的环境卷入一个不受控制的"繁荣"周期，从而避免 Eastdil Secured 公司长期共同强调的客户体验的优先级变质。用范·杜森的话说，这次危机结束之后，"对这个行业来说是一个神奇的时期"，各个角落似乎都出现了许多新的、诱人的机会。然而 Eastdil Secured 公司坚持谨慎的路线，不希望被人带离自己一直遵循的效果良好的合作文化。

但在接下来的几年里，Eastdil Secured 公司遍布世界各地的办公室里都填满了由新员工组成的新团队，因为在债券市场等新兴领域不断出现的新机遇太诱人了，让人无法不去探索。这些人才来自公司外部，可能会偏离公司长期以来以团队为导向的企业文化。

柯林斯·埃格是华盛顿特区公司的总经理，他记得这段时间情况有点儿乱："有两年到两年半的时间，和我们打交道的都是些新人，他们各有各的新特点。"这样做的结果是有可能出现文化的冲突，但在战术层面，像埃格这样的决策者"花了很多时间想办法试图协调大家一起工作"。

无论公司领导者多么小心，战略上如何协调，Eastdil Secured 公司急剧变化的内外部环境的复杂性都是不可避免的。

这必然会改变公司长期以来的文化，一切只是时间问题而已。

问题

2013 年，Eastdil Secured 公司对其主要客户进行了一次大型的深入调查，寻求他们对与该公司合作经验的重要反馈。这次调查被命名为"金斯利调查"，其结果让组织的领导层看到了一些令人尴尬的事实。

简单地说，公司所有客户的反馈都惊人地一致，这个结果令人担忧。他们不约而同地发现了一个 Eastdil Secured 公司的战略领导者察觉不到的问题，因为这个问题存在于该公司的基层。

金斯利调查显示，到 2013 年，客户感到该公司已经达到了运营的"上限"——尽管整体业绩持续高企，但在他们与 Eastdil Secured 公司的合作中，其服务中出现的小错误和小失误发生得更加频繁了。最糟糕的是，客户越来越感觉到 Eastdil Secured 公司的企业文化似乎正在变得与其竞争对手"没有区别"。

最后这个问题特别让人痛心——公司的文化特质不再像以往那样强了，而且现在这有可能会影响到公司的运营方面。

但这到底是怎么回事呢？Eastdil Secured 公司的一名领导者发现了一本书，很好地解释了这种文化障碍在一个意想不到的地方所造成的影响。这本书就是最近他正读的一本军事回忆录。

《重任在肩——一位美军四星上将的军事回忆录》，这是麦克里斯特尔的回忆录。麦克里斯特尔在这部回忆录中详细阐述了特遣部队的作战人员和情报分析人员团队传统的攻击和消灭武装分子的多步骤过程。

如图 7-3 所示，这些步骤包括"发现、锁定、完成、利用、分析"（Find, Fix, Finish, Exploit and Analyze，"F3EA"），这个周期概述了作战人员如何执行一项反恐任务（发现、锁定、完成），随后从这次作战行动中得到的情报又如何成为下一次行动的依据（利用、分析）。书中举了一个直观的例子。

兰迪·埃文斯长期担任 Eastdil Secured 公司的高级官员，因此他直接向负责公司管理的执行委员会负责。2014 年年中，当他对于金斯利调查那发人深省的结果还记忆犹新的时候，他读到了《重任在肩》一书，豁然发现上述过程完全可以应用到自己单位所处的困境中。

F3EA

发现 ⟶ 锁定 ⟶ 完成（我们的传统优势）

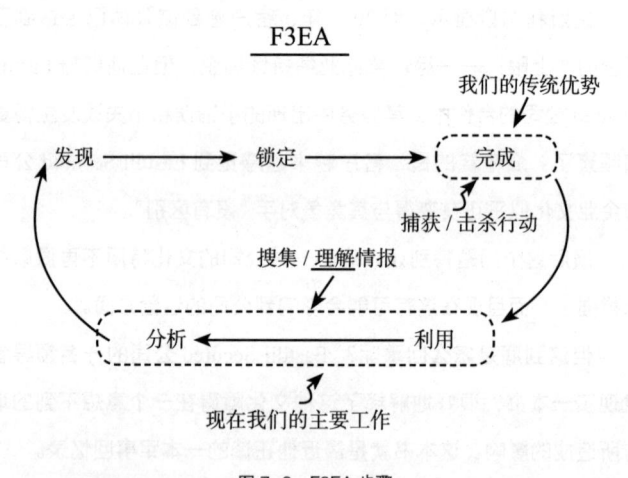

捕获/击杀行动

搜集/理解情报

分析 ⟵ 利用

现在我们的主要工作

图 7-3　F3EA 步骤

他将 F3EA 公式应用于 Eastdil Secured 公司的企业文化和运营状态，发现公司在"发现、锁定、完成"阶段表现非常出色——市场上的各种机会，只要把任务在合适的时间派给合适的团队，任务都可以迅速得到执行。

但是，就像特遣部队在其官僚主义鼎盛时期一样，埃文斯觉得 Eastdil Secured 公司的下级部门在其内部流程的"利用和分析"部分表现得十分不足——换句话说，对关键信息的挖掘、提炼并分配给正确的团队仍然由于在可能有相关市场情报与彼此分享的并行团队间缺乏联络而受到限制。

以往的内部数据证实了埃文斯所怀疑的不仅是"信息在组织实线层级结构的运行层面遇到了瓶颈"，而且组织中也很少有人感觉受到鼓励"积极主动地"与其他团队分享他们从市场上得到的相关情报。

埃文斯手里拿着这个数据，心里想着金斯利调查的结果，在读到 F3EA 过程的革新时受到了很大的鼓舞。碰巧，他认识一个有可能帮他进一步了解如何运用特遣部队的经验来解决 Eastdil Secured 公司的一系列问题的人——一个了解当时特遣部队改革情况的内部人士。

公司里有一个比较年轻的成员，沃克·戈勒姆，他在加入 Eastdil Secured 公司之前，曾是美国陆军游骑兵团的一名上尉。服役期间，他曾被派往伊拉克，在战争中一些最恶劣的条件下指挥过地面部队，因此亲眼见证了特遣部队官僚机构的改革。

读完《重任在肩》之后，埃文斯找到戈勒姆，开门见山地问他："这一切都是真的吗？"

"是的。"戈勒姆不假思索地答道，然后他停顿了一下，也许是在猜测埃文斯的想法，有些犹豫不决，"但这对我们来说很难做到。"戈勒姆在伊拉克和阿富汗待过，知道 Eastdil Secured 公司要想真正进行这样的改革，需要公司高层投入多少精力进行多大的改变——他不完全确定私营组织是否有可能做到。

但埃文斯确信公司需要这样做。他已经从戈勒姆那里得到了需要的答案：这是真事，有可能管用。

解决方案

就像本书中其他的案例研究特写一样，Eastdil Secured 公司在试图将自身改造成一个由小团队构成的大团队时，也采取了多种不同的做法。其中包括改进不同部门间的战略协调和他们重新打造的市场情报电话（MIC）会议。但将这两个做法连在一起的关键的核心是公司使用了联络人网络，这在对 MIC 的内容进行补充和更好地统一 Eastdil Secured 的团队方面起到了很大的作用。我们在撰写本书时将主要关注其联络人网络是如何建立的，又是如何与其他做法结合使用的。

埃文斯迈出的第一步——他也确实应该这么做——是向他的实线上级阐明他认为应如何重建公司的企业文化并获得许可。Eastdil Secured 公司的执行委员会由罗伊·马尔希、兰伯特和迈克尔·范·科伊南伯格组成，他们是公司的三巨头。

自组成公司的两个组成部分——Eastdil 房地产公司（一家位于纽约的房地产资本市场公司）和 Secured 资本公司（类似的一家以西海岸为中心的公司）——于 2005 年进行了"1+1 > 2"的合并以来，罗伊·马尔希一直担任 Eastdil Secured 公司的 CEO。

马尔希作为公司执行委员会的成员,埃文斯是直接向他汇报的。

当埃文斯于 2014 年进行绩效评估的时候,马尔希记得听到埃文斯说过一种更加有效地处理信息的方式,金斯利调查的结果也强调了这个需要。

马尔希笑着回忆起他们最初的那次谈话:"有点儿不寻常。"

怎么讲呢?"嗯,我想他在进行绩效评估的时候……实际上是从《重任在肩》那本书里摘了一段节选。一般在那种情况下,大多数人来了都要谈谈他们本年度的成就。当他们不这么做的时候……嗯,这实际上是很有建设性的,很令人振奋。"

迈克尔·范·科伊南伯格也积极参与公司执行委员会的日常战略领导工作,他以前是 Secured Capital 的负责人。埃文斯的话也打动了他,因为他的发言与科伊南伯格多年来在这种会议上已经习惯从下属那里听到的"热血澎湃"的发言截然不同:"相反,他决定谈谈最近读过的一本叫作《重任在肩》的书。"

埃文斯的方法不同寻常,但它奏效了,执行委员会暂时表示支持,他们觉得他的想法很有道理。但他们都想先听戈勒姆具体讲一讲,然后再采取进一步行动。他们需要知道:需要做些什么工作?

马尔希回忆说:"他基本上是说我觉得能行——但每个人都是公司的一部分,所以大家必须都下决心做出改变才行。"戈勒姆想确保公司的领导者认真对待他提出的建议,多考虑考虑。

马尔希明白他的意思。"他的意思很明确,他认为除非我们下定决心要办成这件事,否则就别开始干,因为要是我们公司最高层没有决心,事情会搞砸的,本来是个好事,办不好也说不过去。"但他和科伊南伯格现在都很信服，他们愿意做出戈勒姆认为有必要的保证。很快，戈勒姆和埃文斯得到了改革的正式授权。

下一步是得到不同产品团队的实线领导者的支持，改革需要他们的参与。为此，执行委员会找到范·杜森和埃格等人，他们都是 Eastdil Secured 公司不同职能部门颇有威望的主管。

与吉姆·哈迪在安德玛的同级部门所表现出的犹豫，或马特·辛格尔顿在试图拉着 OMES 的主管参加他们的 O&I 会议时对方的不情不愿不同，Eastdil Secured 公司的实线领导者对戈勒姆和埃文斯的提议响应得十分积极热情。因为幸运的是，他们也注意到了信息瓶颈在他们部门中的影响。

有了他们的支持，Eastdil Secured 公司就开始采取切实的措施，将其团队联系起来。

首先是大举投资，创建多视频电话会议（VTC）论坛，大家按照一个特定的节奏——从每两周一次全公司范围的大规模 MIC 会议，到某些规模较小的产品小组组织的运行节奏更加频繁的论坛（例如办公资产类团队举办的被称为"SWAT"电话会议的论坛）。特别是 MIC，保证了分散的团队现在可以相互熟悉，建立了更好的沟通渠道，让大家更好地亲身接触公司战略领导层制定的战略。

如前所述，当不同团队间建立虚线关系时，技术肯定是有些用处的——Eastdil Secured 公司的情况肯定也是这样，而且事实证明这对他们的改革来说也是个必要条件。范·杜森在多次 MIC 论坛中担任管理员，他目睹了这些技术"机制"最终"如何使我们分布在亚特兰大、纽约、波士顿等地的团队成员彼此熟悉起来"。

科伊南伯格有几分同意，说这些论坛对于 Eastdil Secured 公司扩大战略思考的范围是至关重要的："使用 MIC 体系是个变化，这让我们得到了低级别员工的支持。高级职员一直都能经常接触到公司的高层领导，但是 MIC 的 VTC 让我们的一些年轻人有机会更加直接地、更多地参与进来，使他们更早崭露头角。"

但是，员工彼此的熟悉和联系最初是通过这种互联技术实现的，那么这种协作的机会如何才能得到参与者最充分的利用呢？如果想要的结果是在团队之间自由地进行有战略意义的、有机的信息共享，没有高级领导者的干预，那么这种愿望必须表现出来。

科伊南伯格继续说："我认为对我们影响最大的是发现技术本身并不是产生变化所必需的。"相反，解决的办法在于改变整个组织的"行为方面"。

马尔希也同意这一点，他提到一个似乎在 Eastdil Secured 公司上下普遍存有的期待："我们大多数人都在等待公司层面上最终出现给各团队带来信息共享的重大技术突破。"但逐渐地，他们意识到光靠技术上出个绝招来解决公司面临的挑战是不可能的，必须辅以人类精英的因素。

所以戈勒姆和埃文斯决定用从公司各职能团队中精选出来的联络人充实 MIC 论坛，将他们安插在公司内不同的产品团队之中。第一批联络人是由马尔希和科伊南伯格亲自挑选的，埃格和范·杜森等各产品团队的领导者也从旁协助，他们必须决定需要在这些人身上选用哪些品质。

Eastdil Secured 公司需要找什么样的人来做联络人，在埃格的心中有一幅清晰的图画："有时候我们在办公室里太书呆子气了——我们本身就是个特别以量化为主的业务单位。"在这种"书呆子"式的思维习惯中，埃格认为缺少的是对"那又怎么样？"的广泛考虑，因此无法对之前推动公司尝试促进战术信息交换的传统的数据处理进行通盘考虑和相关操作。

这样的思维方式将会通过 Eastdil Secured 公司的各种论坛和技术投资广为传播。埃格说："我们需要有人来回答这些问题：这些租赁利率是什么意思？这个脱手价格的走向如何影响一个单独项目的预计总回报？一个团队在一个市场上的经验如何能为另一个区域的人所用呢？我们必须了解如何使用这些数据的零碎想法，然后将其应用到市场机会上去。"

埃格的意思是，需要通过社会学习，通过对这种行为的初步论证，在不同的团队之间建立一种高质量的联系。对联络人的选择应基于他们对市场数据进行高质量的战略思考的已知能力，意在让他们在 Eastdil Secured 公司各团队中作为跨界联系人促进类似的行为。

Eastdil Secured公司对联络人这个角色的界定十分明确——正式指派给这个人的任务就是建立非正式的关系。他们用值得信赖的人选来填充第一批联络人岗位，以保证这些关系能顺利地建立起来。

西奥多和王素凌都是第一批联络人，经验使他们对自己从一个市场上得到的数据进行分析，并当众在 MIC 论坛上将其应用到另一个市场上去的能力有了长足的提高。

当然，有一个与此相关的学习曲线。西奥多起初在 MIC 及各办公室间的论坛上作为联络人进行主要发言时感到十分困难：他发现自己"成了所有零售数据的权威",或说得轻一点儿,"很有启发性"。这是第一次,他和其他参与者可以清楚地"看到其他团队日常业务的运作方式以及他们使用数据的方式,解读这些数据,并将其记录下来"。

他也经常会出错。西奥多说:"有一两次 MIC 论坛,我根本就没准备好发言……但只要有一次让 200 位同事看着我在镜头前面手足无措,就足够让我意识到做好准备工作有多么重要了。"联络人们很快就学会了彼此怎么交流最好,他们逐渐变得更能胜任戈勒姆和埃文斯最初设想中的这个职位。

照西奥多的说法:"这很有趣,因为如果你看了有些联络人在第 6 次或第 8 次 MIC 论坛上的发言,你会发现他们的陈述方式有很多相似之处,每个团队做的幻灯片格式也差不多。"注意到在 MIC 论坛的环境下什么格式的陈述和讨论效果最好,这使 Eastdil Secured 公司各职能部门新形成的这个网络开发出了在各团队间传播市场情报的最佳方法。

在这个学习阶段,帮助了西奥多和其他联络人为论坛进行的"彩排",以及在他们自己的集群网络中与其他联络人进行的真诚的线下对话让他们受益匪浅。正如西奥多所说的那样,"在联络人彼此之间,我们自己也是小型的小团队构成的大团队。"

新一批联络人接手工作之后这种做法也仍然适用——西奥多记得,他在与新任的零售团队联络人香农和凯瑞交接之前,和他们进行了大量的接触,从如何搜集数据到如何解读数据等各个方面向他们提出了建议,并给他们提供了一些他在为发言做准备时用过的资源。

Eastdil Secured 公司联络人的正常任期定为 9 个月，尽管后来也有例外：截至 2016 年底，第三批联络人已经接手了工作，但王素凌依然留任——她已经是个老手了，但她在联络人项目中已不常出手，她很乐意偶尔在 MIC 论坛上做一次陈述，但不像新来的人那么频繁。

结果

当我最近一次到访 Eastdil Secured 公司的华盛顿特区营业中心的时候，我问埃格他认为公司在官僚机构改革的经验中有哪些重要的启示："提炼一下说，公司所做的真正关键的几个方面是什么？到目前为止，是什么使这一切全都结合到一起的？"

环顾四周，他和其他几十个员工共用的这间办公室，在一般人眼里并没有什么特殊的地方。我们四周都是玻璃隔间，周围一圈是角落里的办公室，办公室的柱子和墙壁上都是实时市场图表和播放彭博社新闻的电视屏幕——这是金融服务公司的典型设置。

埃格慢慢思考着我所问的问题，他的回答分为两个方面："首先最重要的一点是，我们（各团队）不需要看到高层在我们的论坛上发言。我们希望这些联络员能够承担起这样的责任，起到领导者的作用。他们在公司中扮演的是一个有意义的角色，最终将会是对规划的某种馈赠。"

通过授权公司各批次的联络人在战略和定性的层面上考虑各团队的市场数据，并将其应用于不同的团队之中，随着共享意识的发展，该公司正在播撒公司未来领导权的种子。正是这些能够在战略和定性层面上思考的员工，才最有可能从多参加 MIC 论坛中获益。

"其次，"埃格接着说，"我们正在重新培养我们的习惯——一旦我们让这种沟通方式、这种信息共享变得根深蒂固，让利用这些网络不仅仅是任务，而是习惯，这就会变得不可阻挡。"

他在立式办公桌上的笔记本电脑上调出一张幻灯片——这是一个在最近的 SWAT 论坛上与公司的办公室部门讨论过的幻灯片中的一页。幻灯片的一侧是查尔斯·都希格 2012 年的畅销书《习惯的力量——我们为什么会这样生活，那样工作》的卷首语。另一侧是"习惯"一词的正式定义，很可能取自这本书："一种后天习得的行为模式，经常被遵循，直到变成不自觉的行动。"

埃格看着我："这就是我们通过联络人学会的——整个概念是做事、展示并加强做得对的事情，经常这样做，让它成为潜意识，不受时间影响。"养成这个"习惯"，促进了 Eastdil Secured 公司原始文化的扩展。

王素凌认为 Eastdil Secured 公司建设"小团队构成的大团队"的努力是在公司原有文化的基础上进行的。"我们公司一直都是某种小团队构成的大团队——历来就是扁平化的，很容易和领导层接触，但是现在 MIC 论坛和联络人制度所做的是提供了一个可以在公司里延伸和拓展的结构。"

她说得对——这些做法相互配合，其相互作用是可以互补并得到增强的。我们注意到，公司原有的战略文化——专注于简单的信息共享和领导者之间的亲密关系——已通过利用联络人和论坛得到了扩展，这加强了这些做法的核心要点。

尽管如此，随着时间的流逝和操作经验的积累，从各种来源中还是涌现出对 Eastdil Secured 公司用这种"结构"连接其团队的方法的建设性批评——虽然现在一起工作、共享情报的公司团队更多了，但某些联络人和官员已经开始意识到，维持已经建立起来的势头是多么困难。

这种建设性反馈意见总体上的主题是，目前市场电话会议的节奏和要求联络人在定量数据中确定这些定性趋势的工作要求很高。不同于为单个团队纯粹处理数字，对市场趋势进行战略层面的定性分析于联络人来说是非常耗时且有压力的。

西奥多说："一个人每隔一周都得想出新的内容，进行独立的研究——这是很困难的。"在第一批联络人中，每个产品组都有一个联络人，他负责每隔一周为该团队进行一次陈述——自那以后，情况发生了变化，现在每个产品组都任命了4名联络人。但王素凌和范·杜森也承认，他们的工作节奏和对数据的手动准备可能需要做一些调整。

离开埃格的办公室时，我请他举个例子说说他认为在 Eastdil Secured 所形成的"习得习惯"是什么样子的。

作为回答，他指着办公室旁边一间玻璃窗户的会议室——我往里面看，看到一群男女职员围在一张椭圆形的桌子旁，一个人在白板上写写画画，其他人则彼此交谈。"这些人是来自我们的地方多户团队、写字楼团队、酒店团队和零售团队的代表，再加上他们所有的联络人，全都自愿在这里帮助本市一个酒店现场的重建工作出谋划策。你进来之前，我就在那里——他们正在谈论以前其他团队用过的最佳做法，领导团队应该如何处理这个问题，这个房间里每个人的智慧和力量都用上了……但如果你在一年前来到这里,那么你在那里恐怕只能看到领导团队的人。"

埃格所描述的是我很久以前还在特遣部队的时候看到过的——在职能部门之间进行有机互动的网络,其摆脱了对高级官僚领导的过度依赖,从而促进信息流动。

当我与公司里其他的人员交谈时,又出现了一个更富戏剧性的例子,让我们看到 Eastdil Secured 公司的联络人网络是如何与 MIC 论坛相结合,帮助公司适应外部环境中的外部条件或新出现的危险。这个例子就是公司对英国公投退出欧盟的应对,该事件导致国际金融市场上出现了马尔希所说的"完美风暴",在客户中造成了混乱。

如前所述,在 2016 年 6 月之前,科学民意测验显示,英国人肯定会投票决定继续留在欧盟。但令民调专家、政客和经济学家大跌眼镜的是,选民选择脱欧。市场崩溃,货币出现剧烈波动,客户对投资的安全性感到担忧,对未来没有信心。

马尔希将这一事件归结为只是当年市场变化全景图中的一个片段,他说:"你可能会将 2016 年称为惊人的一年——石油价格暴跌,同时中国股票市场上的抛售现象也具有同样的戏剧性效果……英国脱欧和我们(美国)自己的选举结果都不可预测,迫使我们迅速采取行动。"这些全球性的混乱让投资者感到紧张不安,他们希望 Eastdil Secured 公司迅速回答公司是如何应对动荡局势的。

在这种环境下,许多组织会受到诱惑进行投机,但 Eastdil Secured 公司不是这样的:"联络人网络和 MIC 论坛使我们能够立即行动,成为我们这个行业的'舵手'。"

在多重危机中建立联络人网络的结果是"共享情报,而不是投机"。就像特遣部队在行动高峰期的做法一样,他们平时天天训练有素地共享信息、制定决策和跨部门联系,这使他们能够冷静、自律地安然度过这些风暴。随着全球范围内出现破坏和混乱,此刻传统的组织将会仓促地联系团队,拼凑解决方案。但 Eastdil Secured 已经预先打造了这股力量,所以全球同步对其来说并不是什么新鲜事。直接听从高层领导者的指挥也并不意味着有什么需要恐慌的,只是照常工作而已。分享你的见解,信任你遍布世界各地的队友的看法是一个常规的行为,而不是陌生的领域。当许多组织可能已陷入疯狂地试图扑灭看似无穷无尽的火灾的模式中时,Eastdil Secured 却始终保持着对市场的长期稳定的观点,这种表现客户当然不会视而不见。

听起来这是个很好的习惯,应当继续保持。

第8章
结论

当我去 MNC-I 那宽敞的巴格达总部时，麦克里斯特尔由我们特遣部队的联络人带路，在紧闭的门后向他的几个合作伙伴通报情况，留下我在一个小隔间里等着他们。

我按照标准的做法，远程访问了我们的分类门户，查看我们组织的运作现状，并迅速了解我们离开后可能出现的任何问题。我刚一上线，就蹦出一条聊天室信息，要求我们返回巴拉德。

组织虽然正处于授权执行阶段，但出现了一桩极为特殊的紧急事件。

组织发现了一个极为重要的目标（"目标猎物"）——这是一个 X_1 的时刻。他是"基地"组织全球网络中的一个关键节点，这个将他从其队伍中清除的机会十分难得，将是转瞬即逝的。没有时间可以浪费，我们的指挥官需要监督后续行动，因为解决这个问题需要跨越地理界线，需要与多部门协调，并需要利用与外部组织良好的合作关系。

我把我的笔记本电脑插头拔下来，沿着宫殿的大理石走廊向会议地点一路小跑。当我跑到那里的时候，会议已经结束了，来自不同机构的各位将领和高级文职领导者正从房间里出来。麦克里斯特尔看着我的眼睛，知道我有需要抢时间的情况向他报告。

在我迅速向他说明了情况之后，我们向出口走去。我们一边快步走着，我一边向他解释，当天日程表上其余的会议我都已经通知改期，我们的直升机已经启动，准备接我们迅速返回巴拉德。

回程一路太平无事，我们在漆黑的沙漠上空低低地飞行着，得到了暂时的休息，直到我们的院子里隐约闪烁的灯光映入眼帘。我们乘坐的直升机在离驻地大院平平无奇的后院墙不到50米远的地方着陆。我跑步前进，打开院门上的密码锁，扶着门等麦克里斯特尔和我们团队的其他成员进入总部。

当我们终于走进巴拉德的态势感知室时，房间里的嘈杂声比平时更大。在房间前面的12块屏幕上，原本正常传送的伊拉克和阿富汗的当前行动的画面已经被来自世界各地不同的特遣部队和外部合作伙伴取代，现在的画面与我们常在O&I论坛中看到的类似。

"目前现场的情况怎么样？"一个来自美国某文职部门总部的声音响了起来。

抬头看着在巴拉德态势感知室里的特遣部队领导者面前一字排开的那些屏幕，我可以看到一位女分析师从其中一块屏幕上直视着我们。

和我们的 O&I 论坛一样，在巴拉德的我们这些人不是她唯一的听众。当这位分析师说话的时候，她实际上是在与数百名重要人物进行互动，这些人分布在世界各地的几十个房间里，跨越了曾经密不透风的部门边界。她身在东海岸的某个文职部门总部的这件事，已经不再能限制她成为我们全球团队中一个列席的、平等的、值得信赖的成员了。

她又开口说了起来："我这样问是因为我们刚收到一些新的情报，似乎与刚才整点发布的最新消息有矛盾。"这引起了大家的注意。

"你看到了什么，海伦？"我们态势感知室里的一个情报官员回道，"鲍勃，你和你的团队收到这个消息了吗？"

在巴拉德态势感知室里的高级情报分析人员围到桌边来的同时，我们等着鲍勃和他的团队在他们处于世界另一边的小总部里也这样做，他们正在那里监督这次行动。

鲍勃与有可能被派到巴格达或喀布尔的某个关键地点的联络官一样，作为一名战术领导者有着特殊的声誉。作为奖励，他没有被要求扮演一个传统的角色，而是被要求脱下防弹衣，部署到特遣部队的遥远边缘。他的新部队是一群和他一样有资格的人员，都是来自不同单位的人才，有文职单位的，也有军事单位的，他们现在成了一个统一的队伍。

他们将控制这次行动的战术方面，而海伦带来的最新消息可能会影响他们的下一步行动。

"嘿，鲍勃来了。"在我们面前，另一个屏幕上线了。从滋啦作响的模糊屏幕上,我们都可以看到鲍勃那边人员稀少的总部,他的影像不大清晰,原因是他们那里的带宽不够。

待在美国的海伦对最新情况做了进一步解释:"我刚得到一些情报,说是在祖鲁时间17点,确认目标离开了市中心的公寓大楼。我们之前认为,在那个时间我们查明他在城外的安全屋里。这两个消息中只能有一个是准确的。我们正在试图核实报告。"

这是个问题——如果两份报告都可信的话,那么目标就同时处于两个地方了。在这一领域的标准流程中,出现像这样相互矛盾的情报,行动是要终止的。

但取消行动将会带来巨大的不便,而且会造成极大的机会成本:车轮已经开始在多个层面上转动了,一系列合作伙伴的信誉都岌岌可危。支持系统和额外的资源正在特遣部队的多个战区中调遣。来自外部一系列国家安全组织的战略领导已经集合起来监督执行这项任务了。

这种困境在大多数行业里都很常见,一旦有新的信息暴露出来,行动成功的可能性因此受到挑战,那么就需要做出痛苦的选择,决定是否需要取消现有的计划。

如果执行了任务,而房子是空的,那么目标猎物就会回到地下,在我们看不透的环境中找到一个新的藏身之处,以逃避追捕。我们组织的信誉将受到打击,不仅鲍勃的团队会受到影响,未来全世界的努力也是如此。

麦克里斯特尔说话了:"鲍勃,你们还能再等等吗?"

"好的,先生。我们还能等上45分钟,但不能再多了。"鲍勃那边需要监测的情况有点儿复杂——情况微妙,说来话长,很难跟巴拉德和世界各地的每个人都讲清楚。线上的每个人都相信他的判断。如果他说是 45 分钟，那我们所有的团队就必须在这个时限内活动。每花一秒钟检查鲍勃的计算，我们解决整个网络所面临的问题的时间就少一秒钟。

表达担忧

如果我们的组织采用的是传统的等级制度，那么提出这种新的、相互矛盾的情报的女分析师就不会直接接触到我们组织的高层领导和决策机构，她就无法表达她的担忧。

而且，即使她能接触到高层领导，能表达她的担忧，官僚体系中的行为规范也会使她保持低调，这是一种我们都会本能认同的感觉。海伦八成会去找自己的顶头上司，然后指望对方能当个合格的信息泵，替她"负责"汇报最新消息，而不是自己冒险越级上报。

她的上司则需要决定是把这个消息向更高级别的领导汇报，还是就此打住。她的上司可能会想："这是不是跟我们的想法有矛盾呢？领导者会不会因为我们到最后一刻又出状况而不高兴呢？把这件事捅出去值得吗？"

在这种情况下，人的本性就会占上风，官僚的自我保护本能太容易胜出了。这都是出于正常的、心理上的原因——采取某种行动路线，使个人能够避免为出现某种结果负责，这能让人的负担减轻，因此人们很容易向这种诱惑屈服。

虽然道德风险通常与金融或保险领域的决策有关，并被经济学家劳伦斯·萨默斯描述为"应对金融危机的所有政策讨论的核心",但在任何行业中,任何大型组织的信息处理普遍都是这样的。

精明的官僚会知道这个游戏该如何去玩:如何发送电子邮件,将新的、可能具有颠覆性的信息传达给他们在实线层级结构上很多有关联的人,他们知道在"抄送"这一行出现的这 10 个人现在可能都已经被信息需求压得喘不过气来了,但是收到这封电子邮件之后,如果出了什么问题,他们也会负有连带"责任"。

这个上级会在心里想:"好吧,我从海伦那里得到了有矛盾的情报,也已经将其转发给所有需要了解这个情况的人了。如果情报属实,可是他们没有停止行动,那么我也没什么责任,因为我已经把情报发送给他们了。如果他们取消了行动,但是新的情报被证明有误,那么……我反正也没有建议他们停止任务,我只是发送了新的情报而已。"这个做法比较保险,也无可厚非。

官僚模式不仅使这种做法成为默认的行为,而且层级间的不渗透性无形中甚至也鼓励那些原本会尝试共享信息的人采取同样的行为。在这种文化中,现实世界的惩罚可能是十分悲惨的,就像管理学教授艾米·埃德蒙森在她 2012 年出版的《组队》一书中详细介绍 2003 年"哥伦比亚"号航天飞机失事的后果时曾回忆过的那样。

第二天,航天飞机工程师罗德尼·罗查回看了发射的视频,并对似乎击中了它的左翼的一大块绝缘泡沫的大小和位置深感担忧。……为了确定其是否发生了损坏,罗查希望获取间谍卫星拍摄的航天飞机机翼的照片。

罗查最初的尝试没有得到顶头上司的支持，他最初唤起人们对此事的注意的努力落空了，因此他感到气馁，并确信将这份担忧表达出来会限制自己的职业发展。因此，在更大规模的团队会议上，罗查决定保持沉默，这是他所在的组织结构的缺点。

这种由于缺乏埃德蒙森所谓的"心理安全"而导致的信息共享失败，最终使"哥伦比亚"号航天飞机在重返地球大气层时起火，7名宇航员牺牲。在生死攸关的环境中，一个组织的领导方法能够影响的不良行为规范产生的非线性结果是十分惊人的。

尽管承受这种道德风险的其他组织有可能出现的后果不一定都那么引人注目，但在一个复杂的世界里，创造一种让海伦这样相对级别较低的人能在公开场合安心地与多个级别的领导交谈的环境是十分重要的。埃德蒙森所描述的心理安全是一种"人们可以自由表达相关想法和感受的氛围，它能让人相信，这个组织不会让哪个人因为勇于开口而感到难堪、受到拒绝或惩罚。"这并不意味着每个人都会意见一致或成为朋友，也不是说在没有战略领导者的积极努力的情况下，这样的环境就能有机地存在。但它承认个人在不断变化的情况下需要感到安全，因为这种情况下存在着会出问题的固有风险。

要实现这种状态，就需要有意识地、一如既往地传达一种强调信任和透明度的协调叙事，以及其他人公开表现出这样的行动，而且这些人的级别越高越好。你很可能在小型的高绩效团队中看到过这种类型的社会学习，但在整个组织范围内复制这种行为特征是比较罕见的。

为这种行为创造环境，需要有一个始终具有包容性的沟通过程；对于组织的首要任务要定期进行重新同步；而且成员也要有信心，相信高层领导是愿意接受透明度、愿意进行辩论的。

当我们的分析师海伦打开麦克风对我们各个团队讲话时，发生了几件事。她正在利用花费数年时间才建成的全球通信基础设施，她正在利用遍布全球的团队的集体专业知识，她正在展示对一种每天都受到我们高层领导的保护和加强的透明文化的信任。

在特种作战部队，你总是不断地被人提醒，需要"在交火之前建立关系"。同样，一个组织也不能突然将世界各地的数百个团队联系起来，而不造成某种程度的混乱并对抗传统的规范。没有事先的调节，参与者不会突然就能放心大胆地畅所欲言。在海伦这个案例中，我们多年"小团队构成的大团队"模式的严格管理确保她有条件对组织保持透明。

最终的结果是，我们的分析师在心理上有安全感，知道听了她的话，四星上将的反应不会是你算老几，你凭什么认为你可以跟我讲话？

她可以插话，帮助组织避免重大失误，并因此得到奖赏。她会遇到一个信任她的能力并相信她的积极意图的领导团队。最重要的是，她得到的回应不会只是领导居高临下地拍拍她的头而已，而是组织将对这个新情报做出反应，传达该信息给其他人看，让他们知道正是海伦这样的行为使我们的组织变得独一无二。

回应

"好的，所有人注意了，我们需要你们集中注意。"特遣部队不得不转而对海伦的新情报做出反应，所以我们的高级情报官员，也是战略领导团队的一员，走上了舞台的中心。

"让我总结一下我所听到的，如果哪里有出入，就给我纠正一下。根据我们刚才从海伦那里听到的消息，我们不能百分之百地确定目标的当前位置。鲍勃那边已经准备好了，但他在我们能够确认刚才的消息是否属实之前都不会开始行动。根据我们从鲍勃的现场行动小组那里听到的时间线，我们有45分钟的时间来解决这个问题，否则我们就需要中止行动。海伦，我们现在正在等待你和你们团队的消息。"最后他还问了一个问题："还有人有什么要补充的吗？"

他最后这段话可能才是刚才所说的事情中最重要的一点：事情发生了变化，形势很不稳定，我们的战略领导给了每个人一个新的基准。

但说到底，这也仅仅是一位高层领导对事件的理解。这种情况就像是一个不断变化着的魔方一样，我们的领导者需要从各个角度观察才能准确了解情况。要求团队进行多角度阐释是防止群体思维的关键一步，它教会团队中的每个成员，他们如果有新的信息，要主动让组织的其他成员参与进来。

这一次，大家一致认为，由于有了这个新的情报，我们组织的这个行动计划需要做出调整。鲍勃对着镜头竖起拇指，表示他明白了，我们可以看到他的团队在视频资料的背景中继续动作迅速地忙碌着。

在我们回来之后,麦克里斯特尔第一次开口讲话,他直接对第一个发现矛盾情报的年轻分析师说:"海伦,干得漂亮。请将报告放在门户网站上,这样每个人都可以看一看。所有分站都派人快速阅读一下,让我们所有人都了解到相同的信息。"

这时,整个房间里的人们和在世界各地的人们展开了讨论:高级的跨部门联络官通知了一些关键人物,他们需要了解有可能会放弃这项任务。从伊拉克到华盛顿特区、从欧洲到北非,随着我们联络网络上的成员开始逐一联系他们的虚线联系人和合作伙伴,房间里立刻嘈杂起来,人们走来走去,不停地打电话、发电子邮件。

我坐在态势感知室的后排,尽我所能地给他们打着下手,密切关注着还有哪些人没有通知到这个最新消息,是否又来了新的情报,并直接与鲍勃团队里我认识的人交谈,问他们是否需要任何支持。

对局外人来说,一切似乎都很混乱,或者可能只是战争中又一个繁忙的日子。但对一个内部人士来说,这是一个运作良好的生态系统的景象,目的是使以前都是单打独斗的专家和单位能够进行高效的合作,其最终结果是具有快速适应的能力。

那天深夜,我坐在巴拉德的态势感知室里,亲眼看到联邦调查局(FBI)的一名高级分析师动用个人关系与自己的同事联系,试图找到新的情报,以澄清局势;我们的国务院联络人与当地的美国大使馆人员取得联系,确保大使了解行动的当前状况;还有无数经常彼此竞争的团体,却合作得就像任何一个我参加过的

16 人野战排一样流畅。

但这不是我以前见过的彼此合作无间的小型战术单位，而是由许多小团队组成的大团队，他们的任务是联系、通知并影响整个国家的领导层。这不仅仅是打破官僚主义的藩篱，而是通过证明有一种全新的、人际的方法来处理这种类型的冲突。

"已经过了 30 分钟了，我们只能再坚持 15 分钟。"鲍勃在网上说，提醒大家我们快没时间了。

SAR 的一部电话"砰"的一声挂断了。一位资深的跨部门合作伙伴打开了他的麦克风，对我们的全球网络说道："各位，我刚刚和一个熟悉这次任务的特工通了话。我们的目标人物有个表弟，二人就像双胞胎，经常被误认为是他本人。这位特工发给我一张目标人物表弟的照片——他去年夏天在警察局被拘留过。海伦，我这就把照片转给你。你能把这张照片给你的消息提供者看看吗？这个表弟比我们目标人物的块头更大，他左侧和脸上有明显的烧伤。在市中心被人看到的也许是这个表弟。"

现在必须争分夺秒：我们只有 10 分钟的时间，眼看着窗口就快错失了。这个表弟有可能就是造成这场混乱的原因，他的照片在世界各地到处传播。从美国到伊拉克，然后到海伦的收件箱，再到现场离目标最近的情报人员，这个新的信息被迅速分享。

每个人都在等待。行动人员已经就位。时间进入倒计时。

4 分钟后，时间窗口即将关闭，任务将不得不取消。我眼看着通常总是有人走来走去、充斥着背景噪声的房间陷入一种诡异的寂静。

"好的，我们的消息提供者回信了。"海伦回到了网上，"他在市中心看到的正是此人。消息提供者明确地认出这个表弟就是他在市中心发现的那个人。情报没有矛盾。"

"每个人都干得很好,"身在伊拉克的麦克里斯特尔的声音传了出来,"鲍勃,你可以立刻行动了。"

这次任务可以执行。世界各地有数百人实时地围绕新的信息进行同步,解决了一个复杂的问题。一个有可能导致任务中断的原因被识别、分析和证明。海伦,一位年轻的分析师,做了正确的事情,世界各地的网络对此做出了反应,鲍勃的行动得以开展。

任务会圆满完成。几个小时后,敌人的网络会比前一天更弱——一个关键节点会被移除——这一切只有在我们混合模式运行的高峰才有可能发生。

早些时候,我们提到了唐纳德·萨尔和凯思琳·艾森哈特的《简单的规则》一书,书中建议用简单方法对抗复杂性。而人性倾向于把我们拉向相反的方向,让复杂的事物变得更加复杂。很快,组织的运作方式就会像它与之交互的世界一样让人难以理解。你可能在整个职业生涯中都有这种感觉。

回想我们至此已经讨论过的"小团队构成的大团队"模式的主要组成部分,最后我们最好看一下怎样将其结合成一个单一的简单模式,如图 8-1 所示。这是为了将你所掌握的主要手段结合起来,在速度、分权和风险之间找到恰当的平衡。当然,你要知道调整这些加强或放松控制的手段对你、你的领导团队和你的组织来说都是有意义的。

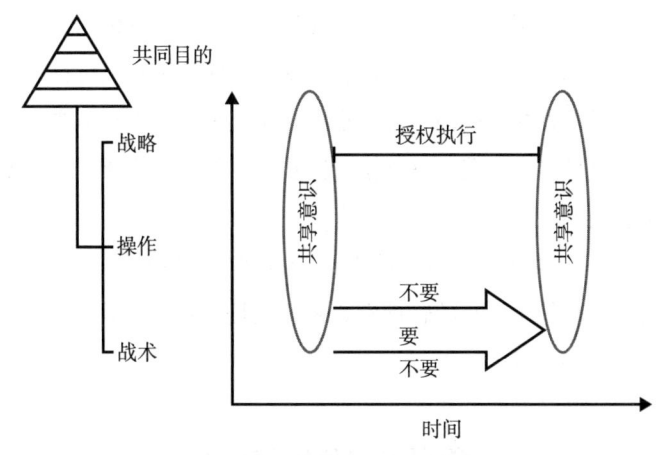

图8-1 "小团队构成的大团队"的简单模式

首先，创建协调叙事确立了组织的重点。叙事如果足够有力，就能打破大型企业中存在的部门壁垒。

有了同一个使命这个工作重点，你就可以充分考虑你周围环境的节奏，并据此调整你的工作节奏了。在特遣部队里，我们的领导者发现，我们需要的是每天一次的节奏，因为这就是"基地"组织发生变化的速度。你们组织的适当节奏应该根据你们周围的环境确定，但要知道一个真正适应性强的组织必须不断调整（重建共享意识），其速度要和它所面临的问题一样快，甚至更快。

这种节奏，也就是你的运行节奏，会成为你控制风险的两个主要手段中的第一个。延长或缩短共享意识阶段之间的时间间隔使你能对授权执行的窗口进行控制。在这些授权执行的窗口中，决策空间的方法规则简单，用于确定你的团队哪些事情能做，哪些事情不能做。

这个模式很简单，通过这些做法，你可以告诉你的组织，情况正在迅速变化。因此，我们将以这样的频率重新进行自我协调。在两次重新调整的间隙，你要迅速自主地做这件事，不要不经许可就做这件事。当我们进行重新同步时，你要对你所了解的事情坦率、透明。

在一个高度复杂的环境中，特遣部队保持着一个纪律严明、始终如一且易于理解的管理模式来解决我们周围的不断变化。简单中有美和力量。

叙事中的英雄与领袖

如同本书中所描述的复杂任务——无论是军事的还是民间的——当杰出的团队有一个强大的、围绕着同一个使命的焦点时，团队就会取得成功。本书详细阐述的实践和行为使这成为可能。

但是，最后还有一个重要的问题需要考虑，那就是一个组织的高层领导者应该如何看待他们在这种模式中的作用。随着跨部门的虚线网络开始对一个组织的实线官僚体系进行补充并减轻其压力，领导者为了他们新授权的团队，需要抵制哪些诱惑，打破哪些规范？

在20世纪的前几十年里，瑞士精神病学家卡尔·荣格提出了原型这个新的概念。原型扩展了荣格在人类中存在的"集体无意识"的整体框架，是"自远古以来就存在的通用图像"。这些概念对所有人来说都是"天生的"，我们似乎从出生起就能直观地理解这些概念，而这些概念在我们每个人的脑海中都根深蒂固。

虽然荣格的大概念（至少可以说）是异乎寻常的，但他的原型理论从广义上说可以解释为什么在流行文化中对于成功领导者的"伟人"式理解的弹性如此之大。根据荣格的说法，当我们想到"领导者"时，我们本能地认为他们是居高临下的、自力更生的、无所不能的人物（如成吉思汗、玛格丽特·撒切尔或鲁伯特·默多克），这是一个对于我们心中领导者应该是什么样子的普遍原型的扩展。

这种本能的力量在传说和现实中都有所反映。从荷马笔下的奥德修斯和托尔金笔下的阿拉贡，到对美国的乔治·华盛顿、通用电气的杰克·韦尔奇、苹果公司的史蒂夫·乔布斯和阿里巴巴的马云等现实人物持续的盲目崇拜，外人总是倾向于将整个机构的成功完全归于其领袖型领导者个人的天才或特殊天赋。

历史上有可能确实出现过这样的人物，但采用这种思路可能就忽视了这些领导者一手缔造并从中受益的伟大过程的重要性。杰出的团队、伟大的文化和严格的纪律全都是前进的主导力量。任何试图站在一个孤立的山头对抗21世纪组织的领导者，都会因为抓住过去的准则不放而迅速消亡。

我在离开麦克里斯特尔将军的副官的位置后，直接进入了位于加利福尼亚州蒙特利的海军研究生院，攻读我的非常规战争专业的硕士学位。到了那里，在西海岸周围都是来自不同地区的特种作战团体的同行，我发现自己经常回答一些错把我们组织的成功等同于麦克里斯特尔及其身边一些比较知名的高级团队成员的成功的问题。他们从系统之外的角度看来，这就是个神话，他们认为有些领导者不知何故超越了人类的局限性，因此可以做到其他人做不到的事情。而作为组织的局中人，我的答案是以事实为基础的。

他是怎么做到每天只睡 4 个小时的？（答：压力和肾上腺素是极好的兴奋剂。）

他怎么能一天只吃一顿饭呢？（答：他的新陈代谢很奇怪。）

他怎么什么事情都能记住，谁的名字都叫得上来呀？（答：他经常读简报，别人做自我介绍的时候认真听。）

我被问到的问题还有好多，但这些问题的基本假设始终是一样的：我们组织的成功是由于我们有一个无懈可击的领导者，他独自带领着组织从我们的官僚组织结构图上走出来。

请不要误解我的意思，这很重要。特遣部队的业务改善当然是由于麦克里斯特尔最初的愿景，他愿意为推动变革而承担个人风险，也是他发起了一个自上而下的行动来重新定义我们的工作过程和行为。但是，将这些实践的成功归因于一个战略领导者的独特存在，会忽略我们其他领导者所做的事情，这是一种懒惰的做法。英雄领袖的神话忽略了使这样的系统能够运作的真正的努力工作。它忽略了我们的领导者如何向年轻的团队及其领导者授权，并建立相互联系；他们如何将不同的声音和观点拉到一起来对话；他们又如何建立了以谦虚为本的领导层原型，让我们其余的人信服，这些人不是站在山头上的领袖，而是为使命服务的仆从。

我坦率地回答我这些同行的问题，而不是迎合他们先入为主的观念，塑造一个英雄式的、无所不知的领袖形象，我要向他们描述一个愿意说明行为标准、促进团队之间互动的平凡人，而不是假装知道他们所有问题的答案。

简而言之，我们的领导者做了我们许多人都能做到的事情，只要我们愿意虚心接受别人的见解、对战斗的复杂性有深切的尊重，并且比大多数人更加努力工作。这些是任何领导者都可以下决心采取的行动，但他们必须有意识地这样做。正如我在职业生涯早期学到的那样，你不是天生就是个领导者，而是下决心成为一个领导者。

像这样组合起来虽然并不简单，但确实是可以实现的，然而许多人仍然更愿意相信神话。以我的经验来说，并不是领导者本人自己要扮演一个创造了真正适应性强的组织的英雄角色。今天的世界太复杂了，这种方法行不通。我们最好的领导者无论在组织中处于什么地位或职位，都必须扮演导师和向导的角色，而不是让聚光灯打在自己身上的英雄。

当你步步高升并取得更大的成功时，世界将不断向你施压，迫使你成为一名备受称赞的孤胆英雄的原型。世界将使你的自我膨胀，并将全组织通过共同努力赢得的战斗荣誉赋予你个人。屈服于这种诱惑将对你的事业不利。

当今的领导者必须清楚明白、始终如一地向他们的组织说明，没有哪个人是真正的孤胆英雄；相反，如果团队成员希望在21世纪的动荡水域中航行的话，他们必须共同努力去倾听、学习，并彼此分享。他们必须联合起来解决问题。他们必须接受令人不安的授权，承担新的责任。作为一个相互联系的由小团队构成的大团队，他们是组织克服其最大挑战的秘密武器。

行政领导者可以建立和维持各团队为解决自己的问题采取行

动的手段，引导组织朝着正确的方向发展，并保护其成员不受外部势力的影响。但最终，成败将取决于企业的战术和运营人员。真正谦卑的领袖会看着他们展示自己的能力，不为自己邀功，并公开承认组织体系新的生产力远远不是仅靠任何个人或团队就能产生的。

今天，最好的领导者愿意对他们的组织说：

> 我了解环境的复杂性。我知道你的行动必须比我们的结构所允许的更快，而且你比我更了解你的问题。我将为你创造空间，让你有机地交流和分享信息。我将授权给你，让你来做决定并将其付诸实施。我可以指引我们前进的道路，但只有你才能赢得这场战争。我相信你能做到。

作为回应，各组织成员必须履行双方约定中由他们负责的同等重要的那一部分：

> 我们明白你在为我们的茁壮成长创造空间，但说到底这是我们的旅程。我们看到你谦卑地面对复杂斗争的现实。我们相信你能保护我们的行动速度和适应能力。我们将迎接挑战，并对结果负责。

"小团队构成的大团队"模式就是这个样子。如果执行良好，加上恰当的应用与正确的行为示范和实践，它就是组织绩效高低真正的区别所在。我对它创造出来的文化有过亲身体验，也目睹了其他人做同样的事情。但是，正如在任何分散的网络中一样，最终使这种做法产生价值并发挥巨大竞争优势的是具有同样动机的人——在组织的问题上愿意摒弃短视的、以本单位为中心的观点，致力于更加广泛的协调叙事的人类个体——的有机互动。

协调团队、透明沟通、分权决策——这些独立的概念都没什么新鲜的。但如果组织愿意将它们真正融合在一起，领导者谦虚谨慎、不逞英雄，每个团队成员则都愿意承担新的责任，那么未来几年他们将为高效企业树立标准。

如果你想促使你的组织向这个目标发展，那么我衷心祝你好运，并希望本书在你前进的道路上能对你有所帮助。在战场和各行各业中观察了十多年，我毫不怀疑推动这种变化是当今领导者的一个关键使命。

顺利过渡到信息时代的人会成为未来几十年的标准，而那些紧紧抓住20世纪的剧本不放的人将成为历史的一个脚注。

附录
办公室主任

2007年，在3月里冷风呼啸的一个下午，我在位于华盛顿特区的国防大学穿过一块空地，去接受时任陆军中将麦克里斯特尔的副官选拔面试，当时他刚从伊拉克回来36个小时，就来给学生们做了一场简短的演讲。

国防大学是第二次世界大战以后成立的，目的是在我们不同的兵种之间创建跨职能的关系，我要想得到这份工作就需要展示出这种能力。随后那一年的经历让我学到了许多克服部门壁垒的经验，这个职位带给我的收获比我当时所认为的更大。这所大学坐落在波托马克河畔，砖木结构的建筑外观非常庄严，我对这次面试感到十分紧张。

麦克里斯特尔和我的交谈比较直接，结束时他问我："你想要这份工作吗?"当然,任何应聘者应该都想过这样的问题,但我没想到他会如此直白地这样问我。坦率地说,我从来没想过一位四星上将会对我想不想做什么事情感兴趣。

我尽可能诚实地回答这个问题,而且要保证不能显得对他的现任副官不尊重,其中一位副官正和我们一起坐在房间里。

"长官,我们这里的人没有谁的梦想是当个助手,当副官肯定也绝对不是我追求的位置。"我停了一下继续说,"即便如此,过去这几年,我感觉到我们的组织已经有了一些变化。我们运行得与以往不同,比以前更好。有机会看到幕后,了解这些变化是如何实现的……这对我来说很有吸引力。"

麦克里斯特尔的脸上毫无表情,我看不出他是怎样想的,我想他可能觉得我的回答很奇怪。我想,也许我完全弄错了,也许没有什么新的做法,我们的进步仅仅是因为这一批领导者的运气很好。如果事实确实如此,那么我的回答可能会显得荒谬可笑。

几年之后,麦克里斯特尔和我谈到了那次面试,他记得我当时的那个回答,他说:"就是那一刻,我决定让你加入我们。"当时我还不知道特遣部队的领导团队对于其已经开展的内部统一的做法充满着怎样的热情,他告诉我说,我表示想要密切关注这件事的发展,这决定了我的命运。

一周后,在我和妻子对这个机会的重要性(因为如果成为事实,这意味着我需要离家工作一整年)有过一次简短的讨论之后,我接到通知说这份工作是我的了。在向我的实线领导者宣布此事后,我收到了我所在的海豹突击队指挥官发来的一封措辞简单、只有一行文字的电子邮件:"欢迎加入……"

自 2012 年离开军队以来，我注意到在私营企业的各个部门，CoS 的工作越来越受到重视。我当时在麦克里斯特尔身边的职位正式名称是"副官"，但其工作职能类似于现在我在企业界经常与之互动的 CoS。

副官的职位在军队里有着悠久的历史——在美国军队中，开国元勋乔治·华盛顿和亚历山大·汉密尔顿就是早期的长官和副官的例子。历史上，副官的工作范围很广，任何一个副官的经验都是独一无二的，完全取决于其辅助的指挥岗位，以及更重要的，他们为之工作的长官本人。在这两个方面，我都极为幸运。

在伊拉克，我有幸看到一位极其杰出的将军在最危急的时期领导一个战时反恐组织，这使我作为其副官发挥了不同寻常的作用。正如我在本书中所说，麦克里斯特尔允许我和其他参谋人员参与战略讨论，始终让我们旁听关键互动，并广泛接触他办公桌上的绝大多数信息。我们不太受职位级别的限制，更多的是受个人判断力的限制——授予我们的权限很高，对我们的期望值也高。

麦克里斯特尔的贴身工作人员需要能听、会想、善于连点成线，并推动与战场上作战单位内正在进行的授权执行水平相一致的行动。我们是他对付复杂情况的过滤器，应当在适当的时候采取行动，或者在形势需要时向我们组织的高级领导层提供清晰而完整的信息。

我和其他参谋人员与我在民营部门中见到的某些 CoS 的角色职务名称可能不同，但我们的职责是类似的。在我见到的民营企业助手里的最佳范例中，高管对员工的利用方式与特遣部队的做法类似。我所见过的利用这些员工职位的情形范围非常广泛。

在一个对 CoS 的工作管理混乱的组织机构中,第一个 CoS 可能会专注于事务性的工作,比如安排日程或制作简报;第二个 CoS 则可能会更加关注日常管理,从而减少了高管日常工作中的零碎工作;而第三个 CoS 有可能作为战略顾问帮助 CEO 思考下一个季度报告或行将到来的合并。这些工作每个都很重要,但根据我的经验,大多数有 CoS 的高层领导者对这个角色都有不同的期望,但能否得到想要的结果需要看运气。

如果你是一个新任命的 CoS,或者你是一个高级管理人员,正试图充分利用你团队中的 CoS 这个职位,那么下面的模式对你来说可能是一个有用的指南。

如图 A-1 所示,这个模式一共分成 4 个象限,每个象限阐述了 CoS 发挥其潜力的不同阶段。例如,一个新任的 CoS,不管其经验水平如何,都应该从象限 1 开始工作,然后以顺时针方向,经历图 A-1 中所呈现的全部象限。

进展的时间表将取决于个人及其单位的领导文化,所以有些人可能永远不会达到象限 4,或者在其职业生涯中只能短暂达到象限 4。

我对这 4 个象限的界定依据的是 CoS 在每个阶段中要完成的目标。他们稳步建立其职责范围,但对支持一个任务饱和的高管取得成功来说,他们在每个象限中详述的行动都是至关重要的。

	执行	组织	
执行	**1** — 连接到组织的桥梁 CoS 的主要工作重点：使用战术决策支持执行 CEO 的计划。 对组织的影响：确保运行节奏的有效管理（日程安排、内容、前后规划）以体现 CoS 的价值。 CoS 的角色在信息流中的作用：CoS 仍处于学习阶段，因此应与组织中不同的领导者建立关系，研究他们各自的挑战和机遇。 CoS 的交际优先次序：了解 CEO 的交际原则，试着预先做好可能需要 CoS 来做的事情。	**2** CoS 的主要工作重点：代表 CEO 协调短期、中期和长期的战略执行。 对组织的影响：弥合高层领导、业务部门、职能部门或地区之间沟通上的隔阂。开始向组织中的其他高层领导证明拥有一个专门的 CoS 的货币价值。 CoS 的角色在信息流中的作用：监控、支持和调整支持 CEO 意图的信息共享。 CoS 的交际优先次序：表现出洞察 CEO 观点的能力，但不代表其说话。	优化决策
优化	**4** CoS 的主要工作重点：根据 80/20 的经验法则，帮助管理 CEO 对内部和外部问题的时间分配。相比之下，CoS 应该花更多的时间来解决内部问题。 对组织的影响：与 CEO 密切合作，确保其战略眼光和意图得到正确的传达和有效的衡量。 CoS 的角色在信息流中的作用：建立和监控 CEO 的关键信息需求。根据 CEO 的既定目标设定其优先顺序和分配重点。 CoS 的交际优先次序：CoS 应该能够迅速准备好替 CEO 发言/代笔，回复内部和外部所有的受众。	**3** CoS 的主要工作重点：协调组织的短期、中期和长期战略规划。 对组织的影响：以下述方式管理战略规划过程：（1）识别决策的时机；（2）确定决策空间的责任；（3）提供关键信息，促使 CEO 做出决策。 CoS 的角色在信息流中的作用：逐级传达组织高级领导所做决策的途径；（4）将决策传达给组织；和（5）监视并报告其执行/实施。 CoS 的交际优先次序：代表更广泛的执行团队与组织沟通，并在其中发出明确的声音。	
	成为共同思考的伙伴		

图 A-1 CoS 职位 4 象限

然而，当一个 CoS 移动到下一个象限时，他也不能放弃他先前所在象限中的责任。随着 CoS 工作的进展，前一个象限中的一些行动可能会被分配给其他负责人，或者采用灵活的方式完成，但是该 CoS 仍然对其执行负责。

每个象限有 4 个主题，CoS 在下一象限进行有效行动之前，必须关注并掌握这 4 个主题。这涉及他们如何分配时间，如何与组织接触，如何影响整个管理团队和整个企业的信息流，以及他们在行政办公室的对外沟通中所起的作用。

CoS 主要关注的焦点与其自身的时间消耗有关，比如哪些方面的工作应该占据他们的时间。对组织的预期影响要考虑企业内部其他人眼中 CoS 的作用；当 CoS 穿越各象限时，他们会证明这是至关重要的。CoS 在信息流中所起的作用说明，CoS 在围绕组织的数据移动过程和基于这些见解的决策制定中扮演着越来越重要的角色；CoS 不是战略决策者，但这个位置的功能是确保高管按照形势需要，迅速准确地做出决策。最后，CoS 的交际优先次序说明了 CoS 在帮助形成并向执行团队、整个组织及外部受众传达高管的意图时应起到的作用。

象限 1：确保 CEO 的高效管理

- CoS 的主要工作重点：CoS 的时间大部分用来理解高管的想法并确保 CEO 的时间得到高效利用。只要高管的工作不陷入停滞状态，高管能按时出席会议并有必要的空余时间关注组织的战略视野，那么该 CoS 的工作做得就很有成效。

- 对组织的影响：CoS被认为是一个事务性角色，确保日程安排、任务分配及后续工作都能有效进行，会议内容和议程也都一切顺利。
- CoS的角色在信息流中的作用：CoS听取其他高管的意见，了解他们的问题，了解他们对业务的看法。在这个阶段，关系的发展是关键。
- CoS的交际优先次序：CoS逐渐开始了解高管偏向如何接收和消化信息，也了解到高管偏向采用何种方法传达意图，抑或只是与管理团队或企业进行广泛的沟通。重要的是，CoS应该在这个结构中寻找漏洞。不同业务部门彼此之间的交流是否有断层，CoS如何才能帮助弥补这些裂缝？

此时，不要迫使你的CoS因急于求成而鲁莽行事。迫使他们成为决策者或迫使他们凌驾于其他高管之上，虽然短期内可能势头不弱，但会破坏这个职位长期的潜在作用。

象限2：确保组织的高效管理

- CoS的主要工作重点：CoS应该把更多的时间花在与执行策略相关的决策和行动上。这有助于并要求高管的日程保持稳定。
- 对组织的影响：CoS将开始跨越部门间的藩篱，连接产品团队、业务单位、区域或任何其他官僚划分区域的数据和决策点。这是让其他高层领导者看到这个职位可能带来的深刻价值的起点。CoS正在成为一个大公无私、适得其所的团队成员，积极主动地将整个组织中的点连接起来，对其他管理人员极为有利。
- CoS 的角色在信息流中的作用：进展到这一步，CoS 监测信息的流动，评估其来自何方，又是如何被用来支持战略意图的。
- CoS 的交际优先次序：面对广泛的受众，CoS 应该得心应手地在关键问题上代表高管的意见，不应回避进行解释或预测。授权 CoS 达到这样的水平应该是高管有意识的决定。

象限 2 中的目标是让其他高管自己发现 CoS 如何能够更加有效地帮助组织运作。CoS 定位应该是一个中立的代理人，只专注于帮助组织的管理工作。

作为一名高级主管，你在 CoS 职位发展过程中的目标应该是让你的同行能够适应这个人所能进行的协调工作。当 CoS 传达你在某个问题上的立场时，必须让他们看到始终如一的准确性。如果你未通知你的 CoS 就改变了一个观点，那么你就是在破坏他们的可信度，并减缓他们向象限 4 发展的过程。你的组织必须对 CoS 建立信任，然后他们才能转而进入象限 3。在象限 3 中，CoS 将能够真正影响决策过程。

象限 3：帮助组织做出决策，并以更快的速度和更高的精确度执行

- CoS 的主要工作重点：CoS 正在将重点从执行转移到战略规划上来。有了象限 2 中建立的信任，而且其他高管现在

也了解这个职位能够产生的影响，CoS 可以成为组织内对跨职能的复杂决策进行协调的中心点。
- 对组织的影响：CoS 正在识别需要做出的跨企业决策，明确决策空间，并为适当的决策人员提供决策机会。
- CoS 的角色在信息流中的作用：CoS 传达战略决策，监控并汇报其执行情况。
- CoS 的交际优先次序：与象限 2 类似，但现在 CoS 代表的范围已扩展到整个执行团队。这将使他们具备与企业及外部的利益相关者进行沟通的能力，并能够在管理层内部进行思考，发出清晰的声音。当然，CoS 能从管理团队中获得这种信任，这一步并不简单。在许多组织中，这将是该模式最具挑战性的步骤。

至此，该 CoS 已经可以和管理团队共同思考，成为一个值得信任的资源。他们不是在操纵决策，而是在识别需要做出的支持战略的决策，在适当的管理人员之间传递信息，确保决策由正确的跨职能部门的领导者做出，并监督其进度，以便管理人员能够转移到下一个重大问题上去。你的主管认为 CoS 是他们网络中十分宝贵的一个成员。他们相信 CoS 不仅代表你的声音，代表高级主管的声音，还代表最高管理层集体的声音。因此，在谣言和问题传到你的办公桌之前，CoS 凭自己的能力，早就将其澄清了。此时，他们是组织中得到授权的行动者。

象限4：帮助 CEO 做出决策，并以更快的速度和更高的精确度执行

- CoS 的主要工作重点：CoS 已经通过了前3个象限，现在作为思想伙伴，可以增添巨大的价值。他们应该花费大约80%的时间来处理内部事务，以便让作为高管的你可以自由地把你80%的时间集中在"向上向外"。为此，CoS 必须有权在一定程度上影响组织"向下向内"的决策。当然，如果你已帮助他们从象限1一直进行到了象限3，那么你就不会把这当成对企业的威胁，而是将其看作一种宝贵的资产。

- 对组织的影响：CoS 的组织重点达到最高水平。管理团队是否允许日常决策将它们拉出组织的视野？是否会因为向下向内的问题而丧失战略重点？CoS 已经成为内部备受信任的另一种声音，缺乏这样一个重要功能的管理团队太多了。

- CoS 的角色在信息流中的作用：CoS 可以围绕关键信息的要求建立边界，并确保其能够支持长期目标。换言之，就是什么样的输入数据应该找管理团队处理，哪些应在较低层级处理，以便给 CEO 始终留有80%的时间关注外部重点？

- CoS 的交际优先次序：CoS 可以在各种各样的主题上预见到高管的反应，并准备好函件、消息和谈话要点以供其快速浏览。在某些领域，高管人员可在全面审查之前授权 CoS 散布消息。在这种情况下，CoS 真正成了他们所代表

的管理人员的延伸。

象限4是许多高管希望他们的CoS能够达到的目标,但他们雇用的经常是缺乏足够的经验或背景、无法通过象限1或象限2的人。或者,当他们真的找到一个具备达到象限4的能力的人——在部队中我经常见到这样的人,他们就会立即将这个人调到象限4的位置,不给这个CoS充足的时间和空间让他发展足够的关系,并对取得成功所需要的领导文化有所了解。这样的CoS可能得到了CEO的重视,但得不到其他高管的信任,也没有创造跨功能价值的记录,他们的影响将会十分有限。

如果你想利用这个模式,而且你本人是一名有CoS的高管,或者是向某位高管负责的CoS,那么我建议你采用以下方法。

高管和CoS双方均应研究这里所提出的模式,然后将每个象限和后续的努力方向映射到他们自己的机构领导身上:目前有哪些方面进展顺利,哪些方面不起作用,众所周知的"盲点"又在哪里?用这种映射作为你本人和你的CoS之间进行讨论的出发点,并讨论出一个向前推进的计划。

然后我建议使用这种映射作为进行周期性检查的基准线(建议至少每月一次甚至更多)。在这些时间点,问问自己在哪些方面取得了进展,下一步又应该把重点放在哪些方面。如果你是一名高管,你要记住,这是一个工具,其目的是帮助你的CoS赢得信誉,建立与员工的关系,这样他们就可以成为你在象限4的伙伴。如果你是一名CoS,你要记住,你不应该试图一下子处理好所有的问题;从象限1开始,逐渐开展工作。

如果在你的组织中确实有这些类型的职位，那么问问你自己，如何将它们在组织内连成一个社交网络并从中受益，这与联络人之间彼此如何熟悉起来的情况十分相似。当然，他们是彼此相连的，但靠这个网络能实现什么？他们有什么共同权力？我见过的这种网络大多数都只是用来消除矛盾、促成合作而已。即使 CoS 本人已经达到了象限 3 或象限 4 的水平，他们作为一个连接网络的授权也有可能只能达到象限 1 和象限 2 的程度。

最后，你的组织也应该对使用这个职位的目的有所考虑，例如，美国军队的参谋长制度长期以来就一直运转良好。

我记得刚开始从事这项工作的时候，有一次我试图向麦克里斯特尔为前一天犯下的错误道歉。倒也没出什么大事，就是前一天晚上，他会见了特遣部队的一支驻外分队，由我负责安排。我没能让现场团队充分了解怎样以最佳方式组织简报向我们的高层领导汇报，因此这次互动的效率也不如往常。这是我的错，不是战术团队的错。麦克里斯特尔不让我道歉。

"你有没有想过我们军队里为什么要有助手？"他问道，"你可能会认为这样一来我们高级军官就可以对生活有一个完美的计划，但其实不是为了这个。如果我想在这项工作中真正做到完美无缺，我就会雇一个在我的整个任期都能待在我的领导团队里的人。那我就不需要忍受新来的人刚开始工作的时候将事情搞砸了。"

他笑了笑，继续说道："你所做的工作不仅对我这样的高级军官有用，对我们的组织、对你本人来说都一样有用。设置这个职位，在很大程度上是为了让下一代的领导者——像你这样的军官——可以看到战略层面的运转情况，并了解这台机器的运作方式。什么事情第一次做都没那么容易，犯几次错误是在所难免的。我只希望你不要再犯同样的错误。但最重要的是，我希望你能从中学习。"这样的讨论只进行过这一次，但这一次就完全改变了我对未来工作的看法。

同样，如果你在你的 CoS 模式中也愿意采取这种方法，你就是在投资你们组织领导层的未来。

正如本书经常提到的那样，当今环境变化得太快，任何个人都无法单独应对其复杂性。围绕管理人员建立一个真正被授权的团队将成为一个日益重要的价值差异化因素，其中至关重要的一点是要有一个成熟的方法来开发 CoS。

致谢

我逐渐认识到,一本书不仅仅是纸上的文字,还是人与人之间一个复杂的项目。我们叙述的话题是硝烟弥漫的战场,那里的战斗直到今天也没有停止。世界正在发生变化,我们武装部队的成员已经在这个变化的十字路口坚持了 10 余年。他们的收获不可小觑,他们每个人的生活强度也不能被低估。我们应该感谢他们。

我要感谢麦克里斯特尔集团的每一位成员,是他们帮助我们把这个想法变成了一个可读的叙述,并从现场给我们带来了有力的例子。我一直身处高绩效的团队之中,每一天都需要奋力冲刺来跟上身边的人。这个团队拥有一切,甚至更多。

这本书中的案例研究涉及与我们所描述的组织的访谈、反复讨论以及深入协作。它们中的每一个都是独特的企业，其领导层了解当今世界本质上正处于转型期。我们感谢这些企业，期待它们都能继续取得成功。

在更广泛的朋友圈子里，有无数的人在整个过程中为我们提供了出色的反馈，但我要特别感谢斯宾塞·布拉德利、西蒙·斯涅克、路易斯·金姆、利·卡彭特、克里斯·海伦、汤姆·金泰尔、史蒂夫·霍夫曼、特迪·柯林斯、山姆·艾尔斯、詹森·格雷费、彼得·卑尔根、吉姆·莱文索恩、劳拉·博斯科、玛丽·安·富塞尔和莎拉·杨格。当然，最重要的反馈来自布里亚·桑福德，她是我们非常优秀的编辑，耐心地指导我们写作、帮助我们润色。

在促成本书写作的众多才华横溢的人里，最突出的是安特耶·威廉姆斯。她的职业道德、勤奋工作和温柔敦厚，在最漫长的夜晚和最困难的修改中，对我们写作的调整帮助很大。

我还要特别感谢另外两个人。一个是我最好的朋友、导师和伙伴斯坦利·麦克里斯特尔。他的想法和建议贯穿整个写作过程以及过去的10年，这些对我来说是无价的。另外一个是C.W.古德伊尔，他给予我的远远超出我的期望。古德伊尔才华横溢，他是我的合著者和我共同思考的合作伙伴，也是使本书的写作能够顺利完成的正向偏差者。他的名字定将为世人所知。

古德伊尔想感谢他的家人无私的爱和支持。他们是让他站在肩膀上的巨人。

我也要感谢我的妻子霍莉和孩子们。他们的支持一直是坚定不移的。

参考文献

第 1 章　同一个使命

1. "似乎陷入"：Kartik Hosanagar, "Blame the Echo Chamber on Facebook. But Blame Yourself, Too," *Wired,* November 25, 2016, www.wired.com/2016/11/facebook-echo-chamber (accessed February 22, 2017).
2. "在伊拉克奋战的斗士们"：Ayman Al-Zawahiri, CNN transcript, September 10, 2003, http://transcripts.cnn.com/TRANSCRIPTS/0309/10/bn.03.html (accessed February 22, 2017).
3. 1月初：Michael R. Gordon and General Bernard E. Trainor, "Weekly Attacks in Iraq, January 2004-May 2010," *The Endgame*: *The Inside Story of the Struggle for Iraq, from George W. Bush to Barack Obama* (New York: Random House, 2013),

xvii.

4. "智人认知能力革命": Yuval Noah Harari, *Sapiens: A Brief History of Humankind* (New York: HarperCollins, 2015), 21.

5. 创造了"黑天鹅"一词: Nassim Nicholas Taleb, *The Black Swan: The Impact of the Highly Improbable* (New York: Random House, 2007), xxii.

6. 可以预见的"灰天鹅": Philip E. Tetlock and Dan Gardner, *Superforecasting: The Art and Science of Prediction* (New York: Broadway Books, 2015), 239.

7. "这种说法有些道理": "Management Theory Is Becoming a Compendium of Dead Ideas," *Economist*, December 17, 2016, www.economist.com/news/business/21711909-what-martin-luther-did-catholic-church-needs-be-done-business-gurus-management (accessed February 22, 2017).

8. "骑在马背上送到的信件": Joshua Cooper Ramo, *The Age of the Unthinkable: Why the New World Disorder Constantly Surprises Us* (New York: Little, Brown, 2009), 15-16.

9. "东方君主": Abraham Lincoln, "Lincoln's Milwaukee Speech" September 30, 1859, U.S. Department of Agriculture, National Agriculture Library, www.nal.usda.gov/lincolns-milwaukee-speech (accessed February 22, 2017).

10. "一种新的思维方式": Albert Einstein, "Atomic Education Urged by Einstein: Scientist in Plea of $200 000 to Promote New Type of Essential Thinking," *New York Times*, May 25, 1946.

第2章 混合模式

1. 韦伯生于: Max Weber, *The Theory of Social and Economic Organization,* ed. Talcott Parsons, trans. A. M. Henderson and Talcott Parsons (Mansfield Center, CT: Martino, 2012), 4.

2. "客观秩序": Ibid., 330.

3. "没有脑子的专家"：Tony Waters and Dagmar Waters, *Weber's Rationalism and Modern Society: New Translations on Politics, Bureaucracy, and Social Stratification,* ed. and trans. Tony Waters and Dagmar Waters (New York: Palgrave Macmillan, 2015), 7.
4. "官僚主义的发展"：Weber, *The Theory of Social and Economic Organization,* 340.
5. "客观的组织"：John Micklethwait and Adrian Wooldridge, *The Company: A Short History of a Revolutionary Idea* (New York: Modern Library, 2003), 106.
6. 通用汽车已……抢到了超过15%：Ibid., 107.
7. "就其本质而言"：Simon Sinek, *Leaders Eat Last: Why Some Teams Pull Together and Others Don't* (New York: Penguin, 2014), 96.
8. "心想：'这些人……'"：Duncan J. Watts, *Six Degrees: The Science of a Connected Age* (New York: W.W. Norton, 2004), 275.
9. "从信息处理的角度来看，答案是"：Ibid., 275.
10. 展现出创纪录的盈利能力："The Problem with Profits," *Economist,* March 26, 2016, www.economist.com/news/leaders/21695392-big-firms-united-states-have-never-had-it-so-good-time-more-competition-problem (accessed February 23, 2017).
11. 通过大规模并购："United and Continental Airlines to Merge," *BBC News,* May 3, 2010, www.bbc.com/news/10095080 (accessed February 23, 2017). Brian Bostick, "Timeline: Major U.S. Airline Merger Activity, 1950–2015," *Aviation Week Network,* February 17, 2015, http://aviation week.com/blog/timeline-major-us-airline-merger-activity-1950-2015 (accessed February 23, 2017).
12. 2012年，据……估计：Clark Gilbert, Matthew Eyring, and Richard N. Foster, "Two Routes of Resilience," *Harvard Business Review* 90, no. 12 (2012): 65–73.
13. 今天，在美国公开上市的：Martin Reeves, Simon Levin, and Daichi Ueda, "The Biology of Corporate Survival," *Harvard Business Review,* January–February 2016, https://hbr.org/2016/01/the-biology-of-corporate-survival (accessed

February 23, 2017).

14. 2016年6月，在英国"脱欧"公投：Nate Cohn, "Why the Surprise over 'Brexit,? Don't Blame the Polls," *New York Times,* June 24, 2016, www.nytimes.com/2016/06/25/upshot/why-the-surprise-over-brexit-dont-blame-the-polls.html (accessed February 23, 2017).

15. "一个爆炸性的消息"："French PM Says Time to Reinvent Europe After 'Explosive' Brexit," *Reuters,* June 24, 2016, www.reuters.com/article /britain-eu-france-valls-idUSL8N19G42N (accessed February 23, 2017).

16. 民意调查曾预测：Nick Miroff, "Colombians Vote on Historic Peace Agreement 35 FARC Rebels," *Washington Post,* October 2, 2016, www.washingtonpost.com/world/colombians-vote-on-historic-peace-agreement-with-farc-rebels/2016/10/02/8ef1a2a2-84b4-11e6-b57d-dd49277af02f_story.html?utm_term=.e8e93261e3c3 (accessed February 23, 2017).

17. 《纽约时报》还预测：Josh Katz, "Who Will Be President?" *New York Times,* November 8, 2016, www.nytimes.com/interactive/2016 /upshot/presidential-polls-forecast.html (accessed February 23, 2017).

18. 全部50个州：Luke Harding, "Numbers Nerd Nate Silver's Forecasts Prove All Right on Election Night," *Guardian,* November 7, 2012, www.theguardian.com/world/2012/nov/07/nate-silver-election-forecasts-right (accessed February 23, 2017).

19. 确信希拉里·克林顿会最终获胜："Who Will Win the Presidency?" *FiveThirtyEight,* November 8, 2016, https://projects.fivethirtyeight.com/2016-election -forecast (accessed February 23, 2017).

20. 戴维·斯诺登和玛丽·布恩：David J. Snowden and Mary E. Boone, "A Leader's Framework for Decision Making," *Harvard Business Review,* November 2007, https://hbr.org/2007/11/a-leaders-framework-for-decision-making (accessed February 23, 2017).

21. "如果我们认为"：Friedrich von Hayek, "Prize Lecture: The Pretence of Knowledge," December 11, 1974, www.nobelprize.org/nobel_prizes/economic-sciences/laureates/1974/hayek-lecture.html (accessed February 23, 2017). Original emphasis.
22. "如果人类在努力改善"：Ibid.
23. "纯粹结构性的东西"：Watts, *Six Degrees,* 28.
24. 网络的形状：Nicholas A. Christakis and James H. Fowler, *Connected: How Your Friends' Friends' Friends Affect Everything You Feel, Think, and Do* (New York: Little Brown, 2011), 14.
25. "每个人都认识"：Albert-László Barabási, *Linked: How Everything Is Connected to Everything Else and What It Means for Business, Science, and Everyday Life* (New York: Basic Books, 2014), 42.
26. "重复的人际交互"：Anne-Marie Slaughter, *The Chessboard and the Web* (New Haven: Yale University Press, 2017), 83.
27. "同质性……物以类聚": Christakis and Fowler, *Connected,* 17.
28. "当社会网络中存在反馈回路时"：Alex Pentland, *Social Physics: How Good Ideas Spread—the Lessons Learned from a New Science* (New York: Penguin, 2014), 37.
29. 人类学家罗宾·邓巴：R. I. M. Dunbar, "Neocortex Size as a Constraint on Group Size in Primates," *Journal of Human Evolution* 20 (1992): 469–93.
30. 与大约150人形成亲近的人际关系：Robin Dunbar, "How Many 'Friends' Can You Really Have?" *IEEE Spectrum,* May 31, 2011, http://spectrum.ieee.org/telecom/internet/how-many-friends-can-you-really-have (accessed February 27, 2017).
31. "这在整个中东被称为"：Manuel Castells, *Networks of Outrage and Hope: Social Movements in the Internet Age,* 2nd ed. (Cambridge: Polity, 2015), 56.
32. "要求穆巴拉克下台"：Ibid.

33. "一场……群龙无首的运动"：Heather Gautney, "What Is Occupy Wall Street? The History of Leaderless Movements," *Washington Post,* October 10, 2011, www.washingtonpost.com/national/on-leadership/what-is-occupy-wall-street-the-history-of-leaderless-movements/2011/10/10/gIQAwkFj aL_story.html?utm_term=.691457cf5c33 (accessed February 23, 2017).

34. 2011年11月15日："Occupy Wall Street: New York Police Clear Zuccotti Park," *BBC News,* November 15, 2011, www.bbc.com/news/world-us-can ada-15732661 (accessed February 23, 2017).

35. 美国参议员伯尼·桑德斯和伊丽莎白·沃伦：Michael Levitin, "The Tri-umph of Occupy Wall Street," *Atlantic,* June 10, 2015, www.theatlantic.com/politics/archive/2015/06/the-triumph-of-occupy-wall-street/395408 (accessed February 23, 2017).

第3章　协调叙事

1. 神经元大部分都分布在触手上：Peter Godfrey-Smith, *Other Minds: The Octopus, the Sea, and the Origins of Deep Consciousness* (New York: Farrar, Straus and Giroux, 2016), 67.

2. 研究人员虽然切除了：Sy Montgomery, "Deep Intellect," *Orion,* 2011, https://orionmagazine.org/article/deep-intellect (accessed February 24, 2017).

3. 罗伯特·卡普兰和戴维·诺顿：Robert S. Kaplan and David P. Norton, *Alignment: Using the Balanced Scorecard to Create Corporate Synergies* (Boston: Harvard Business Review Press, 2006), 1–2.

4. "因此，经营业绩"：Peter F. Drucker, *The Practice of Management* (1954; repr., New York: HarperBusiness, 2006), 121.

5. "将经营策略转化为目标"：Donald Sull, Rebecca Homkes, and Charles Sull, "Why Strategy Execution Unravels—and What to Do About It," *Harvard*

Business Review 93, no. 3 (2015): 60.

6. 有 84% 的管理人员：Ibid., 60–61.
7. "依靠其他职能部门"：Ibid.
8. "2/3 都搞得不好"：Ibid., 61.
9. "冰山位于水面以下的那 7/8"："First Public Hearing of the Financial Crisis Inquiry Commission," January 13, 2010, http://fcic-static.law.stanford.edu/cdn_media/fcic-testimony/2010-0113-Transcript.pdf (accessed February 24, 2017).
10. 只成立了 5 年：Alasdair Nairn, *Engines That Move Markets: Technology Investing from Railroads to the Internet and Beyond* (New York: John Wiley & Sons, 2002), 367.
11. 苹果公司最近一次的冒险：Gabriel Torres, "Inside the Apple III," *Hardware Secrets,* May 31, 2012, www.hardwaresecrets.com/inside-the-apple-iii (accessed September 8, 2016).
12. 创始人是斯科特·库克：Suzanne Taylor and Kathy Schroeder, *Inside Intuit: How the Makers of Quicken Beat Microsoft and Revolutionized an Entire Industry* (Boston: Harvard Business School Press, 2003), 1.
13. 有时不得不无偿工作：Ibid., 37.
14. 但他被拒绝了：Ibid., 65.
15. 会定期……打电话回访：Ibid., 73.
16. 与会者免费发放：Ibid., 80.
17. 财捷已经开始派遣：Ibid., 72.
18. 下一步它正打算：Ibid., 92.
19. 应该是没有什么可以和微软竞争的：Ibid., 91.
20. 与 Money 相比：Ibid., 105.
21. 零售商的利润率：Ibid., 103.
22. 出价近 20 亿美元：Elizabeth Corcoran, "Microsoft Halts Merger with Intuit," *Washington Post,* May 21, 1995, www.washingtonpost.com/wp-srv/business/

longterm/microsoft/stories/1995/intuit052195.htm (accessed September 10, 2017).

23. 财捷收购了 Chipsoft：Taylor and Schroeder, *Inside Intuit,* 160.
24. 财捷收购了 Rock Financial：Ibid., 254.
25. "我们起步的时候是个软件公司"：2016 年 8 月 22 日，泰洛·斯坦斯伯里接受作者采访。
26. "社交媒体、云计算、移动互联网和大数据"：2016 年 8 月 22 日，布拉德·史密斯接受作者采访。
27. "你如何带领一家有规模的公司"：2014 年，布拉德·史密斯获得麦克里斯特尔集团内部奖励。
28. "我们做到最好了吗"：2016 年 8 月 22 日，马特·罗兹接受作者采访。
29. 分布协调三角：财捷集团战略协调三角来源为麦克里斯特尔集团内部资料，2016 年 8 月 20 日。
30. "空气、水和食物"：2016 年 2 月 17 日，罗伯特·莱西接受作者采访。
31. "丧钟敲响的时候"：史密斯接受作者采访。
32. "一个财捷论坛"：Ibid.
33. "其中之一是"：罗兹接受作者采访。
34. "有许多细节问题"：Ibid.
35. "如果我是一个投资者"：Ibid.
36. "员工反馈中开始出现这样的话"：史密斯接受作者采访。
37. "当年我在另一家"：罗兹接受作者采访。
38. "通过这种协调方式"：史密斯接受作者采访。
39. 2016 年 3 月宣布：John Ribeiro, "Intuit Selling Quicken to Private Equity Firm HIG Capital," *PCWorld,* March 4, 2016, www.pcworld.com/article/3040723/intuit-selling-quicken-to-private-equity-firm-hig-capital.html (accessed September 8, 2016).
40. "我们新的协调"：史密斯接受作者采访。

第 4 章 互联

1. 现代的"意见领袖": Albert-László Barabási, *Linked: How Everything Is Connected to Everything Else and What It Means for Business, Science, and Everyday Life* (New York: Basic Books, 2014), 129.
2. "对轮毂式人物的关注": Ibid., 64.
3. "尽管他们本身并不一定就是创新者": Ibid., 130.
4. "社交媒体为品牌":"Celebrities' Endorsement Earnings on Social Media," *Economist,* October 17, 2016, www.economist.com/blogs/graphicdetail/2016/10/daily-chart-9 (accessed February 24, 2017).
5. 克里斯塔基斯和福勒在他们的: Nicholas A. Christakis and James H. Fowler, *Connected: How Your Friends' Friends' Friends Affect Everything You Feel, Think, and Do* (New York: Little, Brown, 2011), 16.
6. 与此相关的社会化学习: 有关社会化学习的进一步描述参见 Alex Pentland, *Social Physics: How Good Ideas Spread—the Lessons Learned from a New Science* (New York: Penguin, 2014).
7. "我们将其称为禁飞区": 2017 年 1 月 6 日，克里斯·海伦接受作者采访。
8. 所说的"跨界联系人": Rob Cross and Andrew Parker, *The Hidden Power of Social Networks: Understanding How Work Really Gets Done in Organizations* (Boston: Harvard Business School Press, 2004), 74.
9. "当社交网络中的交易者分布平衡": Alex Pentland, *Social Physics: How Good Ideas Spread—the Lessons Learned from a New Science* (New York: Penguin, 2014), 33.
10. 人类倾向于: 进一步描述参见 Roderick M. Kramer, "Trust and Distrust in Organizations: Emerging Perspectives, Enduring Questions," *Annual Review of Psychology* 50 (1999): 569–98.
11. "像个新闻编辑部": 2017 年 1 月 6 号，特雷弗·霍夫接受作者采访。

12. 有70%的公司：Lindsey Kaufman, "Google Got It Wrong. The Open-Office Trend Is Destroying the Workplace," *Washington Post,* December 30, 2014, www.washingtonpost.com/posteverything/wp/2014/12/30/google-got-it-wrong-the-open-office-trend-is-destroying-the-workplace/?utm_term=.8a832199cbfa (accessed February 24, 2017).

13. 足够容纳数千人：Julia Boorstin, "Inside Facebook's Futuristic New Headquarters," *CNBC,* May 22, 2015, www.cnbc.com/2015/05/22/inside-facebooks-futuristic-new-headquarters.html (accessed February 27, 2017).

14. 脸书公司大院里的建筑：Kevin Kruse, "Facebook Unveils New Campus: Will Workers Be Sick, Stressed and Dissatisfied?" August 25, 2012, www.forbes.com/sites/kevinkruse/2012/08/25/facebook-unveils-new-campus-will-workers-be-sick-stressed-and-dissatisfied/#6e3ad7111335 (accessed February 24, 2017).

15. "电话树"框架：Christakis and Fowler, *Connected,* 12.

16. "高级管理人员设置了"：Cross and Parker, *Hidden Power of Social Networks,* 73.

17. 茱莉亚·霍克和史蒂夫·科兹洛夫斯基：Julia E. Hoch and Steve W. J. Kozlowski, "Leading Virtual Teams: Hierarchical Leadership, Structural Supports, and Shared Team Leadership," *Journal of Applied Psychology* 99, no. 3 (2014): 390.

18. "我随机抽取了一些"：Mark S. Granovetter, "The Strength of Weak Ties," *American Journal of Sociology* 78, no. 6 (1973): 1371.

19. "斯巴达……要么带着"：*300,* directed by Zack Snyder (Warner Brothers Pictures, 2007).

20. "要么拿着这个，要么躺在这个上面"：Plutarch, "Sayings of Spartan Women," in *Moralia,* trans. Frank Cole Babbit (Cambridge, MA: Harvard University Press, 1931), 465.

21. "剥夺那些丢弃了盾牌的人的地位"：Plutarch, *On Sparta,* ed. Richard J. A. Talbert and Christopher Pelling, trans. Richard J. A. Talbert (London: Penguin

Classics, 2005), 158.

22. "紧急状态下组织情报的自动适配": Gen. Stanley McChrystal et al., *Team of Teams: New Rules of Engagement for a Complex World* (New York: Portfolio/Penguin, 2015), 153.

23. "那是5万人的电话系统": 2016年7月7日的谈话回忆。

24. "你怎么能知道": 2016年6月7—8日,马特·辛格尔顿接受作者采访。

25. 在特定的时间限制内: OMES内部资料,查阅日期为2016年7月。

26. "感觉就像是独裁统治": 2016年7月7日,OMES的一名IT主管接受作者采访。

27. 像牛仔社会一样: 2016年7月7日,一名服务质量管理工作人员接受作者采访。

28. "但这正是我们所需要的": 辛格尔顿接受作者采访。

29. "于是我直接去找了": Ibid.

30. "是的,我们想让": Ibid.

31. "他会来找我们": OMES的一名IT主管接受作者采访。

32. "显然我非常怀疑": Ibid.

33. "我们认为这": Ibid.

34. "我们每个周四": Ibid.

35. 各位IT主管重复提到: OMES内部资料。

36. 我们的候选人都很棒、很酷: 辛格里顿接受作者采访。

37. "我们知道她就是": Ibid.

38. "我对这件事踌躇满志": 2016年7月8日,卡丽莎·特里接受作者采访。

39. "不行,太像象牙塔了": 2016年7月8号,马特·辛格尔顿接受作者采访。

40. 迫切需要解决的: OMES内部资料。

41. "要到场": Ibid.

42. 项目的时间线: 特里接受作者采访。

43. 口头上强调帮助他们: OMES内部资料。

44. "包括好的、坏的"：Ibid.

45. "嗯，是的，47个"：OMES 内部资料。

46. 帮助他们完成工作：Ibid.

47. 回到了一旁：Ibid.

48. "这真是上帝的恩赐"：2016 年 7 月 8 号，OMES 的一名 IT 分析师接受作者采访。

49. 有助于证实这一点：OMES 内部资料，查阅日期为 2016 年 8 月。

50. 与每个项目相关的风险水平：2016 年 7 月 7 日，服务质量管理工作人员，接受作者采访。

51. "似乎已经开始具备洞察力"：Ibid.

52. "现在我们可以对任何"：2016 年 7 月 7 日，OMES 的一名 IT 主管，接受作者采访。

53. "我们一直在寻找"：辛格尔顿接受作者采访。

54. "抱怨最多的"：2016 年 7 月 7 日，OMES 的一名 IT 主管，接受作者采访。

55. "我们是个技术组织"：回忆谈话，日期为 2016 年 7 月 8 日。

56. "也许是在 8 年前？"：2017 年 7 月 7 日—8 日，辛格尔顿接受作者采访。

57. 每周至少参加一次论坛：OMES 内部资料，查阅日期为 2017 年 2 月。

58. "我们就是这样改变政府的"：2017 年 7 月 7 日—8 日，辛格尔顿接受作者采访。

第 5 章　运行节奏

1. "橄榄球不是一项身体接触的运动"：Vincent Lombardi, 引自 Geoffrey Norman, "Contact Sports," *Weekly Standard,* January 7, 2013, www.weeklystandard.com/contact-sports/article/694078 (accessed February 12, 2017).

2. "1899 年，奥本大学的球队"：Jeremy Henderson, "John Heisman: Auburn 'the First to Show What Could Be Done'with the Hurry-up Offense," August 16, 2013, *War Eagle Reader,* www.thewareaglereader.com/2013/08/john-heisman-on-

auburns-hurry-up-offense (accessed February 20, 2017).

3. "凯利枪"式进攻：Dallas Miller, "Dec. 2 in Bills History: The Birth of the K-Gun Offense," BuffaloBills.com, December 2, 2014, www.buffalobills.com/news/article-1/Dec-2-in-Bills-history-The-birth-of-the-K-Gun-offense/13cecac3-8f75-489d-8e23-47f8cd0c32eb (accessed February 22, 2017).

4. 创下的全美橄榄球联赛一场比赛乃至一个赛季触地传球的最高纪录：James Dator, "Are 7 Touchdowns Created Equal?" SB Nation.com, November 6, 2013, www.sbnation.com/nfl/2013/11/6/5069168/nick-foles-peyton-manning-seven-touchdowns (accessed February 21, 2017).

5. "打到边界上的征服者军队"：Otto von Bismarck, 引自 William Cook, "Europeans No Longer Fear Germany. But Do the Germans Still Fear Themselves?" *Spectator*, December 29, 2014, www.spectator.co.uk/2014/12/europeans-no-longer-fear-germany-but-do-the-germans-still-fear-themselves (accessed February 22, 2017).

6. "陷入一个半生不熟的想法的细枝末节之中"：Persi Diaconis, "The Problem of Thinking Too Much" (presentation, December 11, 2002 in Cambridge, Mass.), http://statweb.stanford.edu/~cgates/PERSI/papers/thinking.pdf (accessed February 15, 2017).

7. "演变成一个新的连续的过程"："Strategic Planning," *Economist*, March 16, 2009, www.economist.com/node/13311148 (accessed February 17, 2017).

8. "大多数企业仍然认为"：Hal Lancester, "Experts Differ on the Merits of Going Over the Boss's Head," *Wall Street Journal*, June 17, 1997, www.wsj.com/articles/SB866499936586359500 (accessed February 22, 2017).

9. "哇……这就像是"：2016年11月10日，供应链高级官员，接受作者采访。

10. "这一切始于1996年"：Edwin Dungy, "Under Armour Founder Breaks into Billionaires Club," December 6, 2011, *Forbes*, www.forbes.com/sites/edwindurgy/2011/12/02/under-armour-founder-breaks-into-billionaires-club/#12c52f045843

(accessed September 8, 2016).

11. "比上一年增长了24%"：2010年安德玛年报，3.
12. "我们已经干了14年了"：Ibid.
13. "能见度差"：供应链高级官员接受作者采访。
14. "我们供应链的逻辑"：2017年1月31日，丹尼·沃德接受作者采访。
15. "时机不对与能见度差"：Ibid.
16. "时间就是生命"：Ibid.
17. "不断错过"：2016年10月13日吉姆·哈迪接受作者采访。
18. "无法控制这些变量"：Ibid.
19. "4年前，我们有好几个"：2016年11月8日，彼得·吉尔摩接受作者采访。
20. "我们公司价值10亿美元"：2016年10月13日，吉姆·哈迪接受作者采访。
21. "30页的活页夹"：Ibid.
22. "列出需要执行的"：2017年1月31日，丹尼·沃德接受作者采访。
23. "地点也不怎么固定"：Ibid.
24. "红、黄、绿信号灯的方法"：Ibid.
25. "3年半"：2016年10月13日吉姆·哈迪接受作者采访。
26. "正确的产品、正确的地点"：Ibid.
27. "寻找机会"：2016年11月10日供应链高级官员接受作者采访。
28. "弄清公司不同部门"：Ibid.
29. "我这回可教训了那家伙了"：哈迪接受作者采访。
30. "不是同情，而是共情"：Ibid.
31. "希望参与者"：供应链高级官员接受作者采访。
32. "对那些向哈迪汇报的副总裁和高级副总裁来说"：Ibid.
33. "它被视为最后期限"：哈迪接受作者采访。
34. "一种我们尚不习惯的责任性"：供应链高级官员接受作者采访。
35. "过去，人们会"：哈迪接受作者采访。
36. "从当时到今天"：Ibid.

37. "我认为这可以帮助"：吉尔摩接受作者采访。
38. "我们与我见过的"：Ibid.
39. "所有关键领导人都在"：供应链高级官员接受作者采访。
40. "省下了数百万美元"：哈迪接受作者采访。
41. "对市场趋势的解读是错误的"：Dennis Green, "Under Armour Made Some Huge Mistakes That Are Turning into a Nightmare," *Business Insider*, February 19, www.businessinsider.com/under-armour-business-mistakes-2017-2 (accessed February 10, 2017).

第 6 章　决策空间

1. "所有的探索都带有"：Carl Sagan, *Broca's Brain: Reflections on the Romance of Science* (New York: Ballantine's Books, 1980), 13.
2. "当坏人联合起来"：Edmund Burke, 引自 David Bromwich, *The Intellectual Life of Edmund Burke* (London: Belknap Press of Harvard University Press, 2014), 175.
3. "从这个讹误的版本中"：Ibid., 176.
4. "随着可选项数量的增加"：Barry Schwartz, *The Paradox of Choice: Why More Is Less*, rev. ed. (New York: HarperCollins, 2009), Kindle location 83.
5. "为了解决从 200 个"：Ibid., 55.
6. "创建多个商业"：Stephen Pritchard, "Leadership Challenges: Risk of Information Overload That Threatens Business Growth," *Financial Times*, November 6, 2012, www.ft.com/content/a0cde056-1e1c-11e2-8e1d-00144feabdc0 (accessed January 3, 2017).
7. "一条条信息从天而降"：Nada Bakos, "How True Is Zero Dark Thirty? A Former Operative Weighs In," *Pacific Standard*, January 16, 2013, https://psmag.com/how-true-is-zero-dark-thirty-a-former-operative-weighs-in-3214e516e072

(accessed January 5, 2017).

8. "有人认为"：Claus W. Langfred and Neta A. Moye, "Effects of Task Autonomy on Performance: An Extended Model Considering Motivational, Informational, and Structural Mechanisms," *Journal of Applied Psychology* 89, no. 6 (2004): 936, http://mason.gmu.edu/~clangfre/Effectsoftaskautonomy.pdf (accessed February 13, 2017).

9. 下降至距故障飞机：Simon Sinek, *Leaders Eat Last: Why Some Teams Pull Together and Others Don't* (New York: Penguin, 2014), 72–73.

10. "航空管制员立即"：Ibid., 73.

11. "以光荣的方式背离"：Gretchen M. Spreitzer and Scott Sonenshein, "Toward the Construct Definition of Positive Deviance," *American Behavioral Scientist* 47, no. 6 (2004): 828, www.positivedeviance.org/pdf/publicationgeneralpd/Feb2004ABS_SpreitzerSonenshein.pdf (accessed January 8, 2017).

12. "这个概念很简单"：Richard Pascale, Jerry Sternin, and Monique Sternin, *The Power of Positive Deviance: How Unlikely Innovators Solve the World's Toughest Problems* (Boston: Harvard Business Press, 2010), 3.

13. "以一种正向的方式偏离"：Ibid.

14. "越南的22个省份"：Ibid., 5.

15. 抗哮喘药物治疗：Ibid., 17.

16. "'正向'方面"：Ibid., 56.

17. 由于他的行为：Kim Iskyan, "Here's the Story of How a Guy Making $66 000 a Year Lost $7.2 Billion for One of Europe's Biggest Banks," *Business Insider,* May 8, 2016, www.businessinsider.com/how-jerome-kerviel-lost-72-billion-2016-5 (accessed January 17, 2017).

18. "因为他们专注于"：Donald Sull and Kathleen Eisenhardt, *Simple Rules: How to Thrive in a Complex World* (New York: Houghton Mifflin Harcourt, 2015), 32.

19. 团队的"边界规则"：Ibid., 49.

20. 美国已经令人眼花缭乱的医疗保健行业：Sheryl Gay Stolberg and Robert Pear, "Obama Signs Health Care Overhaul Bill, with a Flourish," *New York Times*, March 23, 2010, www.nytimes.com/2010/03/24/health/policy/24health.htmlP mtrref=undefined&gwh=3220D51455112600FF2714B8CDF8234A&gwt=pay (accessed November 25, 2016).

21. "纯粹的收入再分配游戏"：Bill O'Reilly, "Bill O'Reilly: Obama Care and Socialism," Fox News, July 23, 2014, www.foxnews.com/transcript/2014/07/24/bill-oreilly-obamacare-and-socialism (accessed November 25, 2016).

22. 而左翼人士：John Geyman, "Can Overuse of Health Care Be Managed by Giving Consumers More Choice and Responsibility?" Huffington Post, July 18, 2016. www.huffingtonpost.com/john-geyman/can-overuse-of-health-car_b_11050884.html (accessed November 2016). Greg Sargent, "Hillary Clinton Should Be Pressed on Health Care, Too. Here's How," Washington Post, January 21, 2016, www.washingtonpost.com/blogs/plum-line/wp/2016/01/21/hillary-clinton-should-be-pressed-on-health-care-too-heres-how/?utm_term=.1f5c221e8221 (accessed November 25, 2016).

23. 该组织又创建了：医学之星公司的内部资料，查阅日期为2016年11月20日。

24. 频率增加了32%：Harold Cross, "A Data Flow Sheet for Managing Unstable Patients in the Emergency Department," *Joint Commission Journal on Quality and Patient Safety* 32, no. 4 (2006): 221–24, http://patientsafetyauthority.org/ADVISORIES/AdvisoryLibrary/2010/dec7(4)/documents/123.pdf (accessed November 25, 2016).

25. 慢性疾病如充血性心力衰竭（CHF）、糖尿病：Margaret Jean Hall, Shaleah Levant, and Carol J. DeFrances, "Hospitalization for Congestive Heart Failure (2000-2010)," NCHS Data Brief No. 108, U.S. Department of Health and Human Services, October 2012, www.cdc.gov/nchs/data/databriefs/db108.pdf (accessed November 25, 2016); American Diabetes Association, "Statistics About

Diabetes," May 18, 2015, www.diabetes.org/diabetes-basics/statistics (accessed November 26, 2016).

26. 初级医疗条件下进行的治疗：Robin M. Weinick, Rachel M. Burns, and Ateev Mehrotra, "Some Hospital Emergency Department Visits Could Be Handled by Alternative Care Settings," *Health Affairs* 29, no. 9 (September 2010): 1630–36, www.rand.org/pubs/external_publications/EP20100123.html (accessed November 2016). Lori Uscher-Pines, "Applying What Works to Reduce Non-Urgent Emergency Department Use," The RAND Blog, May 22, 2013, www.rand.org/blog/2013/05/applying-what-works-to-reduce-non-urgent-emergency.html (accessed November 26, 2016).

27. "不做钱包活检"：2016 年 11 月 29 日，马特·扎瓦茨基接受作者采访。

28. 其经历的治疗次数：Office of the Legislative Counsel, *Compilation of Patient Protection and Affordable Care Act,* May 2010, http://housedocs.house.gov/energycommerce/ppacacon.pdf (accessed April 4, 2017).

29. "理性地说，我们现在当然愿意"：2016 年 11 月 29 日，道格拉斯·胡顿接受作者采访。

30. "最昂贵的方式"：2016 年 11 月 29 日，戴维·劳埃德接受作者采访。

31. 我们是临床医生，不是技术人员：2016 年 11 月 29 日，谢恩·安塞尔接受作者采访。

32. 不必要的急诊：2016 年 11 月 29 日，扎瓦茨基接受作者采访。

33. 在沃斯堡地区：医学之星公司的内部资料，查阅日期为 2016 年 11 月 20 日。

34. 与病人面对面地：2016 年 11 月 29 日，扎瓦茨基接受作者采访。

35. "我们仔细查看患者的家庭环境"：2016 年 11 月 29 日，安塞尔接受作者采访。

36. "当我们最初试行该项目时"：2016 年 11 月 29 日，扎瓦茨基接受作者采访。

37. 在医学之星当了主管：医学之星公司的内部资料，查阅日期为 2016 年 11 月 20 日。

38. "我现在已经知道"：2016 年 11 月 29 日，德西雷·帕坦接受作者采访。

39. "同情心疲劳"：Ibid.
40. "无限的……如果我确实"：2016 年 11 月 29 日，安塞尔接受作者采访。
41. "给不同的医生打电话"：Ibid.
42. "如果我打电话询问"：Ibid.
43. "在所有的急救医疗服务中"：2016 年 10 月 31 日，扎瓦茨基接受作者采访。
44. 在出现问题之前：医学之星公司的内部资料，查阅日期为 2016 年 11 月 20 日。
45. 年中新增了：2016 年 11 月 29 日，扎瓦茨基接受作者采访。
46. "任何人都可以来"：2016 年 11 月 29 日，安塞尔接受作者采访。
47. 自己的社区医疗服务：2016 年 10 月 31 日，安塞尔接受作者采访。
48. "大多数人都知道"：2016 年 11 月 29 日，安塞尔接受作者采访。

第 7 章　联络人

1. "人们依靠数量有限的"：Amos Tversky and Daniel Kahneman, "Judgment Under Uncertainty: Heuristics and Biases," *Science* 185, no. 4157 (1974): 1124.
2. "中队的新死者"：Joseph Heller, *Catch-22,* 50th anniversary ed. (New York: Simon and Schuster, 2011), Kindle location 6204.
3. "轮毂式人物在系统中"：Albert-László Barabási, *Linked: How Everything Is Connected to Everything Else and What It Means for Business, Science, and Everyday Life* (New York: Basic Books, 2014), 64.
4. "在人际互动中总是向有利于自己"：Adam Grant, *Give and Take: A Revolutionary Approach to Success* (New York: Penguin, 2013), 4.
5. "我们以前从未使用过"：2016 年 10 月 18 日，迈尔斯·西奥多接受作者采访。
6. "共享和协作都很有限"：Ibid.
7. "各办公室之间的关系"：2016 年 10 月 20 日，王素凌接受作者采访。
8. "共同薪酬结构"：2016 年 10 月 19 号，斯蒂芬·范·杜森接受作者采访。
9. 范·杜森继续解释：Ibid.

10. "一个神奇的时期"：Ibid.
11. "都是些新人"：2016 年 10 月 12 日，柯林斯·埃格接受作者采访。
12. "F3EA"：Stanley McChrystal, *My Share of the Task* (New York: Portfolio/Penguin, 2013), 153.
13. 读到了《重任在肩》：2016 年 9 月至 2017 年 1 月，兰迪·埃文斯接受作者采访。
14. 在其内部流程的：Ibid.
15. 私营组织是否有可能：Ibid.
16. "有点儿不寻常"：2016 年 11 月 7 日，罗伊·马尔希接受作者采访。
17. "热血澎湃的"：2016 年 11 月 7 日，迈克尔·范·科伊南伯格接受作者采访。
18. "他基本上是说"：2016 年 11 月 7 日，马尔希接受作者采访。
19. "他的意思很明确"：Ibid.
20. "如何使我们"：2016 年 10 月 19 日，范·杜森接受作者采访。
21. "使用 MIC 体系"：2016 年 11 月 7 日，科伊南伯格接受作者采访。
22. "我认为对我们影响最大的"：Ibid.
23. "我们大多数人"：2016 年 11 月 7 日，马尔希接受作者采访。
24. "有时候我们在办公室里"：2016 年 10 月 12 日，埃格接受作者采访。
25. "我们需要有人来回答"：Ibid.
26. "成了所有零售数据的权威"：2016 年 10 月 18 日，西奥多接受作者采访。
27. "这很有趣，因为如果你看了"：Ibid.
28. "香农和凯瑞"：Ibid.
29. "最重要的一点是"：2016 年 10 月 12 日，埃格接受作者采访。
30. "其次，"埃格接着说：Ibid.
31. "这就是我们通过"：Ibid.
32. "我们公司一直都是"：2016 年 10 月 20 日，王素凌接受作者采访。
33. "一个人每隔一周"：2016 年 10 月 18 日，西奥多接受作者采访。
34. "这些人是来自"：2016 年 10 月 12 日，埃格接受作者采访。

35. "完美风暴"：2016 年 11 月 27 日，罗伊·马尔希发邮件给作者。

36. "你可能会将 2016 年称为"：Ibid.

37. "共享情报，而不是投机"：Ibid.

第 8 章 结论

1. "所有政策讨论的核心"：Lawrence Summers, "Beware Moral Hazard Fundamentalists," *Financial Times,* September 23, 2007, www.ft.com/content/5ffd2606-69e8-11dc-a571-0000779fd2ac (accessed February 15, 2017).

2. "第二天，航天飞机工程师"：Amy Edmondson, *Teaming: How Organizations Learn, Innovate and Compete in the Knowledge Economy* (San Francisco: Jossey-Bass, 2012), 115–16.

3. "人们可以自由表达"：Ibid., 118–19.

4. "自远古以来就存在的通用图像"：Carl Jung, *Collected Works of C. G. Jung,* vol. 9, part 1: "Archetypes and the Collective Unconscious," ed. Sir Herbert Read et al., trans. R. F. C. Hull (Princeton, NJ: Princeton University Press, 1969), Kindle location 238.